경제기사가 말해주지 않는 28가지

경제기사가 말해주지 않는 28가지

초판 1쇄 발행   2014년 2월 28일
초판 3쇄 발행   2014년 10월 13일

지은이	윤석천
펴낸이	변선욱
펴낸곳	왕의서재
편 집	이지연
마케팅	변창욱, 신은혜, 김소영

출판등록	2008년 7월 25일 제313-2008-120호
주 소	서울 서대문구 서소문로 45, 1507호(합동, SK리첸블)
전 화	02-3142-8004
팩 스	02-3142-8011
이메일	misslee14v@naver.com, latentman75@gmail.com
블로그	blog.naver.com/kinglib

ISBN 978-89-93949-62-9   13320

책값은 표지 뒤쪽에 있습니다.
파본은 구입하신 서점에서 교환해드립니다.

ⓒ 윤석천

이 책은 저작권법에 따라 보호받는 저작물이므로 무단복제를 금지하며
이 책 내용의 전부 또는 일부를 이용하려면 반드시 저작권자와 왕의서재의 서면동의를 받아야 합니다.

편집된 사실 뒤에 숨겨진 불편하고 낯선 경제

경제기사가 말해주지 않는 28가지

윤석천 지음

머리말

경제기사에 '왜'냐고 물어보라

현대를 '정보화 시대'라 한다. 정보화 시대란 말이 처음 생길 때는 정보의 중요성에 방점을 두었으나, 최근에는 본래의 의미가 많이 퇴색했다. 오히려 정보의 물리적 양이 넘쳐나는 세상을 말하는 듯하다. 그럴 만하다. 눈길 닿는 곳, 손길 머무는 곳 어디나 정보가 넘쳐난다. 종이를 벗어난 정보는 소리로, 동영상으로 이 세상을 가득 채운다. 디지털화된 정보는 거의 실시간으로 밀려든다. 우리는 정보의 폭우를 맞고 있다. 그리고 마침내 정보가 만들어낸 홍수 속에 갇혔다. 너무 많은 정보가 밀려들어 와 우리 뇌는 가동을 멈췄다.

예전의 아날로그 정보는 생각할 여유를 줬다. 하지만 방죽을 무너뜨리고 밀려드는 디지털 정보의 홍수로 우리는 생각할 시간을 잃어가고 있다. 그저 보고 듣기만 강요하는 현대의 일방적 정보는 침잠을 통한 생각의 자유를 빼앗는다. 우리 대부분은 이미 새장에 갇힌 새다. 그저 누군가가 주는 모이만 먹고 있다. 넘쳐 흘러가는 정보에 손과 눈만 바쁠 뿐이다. 뇌가 분주해야 하는데 말이다.

현대의 정보는 더는 생산자가 공급하는 게 아니다. 생산자와 별개인 대중 매체에 가공되어 확산된다. 신문, 방송과 같은 대중 매체는 공정함을 내세우며 공공성을 강조한다. 우리 대부분은 막연히 이들 매체가 선하다고 생각한다. 그래서 매체가 전하는 정보는 특정 개인이 전하는 정보보다 신뢰성에서 앞선다고 믿는다. 대중은 대중 매체가 공급하는 정보에 거짓 혹은 의도적 방관이 스며 있다고 전혀 의심하지 않는다.

하지만 정보란 본디 각색되기 마련이다. 가공되지 않는 정보가 거의 없다는 게 문제다. 각색이란 변형을 의미한다. 현대의 매체는 여러 가지 방식으로 정보를 가공·각색한다. 심지어 자신의 입맛에 맞게 정보를 왜곡하는 일도 예삿일이다. 다행히 이런 짓은 보통 눈 밝은 이들에게 의도가 간파되기 마련이다. 예를 들어 종편의 근거 없는 주장에 혹하는 이들은 별로 없다. 대부분은 그냥 웃으며 채널을 돌려버린다. 오히려 매체의 정보 왜곡보다 더 큰 문제는 현실 방관이다. 보통 이런 행태는 '팩트'를 그대로 전한다는 핑계로 이루어진다.

언론의 사명이 '있는 그대로를 전달하는 것'이라는 명제는 마치 신화처럼 굳건하다. 하지만 그런 태도가 오히려 대중들의 눈을 가리고 귀를 먹게 할 수도 있다는 사실을 알아야 한다. 매체가 진정한 언론이 되기 위해서는 사실 추구도 중요하지만, 진실을 안내하는 나침반 역할을 할 수 있어야 한다. 팩트만 고집하며 진실에는 입을 닫고 눈을 감는 것은 방관에 불과하다. 언론이 전해야 하는 건 사실 뿐만 아니라 진실이다.

현대 언론에 진실 전달을 기대하는 건 어쩌면 순진한 바람일 수 있다. 현대의 매체는 기본적으로 상업적 이익을 추구하는 영리기관인 탓이다. 본질적으로 자본의 입김에서 자유로울 수 없으니, 자신의 이익을 위해서 권력의 눈치를 봐야 하는 존재다. 조지 오웰이 한 말처럼 '글쓰기'는 가장 정치적인 행위다. 더불어 '말하기' 또한 정치적인 행위다. 조지 오웰의 논리에 따르면 공공성을 주장하는 매체의 글쓰기, 말하기야말로 정치적일 수밖에 없다. 정치란 '프로파간다'를 동반한다. 즉 프로파간다에 매체는 필수다. 현대의 정치가 매체를 가장 훌륭한 정치적 수단으로 이용하는 이유다.

곤혹스러운 것은 우리가 이 같은 매체의 정치적 행위에 스스로 녹아들고 있다는 점이다. 정보의 홍수는 사람들에게 '사유'를 앗아간다. 신뢰성과 공공성이라는 방패로 무장한 매체의 일방적 정보를 사실을 넘어선 진실로 받아들인다. 예를 들어 사람들은 어떤 정보를 받아들일 때 '방송에서 들었어', '신문에서 봤어'란 말을 들으면 의심을 풀어버린다. 반론을 펴고 싶지만 매체의 위력에 주눅이 들어 좀처럼 하지 못하는 것이다. 하지만 이제 사람들은 매체가 하는 일이 의도했든 하지 않았든 이미 '정치적 행위'임을 알아야 한다. 매체는 자신들의 입장에 맞게끔 정보를 가공·각색하기 마련이며, 가공도 여의치 않을 때는 '팩트'만을 전달하기에 급급하다.

이렇게 정보를 가공하는 기사나 방송은 전문 분야일수록 문제가 심각하다. 보통 사람들이 어려워하는 분야일수록 각색의 티가 나지 않기 때문이다. 특히 경제 분야에 왜곡이 심각하다. 사람들이 경제기사를 어려워하고, 흔히 쓰이지 않는 용어도 자주 나오는 탓에 매체가 현실을 왜곡하기 더욱 쉽다. 숫자와 통계 자료는 객관적인 사실인 양 가장해 사람들을 현혹한다. 경제기사야말로 사람들이 살아가는 데 가장 중요한 정보임에도 불구하고, 기득권의 입맛에 맞게 왜곡되어 포장되기 마련이다. 우리가 특히 경제기사를 읽을 때 의문을 가져야 하는 이유다.

예를 들어 한국의 1인당 국민소득 증가를 축하하는 경제기사가 있다고 하자. 흔히 1인당 소득이 높아지면 국민 개개인의 삶도 나아질 것으로 생각하지만, 진실은 그렇지 않다. 대부분의 경제 통계는 '평균'의 함정을 내포하기 때문이다. 가령 국어가 100점, 수학이 40점이면 평균은 70점이다. 무난한 점수라 생각할 수 있지만, 수학은 낙제 점수라는 사실을 알아야 한다. 경제 통계 역시 마찬가지다. 1인당 소득이 3만 달러를 돌파했다 해서 모두가 풍요로운 삶을 영위하는 건 아니다. 가진 사람들이 굉장히 많은 부를 가졌다면, 못 가진 대부분의 삶은 더 어려울 수 있다. 이처럼 원래 자료를 가공한 이차 정보는 '사실'임엔 분명하지만 현실을 비틀어 보여주기 일쑤다. 다음과 같은 기사가 대표적이다.

뉴시스 2013.07.11

朴대통령, 하반기 경제 정책 '규제 완화→투자 활성화' 집중

박근혜 대통령이 11일 하반기 경제 정책 운영의 초점을 전방위 규제 완화를 통한 투자 활성화에 둘 것임을 예고했다.
상반기 경기활성화를 위해 다양한 대책들을 내놨지만 침체 국면인 경제 상황의 회복 기미가 뚜렷하지 않은 만큼 하반기에는 대폭적인 규제 완화로 경기회복을 유도하겠다는 의미다.
실제 이날 박 대통령이 주재한 제2차 무역투자진흥회의에서 논의된 안건들도 규제 완화와 투자 활성화에 초점이 맞춰졌다. 지난 1차 회의에서 논의된 사안들의 후속조치 점검과 '하반기 수출확대 방안'도 안건으로 올라왔지만 이보다는 '규제 개선 중심의 2단계 투자 활성화 대책'에 무게중심이 쏠렸다.

 헤드라인은 '팩트'를 충실히 전하고 있다. 어찌 보면 경제기사로서 사명을 완수했다고 할 수 있다. 하지만 이 경제기사가 '진실'을 전하고 있다고는 볼 수 없다. 진실은 규제 완화가 과연 투자 활성화에 도움이 되는지에 대한 탐구일 것이다. 위 기사는 규제 완화가 투자 활성화 혹은 경제 성장에 도움이 되리라는 등식이 이미 사실이라는 가정을 하고서 내용을 전개하고 있다. 반면 그에 대한 반론은 전혀 다루고 있지 않다. 이 때문에 이 기사를 읽은 사람들은 막연히 '규제'를 악으로 생각하고 '완화'를 선으로 생각하며 대통령의 조치에 박수를 보내게 된다. 즉 대통령의 결단으로 '투자 활성화'가 이루어져 경제가 쭉쭉 커 나갈 것으로 생각한다. 여기에 함정이 있다.

정말 '규제'는 악일까? 현대를 규정하는 단어 중 하나가 '법'이다. 법이 없는 세상을 상상할 수 없다. 그런데 곰곰이 생각해 보면 '법'이야말로 큰 틀에서 '규제'다. 법을 철폐 혹은 완화한다고 하면 사람들은 박수를 보낼까. 규제도 마찬가지다. 규제 없는 시장은 불가능하다. 규제 혹은 규칙이 생긴 데는 다 그만한 이유가 있었기 때문이다. 이 때문에 규제를 완화할 때는 신중해야 한다. 건널목 신호등 하나를 없앨 때도 고민이 필요한 법이다. 보행자의 수, 통행량 등을 고려해야 한다. 하물며 시장 경제의 신호등 역할을 하는 각종 규제를 철폐 혹은 완화하는 일은 말할 필요도 없다. 위 기사의 두 번째 화두인 '투자 활성화' 역시 마찬가지다. 기사는 마치 경제 활성화를 방해하는 것이 규제인 양 말하고 있다. 그런데 과연 규제만 풀면 경제가 살아날 수 있을까. 이명박 정권은 수많은 규제 완화책을 시행했지만, 그 결과는 참혹했다. 구체적으로 '비즈니스 프렌들리'를 외치며 친기업 정책을 시행했지만, 특정 재벌의 비대화로 한국 경제의 양극화만 심화시켰을 뿐이다. 그것도 삼성·현대차 등 극소수 대기업만 혜택을 봤지, 대부분의 대기업은 진창 속에 있는 게 현실이다.

이처럼 경제기사는 단순히 텍스트만 분석한다고 해서 그 주제에 대한 진실을 제대로 알 수 있는 게 아니다. 물론 텍스트를 유심히 들여다보는 것도 필요하지만, 이 경제기사가 말하는 것에 끊임없는 의문을 가지고 기사가 의도적으로 숨기고 있는 사실을 파악하는 게 더 중요하다. 이 책은 바로 이런 관점에서 썼다. 즉 경제신문에서 흔히 볼 수 있는 기사면서, 단순히 보이는 것 이외의 진실이 숨어 있는 기사를 발췌해 인용하고 그 뒤의 진실을 찾아가는 과정을 보여줄 것이다.

우리는 단순히 경제기사를 읽는 게 아니라 '사유'할 수 있어야 한다. 이 책을 쓴 이유 역시 마찬가지다. 생각에 대한 열망, 반론의 자유에 대한 갈망 때문이다. 한 사람의 주장은 온전히 그 사람의 것일 뿐이다. 내 주장은 나에게는 옳지만 다른 이에겐 틀릴 수 있다. 그러니 다른 누군가는 내 의견에 얼마든지 반박할 수 있다. 마땅히 그래야 한다. 중요한 것은 열린 장에서의 토론이다. 민주주의란 참여를 기반으로 한다. 정보가 넘치는 시대의 민주주의는 더욱 그래야 한다. 일방적으로 공급되는 정보에 함몰될 일이 아니다. 정보가 참인지 거짓인지를 가려낼 수 있어야 한다. 기사와 방송의 이면을 볼 수 있는 눈을 가져야 한다. 특히 사람들이 어렵게 느끼는 경제기사를 볼 때는 더욱 그렇다. 이는 반드시 전문적인 지식을 갖고 있어야 가능한 일이 아니다. 공부는 일종의 연습이다. 생각도 마찬가지다. '왜?', '정말?'이라고 묻고 또 물을 때 우리는 진실에 한 걸음씩 가까워질 수 있다.

 이 책은 '의문'에서 시작한다. 대체 왜 그래야 하는지 묻는 책이다. 마찬가지로 다른 이들도 내게 '왜'냐고 물을 수 있어야 한다. 그래야만 이 책이 의미를 가진다. 많은 이들의 반론을 기대한다. 우리는 모두 논쟁을 하면서 사유의 지평을 넓혀 나가야 한다. 그것만이 매체가 전하는 일방적인 정보의 홍수에 휩쓸리지 않는 길이다.

    책을 낸다는 것은 언제나 두렵고 무서운 일이다. 친한 친구라도 자신의 생각을 솔직히 말하기란 쉬운 일이 아니다. 하물며 수많은 낯선 대중에게 벌거숭이가 된 자신을 보여주는 건 말할 필요도 없다. 그럼에도 이 책을 쓸 수밖에 없었다. 거듭 말하지만 글쓰기는 정치적 행위다. 정치적 행위를 한다는 건 민주 사회 구성원의 책무다. 난 그 의무를 다하기 위해 이 책을 썼다.

    모두가 스스로의 힘으로 꼿꼿이 설 수 있길 기대하며…….

차례

머리말 경제기사에 '왜'냐고 물어보라 ●4

1 경제기사는 돈을 잃게 하는 통로다

01 금융 선진화가 황금알 낳는 거위를 죽일 수 있다 ●19
02 골드만삭스와 알루미늄 독과점 ●28
03 '공유형 모기지'의 의미는 이자 없는 세상의 실험이다 ●37
04 주식 시장 전망은 늘 좋다 그런데 기관과 외국인들에게만 좋다 ●46
05 중앙은행의 비트코인 위험성 강조엔 중앙은행들의 물타기가 있다 ●55

2 경제기사는 기업의 본질을 외면한다

06 노동자를 탄압한다고 사용자만 나무랄 일은 아니다 ●67
07 환율 떨어진다는 호들갑은 기업경쟁력을 떨어뜨리는 원흉이다 ●77
08 재벌과 대기업의 높은 성장세엔 99%들의 희생이 있다 ●86
09 혁신의 상징 애플과 수만의 눈물 ●94
10 더는 기술 혁신이 일자리를 만들지 못 한다 ●103
11 노키아가 몰락한 핀란드, 만약 삼성이 몰락하면 한국은? ●112

3 경제기사는
거품 낀 꿈과 희망을 선물한다

12 민영화? 사유화가 바른 말이다 ●123
13 기부가 일상화된 나라는 건강한 사회가 아니다 ●132
14 권상우의 빌딩 재테크에 승자독식이라는 달콤한 독약이 묻어 있다 ●140
15 국민에게 매달 300만 원씩 주는 웃기는 이야기가 공론화할 수 있는 까닭 ●149
16 세금 강화와 세목 증설 반대편엔 늘어나는 서민 세금이 있다 ●160

4 경제기사는
성장의 역설을 외면한다

17 물가 상승률이 세금이라고 누구도 말하지 않는다 ●171
18 경기를 살리려는 인플레이션은 늘 디플레이션을 부르게 돼 있다 ●179
19 국민소득 증가에 가난해지는 가계가 볼모로 잡혀 있다 ●187
20 경기 호전 뉴스에 절대 체감 경기 좋아진다는 소식은 없다 ●196
21 성장 집착은 되레 고용을 줄이고 임금을 깎는다 ●205
22 거품은 실제가 아닐 수 있다 ●213

5 경제기사는
거시경제를 축소하고 왜곡한다

23 양적 완화의 실제 목표는 '부의 효과'에 지나지 않는다 ●225
24 수출이 늘었다며 축배를 들 때 환율 정책으로부터 오는 고통은 사라진다 ●234
25 선진국을 쫓은 신흥국들의 금융 완화책에 담긴 한숨 ●243
26 상하이 개방에 숨겨둔 위안화 굴기 전략 ●252
27 통화정책의 진짜 복병은 고령화다 ●262
28 신흥국들 위기가 더는 위기가 아닌 이유 ●271

1

경제기사는
돈을 잃게 하는 통로다

경제지식이

말해주지
않는

28가지

금융 선진화가
황금알 낳는 거위를 죽일 수 있다

동아일보 2013.06.27

> '국민+우리' 메가뱅크 실익 없어 무산될 듯
>
> 다음 달 시작하는 우리금융지주 자회사 매각을 앞두고 KB금융지주가 우리은행보다 우리투자증권에 더 관심을 두는 것으로 파악됐다. KB국민은행에 우리은행을 합쳐 초대형 금융사(메가뱅크)가 되는 게 실익이 없다고 판단한 셈이다. 그동안 금융계 안팎에서 전망이 무성했던 메가뱅크 탄생 가능성이 크게 낮아졌다는 분석이 나온다.

"이상하네. 왜 실익이 없다고 할까?"

"그러게 말이야. 금융선진화가 되어야 한국이 금융 허브로 발전할 수 있을 텐데."

흔히 듣는 대화다. 한국의 금융선진화를 향한 꿈은 이미 대중에게 일반화됐다. 2013년 10월 말에는 마침내 한국형 투자은행이 출범하기도 했다. 금융업이 한국 경제 발전을 이끌 것이라는 꿈은 꽤 오래전부터 시작됐다. 노무현 정부 시절 세계적인 경제 호황이 왔을 때부터 금융업의 약진이 시작된 것이다. 2008년 금융위기가 터지기 전까지 금융이 황금알을 낳는 미래 산업임을 의심하는 사람은 별로 없었다. 이는 자연스레 한국의 미래 성장 동력 역시 금융이 되어야 한다는 생각을 낳았다. 하지만 최근 메가뱅크들이 벌인 일련의 사건은 이런 우리의 생각을 철저히 비웃는다. 금융업의 미래에 의문을 던지는 것이다.

사고뭉치가 된 메가뱅크

최근 몇 년간 거대 은행들이 저지른 사고는 엽기적이다. 핵폭탄급이라고 해도 좋을 정도다. 2008년 리먼브러더스가 파생상품 손실로 파산하면서 세계를 금융위기로 몰아간 기억이 사람들에게 여전히 생생하다. 그 후에도 메가뱅크의 사고는 그칠 줄 모른다. 2012년 6월 발생한 런던 고래 사건이 대표적이다. 이 사건은 미국의 최대 투자 은행인 제이피모건에서 '런던 고래'라고 불리던 트레이더* 부르노 미셸 익실(Bruno Michle Iksil)이 파생상품을 거래하는 과정에서 시장을 낙관적으로 잘못 판단하고 투자해 회사에 엄청난 투자 손실을 입힌 일을 말한다. 제이피모건의 파생상품 투자 손실액은 나날이 늘어 최종적으로 62억 달러가량 손해를 본 것으로 공식 확인됐다. 이뿐인가. 같은 해 바클레이즈 은행은 리보금리** 조작으로 세계를 놀라게 했다. 불통은 급속도로 전 세계에 번지고 있다. 뱅크오브아메리카, 제이피모건체이스, 씨티그룹과 같은

트레이더란 주식이나 채권을 매매할 때 자신의 포지션을 가지고 거래하거나 시세를 예측하면서 고객 간의 거래를 중개하는 사람을 말한다.

리보금리란 런던 금융시장에서 우량은행 간 단기자금을 거래할 때 적용하는 금리를 말한다.

유명 거대은행들이 같은 리보금리 조작 혐의로 미국과 캐나다에서 조사를 받고 있다. 또한 2013년 여름에는 골드만삭스가 알루미늄 시장을, 제이피모건이 전기 시장을 조작한다는 뉴스로 미국이 시끄러웠다.

대체 왜 메가뱅크가 사고뭉치가 되어가는 걸까? 답은 뜻밖에도 간단하다. 투기와 편법이 아니고는 생존이 어렵기 때문이다. 은행의 위기가 일상적인 현실이 됐다는 얘기다.

2008년 금융위기 이전까지는 은행의 성장을 의심하는 사람이 거의 없었다. 글로벌 경제의 호황을 바탕으로 은행은 마음껏 투자 영역을 확충했다. 마치 불가사리처럼 끝없이 영역을 넓혔다. 이름 모를 수많은 파생상품이 태어났고, 이 파생상품을 토대로 거대 은행은 마음껏 배를 불렸다. 심지어 그 파생상품을 만든 자들이 노벨 경제학상을 수상하기까지 했다. 그러나 붕괴는 일순간에 찾아왔다. 리먼브러더스의 파산은 거대 은행의 종말을 알리는 조종이었다. 이때부터 거대 은행의 무한 성장에 제동이 걸리기 시작했다. 물론 이들이 만든 상품의 허구성도 만천하에 드러났다. 거대 은행의 생존이 위협받게 된 것은 당연했다. 모두가 알다시피 이들을 나락에서 구한 건 국민의 혈세였다.

그로부터 5년, 거대 은행의 위기가 겉으로는 끝난 것처럼 보인다. 하지만 한 꺼풀만 벗기면 점점 심해지고 있는 위기의 속살이 드러난다. 특히 저금리 시대의 종말이 은행의 위기를 부추기고 있다. 금리가 상승하면 은행의 실적 악화가 시작될 것이다. 단순히 금리 상승이 은행에 좋은 기회가 될 것으로 생각할 수도 있다. 대출 금리가 오를 테니 은행의 예대마진*이 높아지고, 결과적으로 은행의 수익이 개선될 것이란 판단 때문이다. 하지만 이는 단견이다. 은행이 더는 대출로 먹고살지 않기 때문이다.

현대 은행은 대출 기관이 아니라 오히려 트레이더에 가깝다. 전통적으로 은행의 수익원이었던 상업·소비자 대출이 더는 수익을 내지 못하고 있는 탓이다. 2008년 금융위기 이후 가계와 기업은 디레버리징(deleveraging)**을 수행했다. 부채를 줄여왔다는 말이다. 그러니 은행이 대출 시장에서 큰 수익을 기대할 수 없는 형편이다. 게다가 초저금리로 적정 예대마진을 확보하는 일 역시 쉽지 않았다. 과거 상업은행 시절에는 금리가 높아질수록 은행의 수익이 커졌다. 대출 금리는 빨리 올리고 예금 금리는 늦게 올리는 방식으로 수익률을 높일 수 있었던 것이다. 그러나 그런 시절은 이미 오래전에 지나갔다. 오늘날의 메가뱅크는 트레이딩 거래***와 자본시장에서의 투기적 거래로 돈을 번다. 이런 상황에서 금리가 오른다는 말은 자본 조달 원가가 상승한다는 의미다. 원가가 상승하는 만큼 더 높은 수익을 내야 하는데, 이것이 쉽지 않다. 이는 결국 각종 거래가 줄어들 가능성을 높인다. 예를 들어, 금리가 오르면 회

예대마진은 금융기관이 대출로 받은 이자에서 예금에 지불한 이자를 뺀 나머지 부분으로 금융기관의 수입이 되는 부분을 말한다.

'레버리지(leverage)'는 '지렛대'라는 말로, 금융계에서는 빚을 지렛대로 한 투자법을 말한다. 재무구조상에서 자기자본 대비 차입비율로, 타인자본 비용이 클수록 레버리지 수준을 높음을 뜻한다. 이와 반대로 디레버리지(deleverage)는 '빚을 상환한다.'는 의미다.

트레이딩 거래란 외환, 채권, 주식 등의 가격변동을 예측하여 이로부터 매매차익을 획득하려는 목적으로 하는 거래로서 헤지거래에 해당하지 않는 모든 거래를 말한다.

사채 발행이 급감하기에 공모를 통한 수수료 수입 역시 줄어든다. 결과적으로 금리가 오르면 은행이 고전한다.

무엇보다 은행이 직면한 가장 큰 리스크는 연방준비제도이사회(연준, 미국의 중앙은행)가 지원해 준 값싼 돈을 이용한 트레이딩 시대가 곧 끝난다는 것이다. 지난 몇 년, 거대 은행은 캐리트레이드[*]를 통해 수익을 냈다. 연준에서 초저금리로 빌린 돈으로 장기국채와 모기지담보부증권[**]에 투자해 수익을 내는 땅 짚고 헤엄치기 식 영업을 해왔다는 말이다. 그러나 이제 장기금리가 오르고 있다. 장기금리가 오르니 장기채권 가격이 폭락하고, 이에 따라 많은 미국의 거대 은행들은 수십억, 수백억 달러에 달하는 손해에 직면했다. 예를 들어 뱅크오브아메리카는 3,150억 달러에 달하는 증권 포트폴리오를 갖고 있는데, 그것의 90퍼센트가 장기국채와 모기지담보부증권이다. 금리 상승으로 채권 수익률이 오르면 해당 증권의 가치는 지속해서 하락한다. 2013년 6월 뱅크오브아프리카의 재무담당 최고책임자(CFO)는 금리가 1퍼센트 상승할 때 발생하는 자본 감소를 만회하기 위해서는, 2년 반에서 3년 동안의 이자 수익을 꼬박꼬박 모아야 할 것이라고 전망했다.

캐리트레이드란 금리가 낮은 통화로 자금을 조달해 금리가 높은 나라의 금융상품 등에 투자함으로써 수익을 내는 거래를 말한다.

모기지담보부증권은 일반적으로 저당대출업무를 취급하는 금융기관이 토지, 건물 등의 부동산을 담보로 자금수요자에게 자금을 대출한 후 갖게 되는 모기지(mortgage)를 근거로 하여 발행되고 있는데, 이러한 모기지담보부증권(또는 저당대출담보부증권)은 모기지의 현금 흐름 연결형태와 담보의 소유권 귀속 여부 하에 따라서 크게 패스스로(passthrough)증권, MBB(Mortgage Backed Bond), 패이스로본드 그리고 CMO(Collateralized Mortgage Obligations) 등으로 구별된다.

은행 위기와 성장 경제의 약점

앞서 은행 위기의 이유를 살펴봤지만, 이것만으로 은행의 상시적 위기를 설명하기에는 뭔가 부족하다. 사실 은행 위기의 또 다른 원인이 있다. 바로 산업구조의 변화와 현대 성장 경제의 맹점이다. 이것이 은행을 상시적 위기 집단으로 만들고 있다.

경제가 발전하면 2차 산업은 자연스럽게 퇴조하고 3차 산업이 득세하게 된다. 생산과 제조에 집중된 산업구조가 서비스와 금융을 주축으로 재편되는 것이다. 이것을 자본주의 체제에서는 선진화라 부른다. 어느 정도 부를 일군 개인과 국가는 땀을 흘려야 돈을 벌 수 있는 제조와 생산에 더는 집착하지 않는다. 대신 돈으로 성장을 이루려는 금융 등 서비스업에 집중한다. 영국이 그랬고 미국도 마찬가지였다. 성장 기제가 바뀌면서 자연스럽게 금융업이 점차 비대해질 수밖에 없다. 마침내 거대 공룡이 탄생하는 것이다. 이 공룡은 절대 죽지 않을 것 같은 외양을 가지고 천하무적에 가까울 정도로 힘도 막강하다.

그런데 한 가지 잊은 게 있다. 덩치가 커지면 커질수록 먹잇감 구하는 게 그만큼 더 힘들어진다는 점이다. 이들이 과거에 먹고 살았던 제조·생산을 대상으로 한 신용 중개는 이미 포화 상태다. 게다가 제조 및 생산기반도 해외 공장이전 등으로 상당 부문 허물어진 상태다. 신선하고 건강한 먹을거리가 사라진 것이다. 수익을 내고 생존하기 위해서는 불량 식품이라도 먹어야 한다. 이게 현대 은행이 위험한 투기거래나 소매금융에 매달리는 이유다. 이름도 생소한 파생상품을 끊임없이 만들어내고 트레이더를 고용해 직접 투기거래에 나서는 것도 이 때문이다.

말도 안 되는 프로젝트에 자금을 대는 것 또한 마찬가지다. 이른바 '승수효과*'가 거의 없는 부분에 투자가 늘어난다. 생산적이지 못한 곳에 대출을 집중하기 때문에 당연히 투자한 돈을 회수할 가능성이 줄어든다. 은행의 외형적 자산은 점점 불어나지만 그만큼 부실도 커진다.

게다가 현대 경제의 치명적 약점이 은행의 위기를 부채질한다. 앞서 말했듯 성장은 더는 제조와 생산에 의지하지 않는다. 오히려 신용확대를 통한 소비에 의지하는 성장으로 패러다임이 바뀌었다. 현대의 일상적 소비는 사실 낭비와 사치에 가깝지만, 그게 없다면 현대 경제는 지속 불가능하다. 현대는 '과잉생산' 시대다. 어떻게든 넘치는 생산물을 처리해야 한다. 그래서 신용확대를 꾀하면서까지 소비를 부채질하는 것이다. 문제는 은행의 신용창출 혹은 신용공급이 무한할 수 없다는 데 있다. 은행의 신용공급은 기본적으로 담보를 기반으로 한다. 하지만 담보는 유한하기에 신용창출에 한계가 있을 수밖에 없다. 신용창출 혹은 확대가 한계에 달하면 어찌 될까. 더 정확히는 담보 능력이 한계에 달하면 어찌 될까. 2008년처럼 시장은 '리셋 버튼'을 눌러 부채청소 과정을 시작한다. 즉 담보물 이상의 신용을 제거하는 과정이 본격화된다는 말이다. 그게 모든 금융위기의 본질이다. 2008년의 금융위기와 유럽 국가부채 위기도 핵심은 똑같다. 미국만 해도 30조 달러 정도 부채를 줄여야 금융 관리가 가능하다는 연구가 있다. 미국 국내총생산

---

* 승수효과란 경제 현상에서 어떤 경제 요인의 변화가 다른 경제 요인의 변화를 가져와 파급 효과를 낳고, 최종적으로는 처음 몇 배의 증가 또는 감소로 나타나는 총 효과를 말한다.

(GDP)의 두 배가 넘는 엄청난 금액이다. 이 정도 부채를 줄이려면 그 과정이 얼마나 극적일지는 상상하고도 남는다. 은행의 파산은 피할 수 없는 현실이 될 것이다.

　제조업의 붕괴, 일자리 감소, 실질임금 하락, 임금 하락분 이상의 신용공급, 신용에 의존하는 성장, 마침내 터져버린 신용 버블, 부채 청소 과정의 반복이 현대의 신자유주의 경제를 정의한다. 은행은 이 과정에서 신용공급을 하는 중추적인 역할을 한다. 그러나 신용이 언제나 구체적 담보를 기반으로 존재하는 건 아니다. 오히려 가공의 유령 담보로 신용이 팽창한다. 그게 문제다. 부푼 풍선처럼 신용 버블도 언젠가는 터진다. 그러니 신용의 공급자인 은행이 위기에 처하는 것은 당연하다.

　심각한 문제는 한국의 은행들이 아직도 금융을 향한 미련을 접지 못하고 있다는 점이다. 현재 국내 5개 금융지주 은행의 평균 자산은 약 300조 원에 달한다. 몸집으로만 보면 세계 80위권이다. 규모로 보면 외국 거대 은행을 따라잡을 수 있다고 강변할 수도 있다. 하지만 현재 한국의 은행은 경쟁력이 없다. 삼성전자·현대차·포스코 등 대형 제조업체도 더는 국내 은행에 의존하지 않는다. 이들은 필요한 자금을 외국에서 채권을 발행해 직접 조달한다. 당연히 국외에서는 한국의 은행 브랜드를 아는 사람조차 드물다. 무엇보다 한국은 기축통화국이 아니다. 기축통화인 달러·유로·엔을 제외하고는 국제 경쟁력이 없기 때문에 신흥국 은행이 국제화에 성공한 사례는 없다. 한국의 은행도 마찬가지다. 기축통화국 중앙은행과 한국은행 중 어떤 은행이 더 저금리로 자국의 은행에 통화를 공급할 수 있을까? 마찬가지로 어떤 국가의 시중은행이 더 값싼 돈을 공급받을 수 있을까? 답은 뻔하다. 기축통화국 은행들이 금리 경쟁력에서 타국 은행을 압도할 수밖에 없다. 이런 상황에서 은행을 자꾸 키워 공룡화하는 것은 어리석은 짓이다. 몸집이 커질수록 먹잇감을 찾는 일이 만만치 않음을 인식해야 한다. 그나마 상업은행 기능에 국한하기에 현재 한국의 은행들이 건재함을 알아야 한다.

투기적 거래를 하지 않으면 생존이 불가능한 조직이 바로 은행임을 인식해야 한다. 더불어 신용확대를 통한 성장 논리가 얼마나 취약한지 직시해야 한다. 신용확대 때문에 은행이 주기적으로 병이 들고, 그 병이 악화하면 세계가 위기를 겪게 된다는 사실도 깨달아야 한다. 이것이 현대의 성장 경제가 내포한 치명적 한계란 점도 이해할 필요가 있다. 결국 노동의 가치를 존중하는 세상으로의 복귀가 답이다. 동시에 무분별한 신용확대를 통한 성장 제일주의도 반성해야 한다. 그렇지 않는 한 은행의 실패는 계속될 수밖에 없다. 은행 실패에 따른 위기도 마찬가지다.

골드만삭스와
알루미늄 독과점

> **한겨레신문 2013.07.22**
>
> 골드만삭스 알루미늄 사재기까지 …
> '월가의 탐욕' 국제 원자재값 왜곡
>
> 미국 디트로이트에 있는 27곳의 알루미늄 보관창고에선 날마다 기묘한 일이 벌어진다. 각 창고에 있는 알루미늄 덩어리들을 트럭을 이용해 서로 다른 창고로 이동시키는 것이다. 예컨대 1번 창고의 알루미늄 일부가 2번 창고로, 2번 창고에 있는 것이 1번 창고로 가는 식이다. 날마다 움직이는 물량의 90퍼센트가량이 고객사가 아니라 다른 창고로 향한다. 올해 초까지 창고에서 일했던 지게차 운전사 타일러 클레이는 물건들이 돌고 돈다는 뜻에서 이를 "회전목마 금속"이라고 불렀다.

"골드만삭스라 하면 세계 최대의 은행 아닌가? 그런데 왜 알루미늄을 사재기하지?"

"그러게 말이야. 하긴 은행이 원자재 시장에서 투기한다는 건 이미 알려진 일이니까……."

이 기사는 대중을 현혹하는 것과는 거리가 멀다. 오히려 참다운 기사라 할 수 있다. 하지만 대부분은 위 기사를 읽고도 문제의 심각성을 간과한다. 기사가 핵심을 놓치고 있기 때문이다. '제이피모건 등 대형투자은행 미 전력시장서 가격조작 들통(한겨레신문 2013.07.28.)'과 같은 기사도 마찬가지다. '조작'이나 '사재기' 같은 것은 결과일 뿐이다. 핵심은 과연 은행이 실물시장에 진출해도 좋으냐는 것이다. 하지만 기사는 한결같이 결과만을 다루고 있을 뿐, 근원을 파헤치지 못하고 있다.

아무리 금융에 관심이 없는 사람이라도 '골드만삭스'란 이름은 들어봤을 것이다. 세계 경제를 쥐락펴락하는 유대 자본의 첨병, 돈 버는 기계, 최고의 인재들과 천문학적 임금, 국제금융시장의 지배자 등은 모두 골드만삭스를 설명하는 수식어들이다. 그만큼 글로벌 금융과 경제에서 이 거대 은행의 영향력이 막강하다. 골드만삭스는 자본 권력의 대명사이자 신자유주의를 상징하는 심장이다. 하지만 앞의 수식어가 보여주듯 이미지가 긍정적이지만은 않다. 오히려 부정적이라면 모를까.

2008년 금융위기의 진원지가 '월가'였음은 누구도 부인하지 못한다. 세계 경제를 현재와 같은 초유의 침체 상황으로 몰고 간 것은 골드만삭스를 비롯한 초대형 금융기관의 탐욕이었다. 하지만 아직도 이들의 욕심은 좀처럼 그칠 줄 모른다. 2013년 7월 21일 〈뉴욕타임스〉에 실린 골드만삭스가 알루미늄을 사재기한다는 뉴스가 대표적인 탐욕의 예다. 이 기사는 미국 사회에 커다란 반향을 불러일으켰는데, 대체 거대 투자은행과 알루미늄은 무슨 관계가 있어 이처럼 시끄러운 걸까?

수상한 보관창고 바꿔치기

기사를 보면 미국 디트로이트에 있는 27개의 알루미늄 보관 창고에서 매일 이상한 일이 벌어진다고 한다. 창고에 잘 보관된 알루미늄괴를 트럭을 이용해 굳이 다른 창고로 옮기고 있다는 것이다. 예를 들어, 1번 창고 것은 2번으로, 2번에 있는 건 1번으로 옮기는 식이다. 하루 물동량의 90퍼센트가량이 고객사가 아닌 창고에서 창고로 옮겨지는 물량이다. 물건들이 창고를 회전목마처럼 돌고 돈다 해서 이를 '회전목마 금속'이라고도 한다. 정말 이상한 일이 아닐 수 없다. 엄청난 비용을 들여가며 굳이 알루미늄을 이리저리 옮기는 이유는 무엇일까? 의외지만 이런 일이 벌어지는 배후에 바로 골드만삭스가 있다.

이 보관창고는 '메트로 인터내셔널 트레이드 서비스'란 회사의 소유로 미국 알루미늄 물동량의 25퍼센트 정도가 보관되어 있을 만큼 규모가 크다. 그런데 이 회사를 3년 전에 골드만삭스가 샀다. 문제는 그때부터 발생했다. 골드만삭스는 창고에 보관된 알루미늄을 음료수·자동차·전자회사 등 고객사로 가능한 한 빨리 인도하려 하기보다는, '창고 바꿔치기'라는 방식으로 보관기간을 연장하려 애썼다. 골드만삭스가 인수하기 전만 해도 고객사 주문 후 인도까지 6주밖에 걸리지 않던 것이, 주인이 바뀐 후 기간이 20배나 늘어 이 기사가 보도됐을 때는 16개월 정도가 걸렸다. 이런 사업 행태로 보관창고에 보관된 알루미늄양은 2008년 5만 톤에서 2010년 85만 톤, 2013년 7월에는 147만 톤으로 늘었다.

단순히 보관기간만 연장하려면 알루미늄괴를 원래 보관되어 있던

창고에 그냥 놔두면 된다. 그런데 굳이 '창고 바꿔치기'를 하는 이유는 무엇일까? 이유가 있다. 대형 보관창고는 반출량을 규제받는다. 의무적으로 매일 최소 3,000톤의 양을 방출하도록 규정되어 있다. 매점매석을 방지하기 위한 것이다. 그런데 골드만삭스는 '창고 바꿔치기' 방식으로 이 규제를 교묘히 피하고 있는 것이다.

골드만삭스가 규정을 어기면서까지 인도기일을 지연시키는 까닭은 무엇일까? 물론 자기들 이익을 위해서다. 인도기일이 늘어나면 알루미늄 가격은 오를 수밖에 없다. 가격에 매일 부과되는 창고임대료가 더해지기 때문이다. 문제는 이 같은 보관료 인상이 현물시장에서 거래되는 모든 알루미늄에 적용된다는 것이다. 관행적으로 보관료는 알루미늄 가격에 '프리미엄' 형식으로 덧붙여진다. 인도가 늦어질수록 골드만삭스의 창고에서 출고되지 않은 알루미늄이라도 덩달아 가격이 오르는 구조인 것이다. 실제로 2010년 이후 현물시장에서 팔린 알루미늄의 프리미엄이 두 배로 올랐다. 알루미늄이 시장에 제때 공급되지 않아서였다. 그 배후에 골드만삭스가 있었다. 결국 골드만삭스의 시장 조작으로 글로벌 시장의 알루미늄 가격이 상승한 것이다.

알루미늄 시장 조작으로 골드만삭스는 상당한 이익을 본 것으로 추정된다. 이 창고를 샀을 때 금액이 5억 5,000만 달러였는데 보관료로 벌어들이는 돈만 해마다 약 2억 5,000만 달러에 이른다. 사들인 지 3년째니, 이미 투자금 이상을 벌었다. 그렇다면 물건 주인인 화주는 어떤 이득을 보게 되는가? 얼핏 보관 기일이 길어지면 보관료도 높아지니 손해를 볼 것처럼 보인다. 하지만 실제로는 화주도 손해를 보지 않는다.

그만큼 현물 가격이 오르기 때문이다. 게다가 골드만삭스는 이들에게 보관기일에 따라 인센티브를 줬다. 화주와 보관창고 모두 이익을 보는 구조를 만든 것이다. 결국 이들 소수의 주머니를 다수 대중이 채워준 셈이다.

거대 자본 규제는 있으나 마나

골드만삭스의 알루미늄 시장 조작은 독점을 넘어 매점매석이다. 하지만 규제기관이 '거대 자본'을 효과적으로 통제하지 못하고 있다. 이들을 규제할 수 있는 공식 기관은 두 곳이지만 모두 손을 놓고 있다. 전 세계 719개 금속창고를 규제하는 기관은 공식적으로 런던 금속거래소(London Metal Exchange)다. 하지만 이 거래소를 규제기관이라 할 수는 없다. 보관창고가 벌어들이는 보관료의 1퍼센트를 수수료로 받아 운영되는 일반 기업이기 때문이다. 규정 대부분은 거래소의 '보관창고 위원회'가 결정하는데, 그 구성원이 거대 투자은행·보관창고 회사들이다. 고양이에게 생선을 맡긴 격이다. 직접적 이해당사자가 자기들 이익에 반하는 규정을 제정할 리 없다. 규정은 자기들 이익을 위한 방편일 뿐이다. 이 거래소는 지난해 홍콩 투자그룹이 인수했다. 그 후 골드만삭스가 저지르고 있는 병목현상을 줄일 규제안을 마련하긴 했다. 하지만 규제안이 위원회를 통과한다고 해도 2014년 4월 이후부터나 발효될 예정이다.

사실 이 모든 것은 미 중앙은행인 연준이 골드만삭스와 모건스탠리 등 투자은행에 부여한 예외조항을 철회하면 끝날 일이다. 즉, 은행이 비금융 비즈니스에 투자할 수 있도록 해준 규정을 없애면 된다. 지난 세기, 미 의회는 금융과 상업을 분리하려 시도했다. 은행은 비금융 사업체를 소유할 수 없었다. 그 이유는 위험을 줄여 예금자를 보호하기 위해서였다. 하지만 1980년대 들어 탈규제의 바람이 불기 시작했다. 다르게 표현하면 은행이 원자재 등 상품시장(Commodity Market)에 진출할 수 있게 됐다는 말이다. 이에 거대 투자은행들이 오일과 기타 상품을 거래하는 회사를 매수하기 시작했다. 1990년대 들어서는 나머지 다른 규제도 약화하거나 제거됐다. 은행이 원자재 등 상품을 보관하거나 운송하는 비즈니스까지 할 수 있게 된 것이다. 이를테면 유조선·송유관·정유시설·보관창고·항만시설 등이다. 거대 은행은 말 그대로 누구의 눈치도 보지 않고 마음껏 활동 영역을 확대할 수 있게 된 셈이다.

상품시장에 진출한 메가뱅크

혹자는 은행이 비금융 비즈니스에도 얼마든지 진출할 수 있지 않으냐고 반문한다. 하지만 이번 알루미늄 사태에서 보듯 은행이 비금융 비즈니스에 진출하면 해당 분야에서 강자로 등극하는 건 순식간이다. 막강한 자금력 덕분이다. 이는 특정 비즈니스가 자본에 종속된다는 의미다. 다른 말로 하면, 독과점이 얼마든지 심화할 수 있다는 뜻이다.

일부 전문가들조차 골드만삭스 같은 거대 은행의 상품시장 진출을 옹호한다. 그들은 투자를 촉진하고 시장의 효율성을 높여 소비자에게

득이 된다고 주장한다. 하지만 지난 10년, 월가의 상품시장 진출은 가격 상승의 결과만을 낳았을 뿐이다. 알루미늄 가격 조작은 월가가 연준의 규제를 피해 상품시장을 흔들어 대는 것에 불과하다. 금융위기 직전의 오일값 폭등 사태 배후에도 투자은행의 투기가 있었다. 오일·밀·커피 시장에서의 조작으로 골드만삭스·제이피모건체이스·모건스탠리와 같은 투자은행이 수십억 달러를 벌고 있는 것으로 추산된다.

　2012년, 미 연방정부는 제이피모건을 포함한 3개의 은행을 전기가격 조작 혐의로 고발한 바 있다. 거대 은행은 이미 전기와 같은 준공공재 시장에도 진출했다. 게다가 현재 메가뱅크들은 유조선·보관창고·파이프라인·항구 등 일종의 사회 간접 자본까지 소유하고 있다. 그러니 물리적 시장을 얼마든지 통제할 수 있다고 봐야 한다. 거대 은행은 이를 통해 매우 귀중한 시장 정보를 획득한다. 모든 거래에서 정보는 곧 돈이다. 그러니 상품거래시장에 진출한 거대 은행은 엄청난 장점을 누리고 있는 셈이다. 예를 들어, 누구보다 먼저 특정 상품의 물동량을 알 수 있다. 당연히 남들보다 한발 앞선 의사결정이 가능하다. 주식시장이라면 내부거래 혐의가 적용될 수 있을 정도다. 독과점을 넘어 시장을 충분히 쥐락펴락할 수 있는 조건이 갖춰진 셈이다.

　사실 상품시장의 독과점 현상은 어제오늘 일이 아니다. 상품시장은 소수의 트레이딩 하우스, 즉 상품 중개 혹은 거래회사들이 움직인다. 로이터 보도로는 16개 회사가 전 세계에서 거래되는 상품시장의 절반 이상을 장악하고 있다. 거의 완벽한 독점이다. 이들 회사 대부분이 비상장 기업이며 가족경영 형태를 띠고 있다. 일반인에게는 잘 알려지지 않은 게 특징이다. 그만큼 비밀스럽게 움직이며 세계의 원자재 시장을 주무르고 있는 것이다.

이들의 규모는 상상 이상이다. 비톨(Vitol)과 트라피구라(Trafigura) 두 회사는 2010년 하루 810만 배럴의 오일을 팔았다. 이것은 사우디아라비아와 베네수엘라의 하루 오일 수출량을 합한 양이다. 역시 2010년 기준으로 글렌코아(Glencore)는 세계 아연 거래량의 55퍼센트, 구리의 36퍼센트를 장악하고 있다. 독점 상황이니 가격 조작 및 통제는 자연스런 현상이다. 조금 과장되게 표현하면 70억 명의 삶을 특정한 소수가 통제한다고 표현할 수도 있다.

여기에 거대 투자은행까지 진출하고 있는 것이다. 이는 은행의 기본을 망각한 행위다. 무엇보다 은행은 안정성을 최고의 규범으로 삼아야 한다. 은행이 무너지는 건 일개 회사가 문 닫는 것과는 차원이 다르다. 수많은 예금자는 물론 국가 경제 심지어 리먼 브러더스 사태에서 보듯 국제 경제까지 위협할 수 있기 때문이다. 그런데 상품시장은 안정적인 시장이 아니다. 변동성이 크다. 2008년 금융위기 당시와 같은 폭락 장세가 다시 재현되지 않으리란 법이 없다. 리먼 브러더스가 망한 이유도 변동성과 리스크가 큰 파생상품을 거래했기 때문이란 점을 기억해야 한다. 은행은 은행이어야 한다. 매점매석으로 수익을 내는 거대 석유회사가 아니다. 대출 등 신용중개 기능에 충실해야지, 물리적 시장을 조작해 상품 가격을 올리면 안 된다. 이는 전체 금융시스템을 위험에 처하게 할 뿐이다.

은행이 세계를 위기로 몰아넣은 게 불과 몇 년 전이다. 그런데도 거대 투자은행은 정신을 차리지 못하고 여전히 위험한 비즈니스에 진출하고 있다. 심지어 큰 수익을 바라며 독과점도 불사하고 있다. 이는 불공정한 행위다. 자본을 통제하지 못한다면 글로벌 경제는 어쩌면 이들 손에서 놀아나게 될 수도 있다. 골드만삭스의 알루미늄 가격 조작이 그 단적인 예다. 금권이 정치권력 위에 서는 순간, 위험은 다가온다. 그게 금융의 역사였다.

'공유형 모기지'의 의미는
이자 없는 세상의 실험이다

머니투데이 2013.09.05

공유형 모기지 '집값 오를 만한 곳'만 대출

정부가 공유형 모기지 대출 대상 아파트를 '매매가 상승 가능 지역'으로 한정할 계획이다. 국민주택기금 안정성 때문이라고 하지만 지역차별 논란이 예상된다. 4일 국토교통부에 따르면 국토부는 공유형 모기지 대출심사평가기준에 집값 하락 가능성이 높은 곳들을 대출 대상에서 배제하거나 감점을 주는 내용을 포함시킬 계획이다. 정부는 대출 제한 또는 감점 요소를 열거하는 식으로 '집값 리스크'에 대응하는 방안을 검토 중이다. 이에 따라 수직증축 리모델링과 재개발·재건축 대상 아파트도 모두 대상에서 제외될 것으로 알려졌다.

"그럼 그렇지. 정부가 손해 보는 장사를 할 리가 없지."

"당연하지. 결국, 정부가 공유형 모기지로 대출하는 돈도 국민 세금인데……."

2013년 8월 28일 부동산 대책이 또 발표됐다. 2008년 금융위기가 발발한 후 대체 몇 번째 대책인지 모른다. 그중 대표적인 제도가 '공유형 모기지'다. "공유형 모기지' 돌풍 … 54분 만에 접수 마감(한국경제

1장 경제기사는 돈을 잃게 하는 통로다

2013.10.02.)'과 같은 기사에서 보듯 그 인기 또한 높았다. 그러나 기사는 공유형 모기지가 진정 지향해야 할 바를 담고 있지 않다. 그저 공유형 모기지에 대한 설명과 그것이 부동산 시장에 미칠 영향만을 다루고 있을 뿐이다.

금융기관과 손익을 나누는 공유형 모기지

공유형 모기지란 무엇일까? 개념은 생소하지만 비교적 단순하다. 형식은 대출이지만 수익과 손실을 공유한다는 의미에서 '공유형'이란 용어를 사용했다. 이자는 연 1~2퍼센트 수준이다. 공유형 모기지는 두 가지 형태로 나뉜다. 하나는 수익과 손실을 모두 공유하는 손익 공유형, 또 다른 하나는 수익만 공유하고 손실은 주택 매수자가 부담하는 수익 공유형이다.

먼저 손익 공유형 모기지는 말 그대로 대출자인 국토교통부 산하의 주택기금과 손익을 공유하는 제도다. 구체적으로 주택기금은 집값의 최대 40퍼센트까지 지분 성격의 저리 손익 공유형 모기지를 공급하고, 주택 매수인은 그 돈에 더해 자비 60퍼센트로 주택을 사들인다. 대신 시세차익 및 손해 발생 시 이를 기금과 공유하는 제도이다. 좀 더 쉽게 설명하면, 주택 구입자에게 돈을 빌려준다기보다 일종의 투자를 하는 제도다. 통상 대출을 통한 주택 매입의 이익과 손실은 온전히 매입자의 몫이 된다. 즉 집값이 오르면 수익을, 내리면 손실을 100퍼센트 주택 매입자가 부담한다. 반면 손익 공유형 모기지는 수익과 손실을 지분에 따라 매입자와 주택기금이 공유하는 제도다. 예를 들어 주택을 매도하는 시점에서 1억 원의 이익이 발생하면 지분에 따라 60퍼센트 지분이 있는 주택 매수자는 6,000만 원을, 나머지 40퍼센트인 4,000만 원은 주택기금이 갖는 식이다. 반대로 1억 원의 손실이 발생하면 역시 지분에 따라 손실을 공유하게 된다.

수익 공유형 모기지는 70퍼센트까지 대출을 해주는 대신 매도 시점에서 손실이 날 때 온전히 주택매입자가 부담하는 형식이다. 반면, 수익이 발생하면 해당 수익의 5퍼센트 이내를 주택기금이, 나머지는 매입자가 나눠 가진다. 손실 부담을 매입자에게 지우기 때문에 주택기금이 행사하는 수익 배분율이 낮은 게 특징이다.

새삼 이 제도를 거론하는 이유가 있다. 사실 이 형태의 모기지는 2005년 이미 영국의 한 회사(Zest Advisory, LLP)가 제안해 시행됐던 제도다. 이 제도의 핵심은 기존의 주택마련 희망자와 금융회사의 관계를 전면적으로 바꾸는 데 있다. 갑과 을의 관계가 아닌 파트너십을 강조한 것이다. 그렇게 되면 주택 구매자는 임차인의 자격으로 그 집에 들어가 살아도 되고 제3자에게 임대할 수도 있다. 양쪽 파트너들은 계약상의 지분에 맞게 임대 수익과 주택매도 시 발생하는 손익을 공유한다. 혹은 주택 구매자가 여유가 생기면 파트너인 금융회사로부터 시장가치에 맞게 해당 부동산의 지분을 사들여도 된다. 이 방식에 따르면 주택 구매자는 자금을 빌린 적이 없으므로 채무 상태에 놓일 일이 없다. 그러니 주택 가격 하락으로 발생하는 '깡통주택'을 걱정하지 않아도 되고 압류나 경매에 대한 걱정으로 잠 못 이룰 이유도 없다.

한국의 공유형 모기지는 이 제도에서 출발했지만, 자세히 들여다보면 두 제도가 사뭇 다르다. 우선 한국의 제도는 엄밀한 의미에서 파트너십을 추구하고 있지 않다. 적은 금액이지만 이자를 받고 있기 때문이다. 물론 한국의 공유형 모기지는 주택 소유자가 그곳에 입주해 살아도 임대료를 내지 않아도 된다. 하지만 한국형은 시행 주체가 민간 금융회사가 아닌 정부기관이라서 매우 중대한 문제가 생긴다. 금융기관은 기업이기 때문에 수익을 내야 하지만, 정부는 수익보다 복지를 먼저 고려해야 하는 주체이기 때문이다. 정부 돈은 개별 국민의 세금이다. 세금을 가지고 국가가 장사를 해보겠다는 것은 조세 제도의 근본을 뒤흔드는 문제다. 수익이 발생해도 문제지만, 손실이 발생하면 몇몇 소수 주택 매입자를 위해 다수 국민이 희생한다는 공정성의 문제가 발생한다. 애초 이 사업의 주체가 정부가 아닌 기업이어야 하는 이유다.

'이자'를 없앤 금융기관의 실험

영국에서 시행된 이 혁신적인 제도가 성공한 것은 아니다. 출시 1년을 넘기지 못하고 역사 속으로 사라졌다. 그럼에도 금융자본주의의 선봉장인 영국에서 이런 제도가 시행됐다는 것은 많은 시사점을 준다. 무엇보다 금융거래의 상식인 '이자'를 없앴다는 점에서 그렇다.

모든 투자는 손실의 위험을 동반한다. 하지만 금융기관만은 거의 유일하게 담보와 이자란 제도를 앞세워 철저히 손실의 위험을 줄인다. 예를 들어 자동차 회사가 새로운 모델을 출시할 때 성패를 장담할 수 없다. 막대한 개발비가 들어가지만, 담보물 없이 투자한다. 게다가 개발비에 대한 이자는 상상할 수도 없다. 기업들 대부분이 그렇다. 반면, 은행은 철저히 갑의 위치에 서서 자기들 투자 위험을 온전히 을에게 부담시킨다. 물론 여기서 을은 은행에서 돈을 빌리는 모든 주체를 말한다. 가장 불공정한 게임이 이뤄지는 것이 금융거래라 할 수 있다. 금융기관도 분명 투자 위험을 져야 하는 기업이다.

사람들은 이자를 당연시한다. 모든 돈거래에 이자는 필수라고 생각한다. 이는 모든 백조는 하얀색이란 고정관념과 같다. 검은 백조는 희귀하지만 분명히 존재한다. 똑같이 이자가 없는 세상도 실재하며, 오히려 이자 있는 세상보다 더 잘 굴러간다. 이슬람 세계에서는 이자를 금지했다. 금융가들은 대출해 준 자금의 수익과 손실을 피대출자와 함께 분담했다. 사실 이는 매우 공정한 규범이다. 대출자가 수익을 올릴 때에만 금융가도 수익을 챙길 수 있다는 것은 금융가의 대출행위를 철저히 상업적 행위로 본다는 걸 뜻한다. 그러나 금융가가 담보를 잡고 돈을 빌려주는 행위는 고리대금업과 전혀 다르지 않다. 자신은 손해를 보지 않으면서 이익만 챙기겠다는 것은 더는 상업 활동이 아니다. 약점을 잡아 자기 이익만 추구하는 침탈 행위와 다르지 않다. 상업 활동이란 기본적으로 공생의 가치를 기반으로 해야 한다. 공생을 추구하지 않는 거래는 더는 상업 활동이 아니다. 타인의 재물을 강탈하는 강도와 다르지 않다.

은행이 이자 대신 수익 공유형 모델을 택하는 순간 비로소 진정한 금융기관이 될 수 있다. 대출한 사람이 수익을 내야만 은행도 이익을 얻을 수 있다면, 고객의 신용을 판단할 때 지금보다 훨씬 신중해질 것이 분명하다. 은행은 일종의 신용 평가 기관이다. 그런데 오늘날 은행은 더는 신용을 객관적으로 평가하지 못한다. 이유는 오직 담보물로만 신용을 평가하는 데 익숙하기 때문이다. 이자를 기반으로 하는 금융의 경우, 대출자금을 확보할 가능성이 가장 높은 고객은 가장 빼어난 사업 계획을 세웠거나 사업 운영 능력을 갖춘 사람이 아니다. 그저 담보물이 많으면 충분하다. 이는 은행의 존재 이유에 의문을 던지게 한다. 담보물이 풍족한 사람은 이미 자본가일 확률이 높다. 따라서 오늘의 은행은 이미 자본이 넉넉한 부자를 상대로 장사하고 있는 셈이다. 이는 부의 쏠림을 심화시킨다. 없는 사람은 은행 돈도 빌리지 못해 사업 기회를 잃고 더욱 빈곤에 빠지는 악순환이 거듭될 뿐이다. 그렇다면 은행이 존재해야 할 이유가 무엇이란 말인가? 은행은 신용창출기관이자 중개기관이지, 담보물에 의지한 이자 수취 조직이 아니다.

이자 없는 금융은 가능하다

이자 없이도 금융은 얼마든지 가능하다. 이슬람 제국은 역사적으로 이를 입증해왔다. 수익의 공유와 무이자 신용거래만으로도 금융기능은 원활하게 유지될 수 있다. 또 현대 금융의 병폐인 인플레이션을 원천적으로 억제할 수 있다.

오늘날의 화폐는 어제와 오늘의 가치가 다르다. 어제 1만 원은 오늘의 1만 원이 아니다. 어제의 1만 원으로는 우유를 5통 살 수 있었지만, 오늘은 4통밖에 사지 못하는 일이 비일비재하다. 보통 시간이 지날수록 돈의 가치는 떨어진다. 대체 왜 화폐가치는 떨어지기만 하는 걸까. 그 뒤에는 바로 '이자'가 있다. 화폐가치가 하락한다는 말은 물가가 오른다는 뜻이다. 즉 인플레이션 현상이다. 그런데 현대 금융 시스템이 인플레이션에서 자유로울 수 없는 건 '이미 인플레이션을 당연한 것으로 단정하고 있고, 그 영향을 상쇄하고자 이자 시스템을 도입했기 때문'이다. 이자를 없애면 장기적으로 인플레이션이 발생하지 않는 안정적 시스템을 구현할 수 있다. 특정 시점에서 한 사회가 상품을 생산하는 총량, 즉 총 가치는 일정하다. 애초 화폐는 그 가치를 나타내어 교환하기 위해 생겨난 것이다. 그런데 그 가치가 이자로 말미암아 부풀려진다. 문제는 부풀려진 가치가 일한 만큼 각자에게 돌아가는 것이 아니라 누군가 특정 소수에게 돌아가고 있다는 데 있다. 이 같은 불공정은 마르그리트 케네디가 지은 『화폐를 점령하라』란 책에 적나라하게 표현되어 있다.

이자가 뜻하는 건 자신이 대출받을 때 지출하는 비용만이 아니다. 사실 모든 가격엔 이자가 포함돼 있다. 생산자는 상품을 만들 때 기계 구입비, 관리비와 노동임금을 지출해야 하는데, 이 비용을 위해 대출을 하고 이자를 냈다면 생산자는 이자를 포함해 가격을 정한다. 예컨대 2006년 독일 한 가구가 생활용품서비스에 지출한 금액에 포함된 평균 이자 부담률이 전체 비용의 40퍼센트였다. 상품서비스 가격에 생산자가 포함한 이자 비용을 산출한 수치다. 만약 가격에 간접 부과된 이자를 대신 지급하지 않았다면 사람들은 노동량을 줄이고도 같은 생활 수준을 누릴 수 있었을 것이다. 우리는 현 화폐 체제 아래서 빚이 없어도 이자를 내고 있다.

사람들은 이자에 포위된 삶을 살고 있다. 설사 내가 직접 한 푼의 빚을 지고 있지 않더라도 무언가를 살 때 대부분은 알게 모르게 타인의 이자를 내고 있다. 자동차를 사면 자동차 회사의 부채에 대해, 냉장고를 사면 전자회사의 빚에 대한 이자를 부담한다. 대부분 소비행위는 생산자의 부만을 불려주는 게 아니다. 이자를 수취하는 누군가의 주머니를 두둑하게 하고 있다. 물론 그 이자를 취하는 주체는 극히 소수의 자본이다. 다시 마르그리트 케네디의 주장이다.

이자는 돈을 저축한 사람에겐 보상을 주고, 빌린 사람에겐 수수료를 받는 공평한 시스템을 표방한다. 하지만 이는 사실이 아니다. '(상품)가격에 숨겨진 이자가 파급하는 효과'를 짚어보면 이자 시스템의 비밀이 드러난다. 상품 가격에 생산자가 포함시켜 이곳저곳 숨겨놓은 이자 때문에 독일인 80퍼센트는 자기가 받는 금리보다 더 많은 이자를 사실상 낸다. 나머지 10퍼센트는 금리 수익과 이자 비용이 같고, 마지막 최상위 10퍼센트만이 금리 수익이 이자 비용보다 많다. 최상위 10퍼센트는 나머지 90퍼센트 사람들이 낸 이자로 다시 금융 투자를 하여 재산을 늘렸다. 2007년 독일 소수 부유층은 매일 6억 유로가 넘는 돈을 앉아서 벌었다. 이자에 기반한 현 화폐 시스템, 곧 금융 시스템이 빈부 격차를 벌리는 주요인이 되고 있는 것이다.('돈이 돈을 버는 세상. 이자, 꼭 필요할까?'(한겨레신문 2013.08.18.)'에서 재인용)

한국의 공유형 모기지 제도는 혁신적이라 할 만큼 훌륭하다. 기본적으로 공생의 원칙에 기반을 두기 때문이다. 하지만 그 주체가 정부기관이란 점, 그리고 무엇보다 소액이지만 이자를 수취한다는 점에서 본래 취지에 어긋난다. 본질적으로 이 제도는 현대 금융의 속성을 개혁하고자 하는 의도로 출발했다. 즉, 이자를 기반으로 한 채권자와 채무자의 관계를 이자가 없는 진정한 파트너십으로 변화시키고자 하는 것이다. 고객과 위험을 공유하고 수익을 나누는 것이 진정한 금융이다. 이같은 개념은 1960년대 이슬람 경제학자들이 주창한 것이다. 대부업의 금지는 실로 오래된 훌륭한 전통이었다. 이는 이슬람교만이 아니라 유대교와 그리스도교에서도 신봉되던 가치였다. 불과 500년 전만 해도 영국에서 돈을 빌려주고 이익을 취하는 행위는 불법이었다.

우린 흔히 '돈이 돈을 번다'는 표현을 아무렇지 않게 사용한다. 하지만 반문해 볼 일이다. "정말 돈이 돈을 버는 게 정당한 일인가? 공평한 일인가?" 이 질문에 대한 해답이 어찌 보면 현대 금융의 문제점을 치유할 수 있는 유일한 길일지도 모른다.

주식 시장 전망은 늘 좋다
그런데 기관과 외국인들에게만 좋다

> 연합뉴스 2013.11.20
>
> 내년 증시 전망 '장밋빛'…
> "최고 2,500선 가능"
>
> 증권업계의 내년 코스피 전망은 변함없이 장밋빛이다. 글로벌 경기가 좋아지고 교역량이 증가하면서 국내 경제도 수출이 살아나는 등 본격적인 회복세를 탈 것이라는 전망이다. 20일까지 국내 주요 증권사 22곳이 제시한 내년 코스피 전망치 하단과 상단 평균은 각각 1,914, 2,335포인트로 나타났다. 최고점 범위는 2,250~2,500으로 증권사별 예측치 격차는 250포인트였으며, 하단은 1,850~2,000 사이에 분포했다.

"야! 내년에도 증시가 좋을 거라네!"
"그런가? 괜히 펀드 해지했네. 이제라도 주식을 살까?"

연말이면 어김없이 다음 해 전망이 꼬리를 문다. 증권사와 경제연구소들은 마치 용한 '점쟁이'라도 되는 양 거침없이 미래를 예측한다. 전문가란 타이틀은 현대의 특권이다. 이 때문에 이들의 예측은 얼핏 설득력이 있어 보인다. 그러니 순진한 대중은 현혹당하기 십상이다. 그런데 가만히 들여다보면 이들의 전망은 한쪽으로 치우친 것이 거의 태반이다.

낙관과 긍정으로 일관한다. 미래를 부정하거나 비관하는 내용은 눈을 씻고 찾아봐야 할 정도다. 마음씨는 넉넉하지만 실제 실력은 형편없어 그저 손님에게 좋은 말만 하는 평범한 '점쟁이'를 떠올리게 한다. 긍정은 일종의 프로파간다*이자 상술이다. 비관만을 말하는 점쟁이 집에 손님이 많기는 어렵다. 고객을 끌려면 적당한 낙관과 긍정이 필수적이다. 미래가 비관적이라 말하는 건 쉽지 않다. 사람들 대부분이 그것을 원하지 않기 때문이다. 분명 미래가 어두울 것이란 확률이 높아도 그것을 드러내기는 쉽지 않다. 주식시장에 대한 전망도 마찬가지다.

2007년이 저물 즈음 2008년 주식시장 전망도 장밋빛이었다. 한국 최고의 증권사라는 삼성증권이 2007년 12월에 발표한 '2008년 주식시장 전망'이란 보고서다.

> 2008년에도 증시는 상승세를 이어갈 것으로 본다. 물가 폭등의 가능성은 크지 않아 저금리와 풍부한 유동성 조건은 2008년에도 유지될 수 있고 중국의 무역 흑자와 오일머니는 신흥시장 자산에 투자될 가능성이 크다. 국내 주식시장으로의 투자자금 유입 또한 계속 진행될 전망이다.
> 미국 경제의 침체, 신흥시장의 물가 폭등 등 극단적인 상황을 예상하긴 어렵고 글로벌 성장률이 일부 둔화하더라도 수출시장 다변화와 안정적인 내수가 뒷받침되고 있어 기업이익은 훼손되기 어렵고, 주식의 투자 매력은 유지될 전

---

* 프로파간다란 어떤 사물의 존재나 효능 또는 주장 등을 남에게 설명하여 동의를 구하는 일 또는 그 활동을 말한다. 선전.

망이다.

다만 2007년과 같은 주가 폭등을 기대하긴 어렵다고 본다. 장기간 세계 경제가 성장하는 과정에서 불거진 미국의 주택경기 조정과 물가 부담을 글로벌 경제가 해결하는 과정에서 경기와 물가 논쟁이 예상되기 때문이다. 그러나 잘 살펴보면 해법 역시 있으므로 주가 변동성을 투자 기회로 활용할 필요가 있다.

점집이라면 문을 닫아야 할 정도로 형편없는 예측이었다. 2008년 글로벌 주식시장은 미국의 금융위기로 폭락했고, 세계는 대공황에 준하는 침체 상황으로 빠져들었다. 그 후 5년여가 흘렀지만, 여전히 세계는 그 충격에서 헤어나지 못하고 있다. 한마디로 하급 '증권가 정보지'보다 못한 전망이었다. 유언비어 유포죄가 있다면 구속되었어야 할 사안이다. 실제 위 전망을 믿고 수많은 개미가 주식을 샀을 것이기 때문이다.

신년 운수야 재미 삼아 본다고 하지만, 증권사의 리포트나 신문기사의 주식시장 전망을 읽는 이유는 적어도 잠재적 투자를 앞두고 있기 때문이다. 자신은 전문가가 아니기에 권위 있는 이들의 판단을 참조하기 위해서다. 그런데 그들은 좀처럼 진실을 말하지 않는다. 그저 듣기 좋은 말만 앵무새처럼 되뇐다. 주식시장은 이들의 달콤한 말에 속아 넘어간 수많은 대중의 피를 먹고 산다고 해도 과언이 아니다. 오늘도 전문가들은 꿀 같은 말로 대중들을 시장이란 전쟁터로 몰아넣는 데 열심이다.

기관투자자를 위한 희생양

이유가 있다. 개인들을 끌어들여야 기관투자자들이 살기 때문이다. 시장의 주체는 더는 개인이 아니다. 메가뱅크를 비롯한 기관투자자가 주류를 이룬다. 은행을 비롯한 금융기관은 더는 신용 공여나 중개를 하지 않는다. 오히려 자기자본 매매 조직에 가깝다. 시장은 모두가 승리자가 될 수 있는 장이 아니다. 오히려 누군가는 패배자가 되어야 유지되는 살벌한 전쟁터다. 돈을 벌기 위해서는 잃는 사람이 반드시 존재해야 하는 '제로섬'의 정글이다. 기관은 누구보다 이런 점을 잘 알고 있다. 이 때문에 그들의 전망은 언제나 낙관적일 수밖에 없다. 극단적으로 말하면, 장밋빛 전망은 희생양을 끌어들이기 위한 미끼에 불과할 수도 있다.

이미 주식시장은 시골의사가 설파했듯 '연못 속의 고래'와 같은 상황이다. 시장이란 연못을 거대한 고래가 장악하고 있다. 주식시장은 바다가 아니다. 바다는 신선한 물이 끊임없이 유입돼 좀처럼 마르지 않는다. 하지만 연못은 그렇지 않다. 주식 투자 인구는 계속해서 줄고 있다. 연못의 물이 마르고 있는 것이다. 그런 연못에 바다에 있어야 할 고래가 들어와 살고 있다. 거대 기관투자자가 특정 기업의 지분을 지나치게 많이 보유하고 있거나, 주식시장 전체에서 차지하는 외국인 비중이 과도하게 높은 상태. 2013년 11월, 한국 주식시장의 외국인 지분율은 시가총액의 약 33퍼센트에 달한다. 한국 상장기업 지분의 3분의 1이 외국인 손에 있다. 2004년에는 42퍼센트에 달했던 적도 있으니 혹자는 이 정도면 별 것 아니라고 한다. 하지만 연못 속의 고래가 얼마나 위험한지 모르고 하는 어리석은 소리에 불과하다.

기관투자자와 외국인 등 특정 집단이 과점하고 있는 주식시장은 특정 집단의 지분이 늘어날수록 유통 주식 수가 줄어들고 주가는 오르게 된다. 대신 이들 집단의 평균 매수단가 역시 오를 수밖에 없다. 예를 들어 외국인 투자자가 삼성전자 주식을 10만 원에 사들이기 시작했다고 가정해 보자. 삼성전자 주가가 2013년 11월에 약 140만 원 정도니 14배의 이익을 본 것으로 생각하기 쉽다. 하지만 아니다. 평균 매수 단가는 이보다 훨씬 높다. 10만 원에 산 것도 있겠지만 140만 원에 매수한 것도 있을 것이기 때문이다. 물론 이들은 10만 원대부터 매수를 시작했으니 이익을 본 것은 틀림없다.

하지만 진짜 문제는 그것이 장부상의 평가이익에 불과하다는 사실이다. 주식은 팔 때 손익이 확정된다. 장부상의 이익이 실현이익은 절대 아니다. 외국인이 일방적으로 사들이고 국내 투자자들이 파는 상황이 이어지면서 삼성전자의 주가가 14배 올랐다면, 외국인들이 이익을 실현하기 위해 주식을 팔기 시작하면 삼성전자의 주식가격은 어떻게 되겠는가? 하락할 것이 분명하다. 그들의 대규모 매도 물량을 받아줄 주체가 없기 때문이다. 그럴 경우, 외국인들의 평균 매도 단가는 얼마나 될까? 극단적으로, 이들이 내다 파는 주식을 살 개인투자자들이 전혀 존재하지 않는다면 어떤 일이 발생할까? 물론 이런 경우는 현실에서는 거의 발생하지 않을 것이다. 외국인이라 총칭하지만 이들도 하나가 아닌 다수이고, 개인 투자자 역시 여전히 많기 때문이다. 그럼에도 시장을 과점하고 있는 고래가 주식을 팔기 시작하면 시장은 걷잡을 수 없이 하락하는 게 일반적이다. 2008년 금융위기 때도 그랬고, 2013년 후반 미국 연준이 양적 완화를 축소한다고 발표했을 때도 마찬가지였다.

바로 이 점이 주식시장에서 지분 불균형이 발생했을 때 일어날 수 있는 매집자의 딜레마다. 이 때문에 외국인을 비롯한 기관투자자들은 큰 손해를 볼 각오를 하지 않는 한 시장을 완전히 떠날 수는 없다. 이론상으로는 자신들이 파는 매물을 누군가가 즉시 사준다면 기관의 수익이 최대가 될 것이다. 즉, 대중이 기관이나 외국인과 같은 전문가 그룹의 호객 행위에 혹해 시장으로 밀려들 때가 평가이익을 실현수익으로 구체화할 수 있는 최적의 시점이란 말이다. 하지만 현실적으로 기관이 과점하고 있는 엄청난 매물을 전부 소화할 수 있는 주체는 없다. 그럼에도 연못 속에 이미 발을 담근 고래는 새우라도 먹어야 한다. 자신들의 매물 전부는 아니지만 일부라도 소화할 수 있는 대상을 찾아 연못 속으로 끌어들여야 한다. 그것이 바로 이들이 낙관과 긍정으로 편향된 전망을 내놓는 이유라 할 수 있다.

고래를 연못에 끌어들이는 중앙은행

고래는 고래답게 큰물에서 놀아야 한다. 고래가 연못에서 활로를 찾아선 안 된다. 하지만 고래가 연못에 들어온 것을 이들 고래 탓만 할 수는 없다. 사실 거대 은행을 비롯한 기관이 금융시장으로 몰려들어 투기적 거래에 집중하는 건 그들만의 잘못이 아니다. 그 뒤엔 투기를 조장하는 중앙은행이 있다. 중앙은행이 민간은행에 공급한 막대한 돈이 문제다. 지난 몇 년, 이른바 빅4라 불리는 연준, 유럽중앙은행, 영란은행(영국의 국립 중앙은행), 일본은행 등은 비정상적인 통화정책을 밀어붙였다. 이른바 양적 완화를 통한 유동성 공급이다. 이런 돈의 홍수는 결국 글로벌 시장의 초과 유동성을 낳았다. 실물경제에 필요한 이상의 돈을 초과 유동성이라 한다. 기술적으로는 화폐 공급 성장률과 명목 GDP 성장률의 차이를 말한다. 화폐 공급 성장률이 높으면 남는 돈은 실물경제에 흡수되지 않고 금융자산으로 흘러가는 게 일반적이다. 중앙은행은 은행에 돈을 공급하면 그것이 실물경제로 퍼질 것으로 생각한다. 이른바 낙수 효과를 기대하는 것이다. 하지만 이는 금융시장을 비롯한 일부 자산시장을 '일시적'으로 부양시킬 뿐이다. 돈은 실물경제로 흘러가지 않는다.

중앙은행이 공급한 초과 유동성은 일단 은행에 머물게 된다. 은행은 이 돈을 어떻게든 굴려 수익을 내야 한다. 일반적으로 은행이 수익을 내는 방법은 두 가지다. 하나는 전통적 상업은행 방식으로 예대마진에 의한 것이다. 그러나 금리가 초저금리인 상황에서 이는 녹녹치 않다. 대출 금리가 낮아지니 은행이 돈을 벌기 쉽지 않다. 게다가 경제활동마저 위축된 상황이다. 실제 미 거대 은행의 순이자마진(NIM: Net Interest Margin)*은 2013년 기준으로 3년 연속 하락 중이다. 두 번째 방법은 자기자본 매매다. 즉, 고객의 예금이나 신탁자산이 아닌 자기자본

---

*순이자마진은 은행의 모든 금리부자산의 운용결과로 발생한 은행의 운용자금 한 단위당 이자순수익(운용이익률)을 나타내는 개념이다. 이는 이자자산순수익(이자수익자산 운용수익 – 이자비용부채 조달비용)을 이자수익자산의 평잔으로 나누어 계산한다.

또는 차입금을 이익을 얻을 목적으로 주식·채권 등 금융자산에 투자하는 것을 말한다. 담보에 의존한 대출이 아니라 변동성이 큰 시장에 투자하는 것이기 때문에 당연히 위험하다. 그럼에도 은행은 수익을 내기 위해 투기적 자기자본 매매에 집중할 수밖에 없다. 중앙은행이 강제한 초저금리 상황에서는 예대마진을 통한 수익이 요원하기 때문이다. 중앙은행은 투기를 부채질하고 있다. 은행이 대출보다 투기에 나서도록 독려하고 있다.

　은행은 공격적으로 위험을 추구하면서 단기적 수익을 높이기 위해 총력을 기울이고 있다. 그것이 모든 금융시장을 포함한 자산시장이 버블로 치닫는 이유다. 점점 더 많은 돈이 실물경제에서 금융시장으로 이동하고 있다. 은행의 자기자본 매매는 금융시장을 위험한 상황으로 끌어가고 있다. 동시에 스스로 연못 속의 고래가 되어 자신들을 덫에 가두고 있다. 금융시장 참여자들은 시장이 2009년의 저점을 지나 고공으로 솟구친 것에 일시적으로 환호하고 있다. 불과 몇 년 전의 폭락을 벌써 잊었다. 그러나 2013년 말의 주가 고공 행진은 중앙은행 주연, 은행을 비롯한 금융기관 조연인 한 편의 연극이라는 사실을 알아야 한다.

　문제는 중앙은행의 통화 공급이 영원히 지속할 수 없다는 데 있다. 돈 공급이 줄어들면 어떤 상황이 올까? 거대 은행은 자신들의 자기자본 매매 포지션을 줄일 수밖에 없다. 현재의 자산시장 상승을 견인하는 동력이 은행을 비롯한 거대 투자기관임을 상기할 필요가 있다. 은행이 팔기 시작하면 시장은 일시에 엄청난 조정을 보일 수 있다. 장밋빛 전망에 홀려 시장에 진입한 개인은 물론 이미 연못 속의 고래가 된 기관투자자들 역시 상처를 입을 수밖에 없다.

 자본시장은 분명 순기능이 있다. 하지만 날이 갈수록 역기능이 커지고 있다. 시장은 이미 약육강식의 정글이다. 누군가는 먹잇감이 되어야 육식동물이 살아갈 수 있다. 오늘날의 시장 역시 급속히 정글화하고 있다. 문제는 초식동물이 사라진 정글에서는 육식동물의 생존마저 위협받는다는 사실이다. 독과점이 심화한 시장은 결국 문을 닫아야 한다. 연못 속의 고래가 살아남으려면 자신의 몸집을 줄이는 수밖에 없다. 그게 연못을 살리는 지름길이다.

 누구도 미래를 정확히 예측할 수는 없다. 특히 시장은 더욱 예측할 수 없다. 시장이란 본질적으로 수많은 인간의 의사결정이 집합된 곳이다. 그런데 인간의 의사결정 과정은 전혀 과학적이지도 합리적이지도 않다. 그 과정에 인간의 심리라는 예측 불가능한 변수가 작용하기 때문이다. 시장은 살아 움직이는 유기체다. 이 때문에 시장의 미래를 전망하는 일은 그 어떤 과학자나 전문가도 불가능하다. 만약 누군가가 자신 있게 시장 전망을 한다면, 그에게는 숨은 의도가 있다고 보는 게 옳다.

중앙은행의 비트코인 위험성 강조엔 중앙은행들의 물타기가 있다

> 조선비즈 2014.01.08
>
> 중앙은행도 "비트코인 투기적"…
> 각국 금융당국 경고 잇달아
>
> 세계 중앙은행들이 잇따라 비트코인의 투기성을 경고하고 나섰다.
> 중국, 인도, 프랑스 등 각국 중앙은행들이 이미 비트코인의 투자 위험성을 지적하고 거래 규제와 상시 감시를 추진하는 가운데 독일 중앙은행 분데스방크도 비트코인의 투기성을 경고했다.
> 파이낸셜타임스(FT)는 칼 루드비히 틸레 독일 중앙은행 집행위원이 독일 경제전문지 한델스블라트와의 인터뷰에서 "(비트코인은) 매우 투기적"이라며 높은 가격 등락 폭과 발행 방식의 문제점을 지적했다고 7일(현지시각) 전했다.

"비트코인이 대체 뭔데 이리 시끄럽지? 넌 그걸 본 적 있니?"
"물론 없지. 그런데 각국 중앙은행이 나서서 한마디씩 하는 거 보면 문제가 있는 돈인 게 분명해."

이제 막 걸음마를 시작한 신종 디지털 화폐에 관한 기사와 방송이 연일 넘쳐난다. '비트코인'이라고 불리는 디지털 화폐에 관한 관심으로 전 세계가 뜨거운 것이다. 드문 일이다. 마침내 세계 각국의 중앙은행까지

나서 돌아가며 이 신종 화폐에 집중포화를 퍼붓고 있다. 세계 각국의 엘리트 집단은 비트코인을 악마의 유혹으로 표현한다. 자금세탁·암시장·약물 같은 어두운 단어들로 상징화하는데 열심이다. 이제 막 대지를 뚫고 올라오는 새순에 하는 대접치고는 무자비하다. 정말 이상한 일이 아닐 수 없다. 사람들 대부분은 이 코인을 거의 알지 못한다. 기껏해야 신종 디지털 화폐란 것 정도다. 그런데 이토록 각국 중앙은행이 촉각을 곤두세우는 이유는 뭘까?

그 이유를 알아보기 전에 우선 비트코인이 무엇인지 알아야 할 필요가 있다. 비트코인은 디지털 화폐다. 즉, 컴퓨터 코드화된 돈이다. 무언가가 돈이 되려면 다음의 특성을 갖고 있어야 한다. 그런데 비트코인은 그 요건을 충족한다. 이 때문에 비트코인은 '화폐'라고 할 수 있다.

- **교환의 매개체**: 화폐는 물물교환의 대체물로 광범위하게 사용되어야 한다. 이런 의미에서 비트코인은 돈이다. 교환의 매개물로 쓰이고 있으며 그것을 사용하는 인구가 매일 늘고 있다.

- **가치척도의 기능**: 분리성·운반성·양도성. 현존하는 화폐 중 이 속성을 가장 잘 충족시키는 것이 바로 비트코인이다. 먼저 분리성을 보자. 비트코인은 1억 분의 일까지 분할할 수 있으며 언제라도 다시 합칠 수 있다. 현재 사용하는 1만 원짜리 지폐를 나누는 것은 힘들다. 분할하기 위해서는, 1,000원짜리 지폐나 100원·10원·1원짜리 동전 등 물리적 물체를 동원해야 한다. 하지만 비트코인은 언제든 원하는 대로 분할할 수 있다. 심지어 0.00000001 단

위까지 쪼갤 수 있다. 운반성은 말할 필요가 없다. 예를 들어 현금 1억 원을 가지고 움직이는 건 힘들다. 국경을 넘는 건 거의 불가능하다. 하지만 비트코인의 세계에서는 물리적 거리가 아무런 의미가 없다. 아무리 많은 양의 비트코인도 그곳이 어디든 보내고 받을 수 있다. 양도성 역시 마찬가지이다. 실제로 금을 주고받는 건 힘든 일이다. 가령 금괴를 누군가에게 주기 위해선 경호원이나 보안회사 직원을 대동해야 안심할 수 있는 게 현실이다. 반면, 비트코인을 주고받는 일은 액수가 아무리 커도 이메일 보내는 것만큼이나 쉬운 일이다.

- **가치 저장의 수단**: 안정적 공급·내구성·안정적 가치. 비트코인을 금과 동일시하는 사람들이 있다. 내구성과 한정된 공급량 때문이다. 비트코인은 디지털 세계에 존재한다. 멸실·훼손의 위험에서 완벽하게 벗어난다. 게다가 비트코인은 2,100만 개 이상 존재할 수 없다. 그렇게 프로그램화되어 있기 때문이다. 반면 현실 세계의 화폐는 중앙은행이 얼마든지 발행이 가능하다. 선진국 중앙은행이 지난 몇 년 동안 해온 일이 화폐를 찍어내는 '돈 찍기'였다는 것은 모두가 알고 있는 사실이다. 결국 비트코인만큼 안정적이며 내구성이 강한 화폐도 많지 않다. 단, 현재로선 화폐의 가치가 안정적이지 않다. 오히려 투기로 볼 수 있을 정도로 변동성이 심하다. 하지만 이 역시 시간이 해결해줄 것이라 보는 게 옳다.

화폐로서 완벽한 가치를 가지는 비트코인

비트코인이 화폐의 속성이 있다 해도, 그것이 대체 왜 가치를 가지는지 이해하기는 쉽지 않다. 무엇이 비트코인에 가치를 부여하는가? 보이지 않는데 어떻게 믿을 수 있는가? 많은 사람이 다음과 같이 말한다. "나는 비트코인을 볼 수도 만질 수도 없다. 이 때문에 비트코인이 가치를 가진다는 건 어불성설이다." 충분히 이해할 수 있는 반응이다. 이제 비트코인이 왜 가치를 가질 수밖에 없는지 알아보자.

돈, 그것도 큰돈을 가지고 있는 사람들에게 '프라이버시'는 대단히 중요한 이슈다. 스위스 은행이 지금처럼 크게 성장할 수 있었던 이유도 익명성을 기반으로 세계 최고의 보안을 자랑해 왔기 때문이다. 하지만 최근 스위스 은행의 보안 신화에 점차 금이 가고 있다. 미국 정부의 압력에 굴복해 고객 정보를 공개해야 하는 처지가 된 탓이다. 이제 지구상에서 완전한 프라이버시를 보장하는 금융기관은 존재하지 않게 되었다.

그런데 비트코인은 완전한 프라이버시를 보장할 수 있다. 비트코인을 누가 얼마나 갖고 있는지 어느 사람도 알 수 없기 때문이다. 게다가 전 세계 어떤 중앙은행이나 정부도 비트코인을 규제하거나 감시할 수 없다. 비트코인이 수학과 암호학의 세계로 철저히 보호되고 있기 때문이다. 이것이 비트코인이 가치를 가지는 중요 요소다.

게다가 비트코인은 거래상대방위험(Counter-Party Risk)에서 거의 자유롭다. 거래가 한 쪽에 불리하게 되었을 때 상대방이 계약을 이행하지 않는 위험을 거래상대방위험이라 한다. 비트코인은 보유와 송금 때 거래상대방위험이 거의 없는 세계 유일의 통화이자 화폐다. 보관과 전송 모두에서 완전한 소유권을 보장하기 때문이다. 이는 혁명적이다. 일부 금 찬양론자들은 물리적 금괴가 거래상대방위험에서 자유롭다고 주장한다. 그러나 금은 자신의 집에 보관할 때만 그렇다. 귀중품 보관소나 은행에 보관하면 즉시 거래상대방위험에 노출된다. 금을 어딘가로 보낼 때는 더 심각하다. 보안·운송업체 등 관련된 모든 사람을 신뢰할 수 있어야 한다. 백만 달러 상당의 금괴를 정부에 알리지 않고 반출할 수 있을까? 거의 불가능하다. 반면 비트코인은 누구도 그것을 소유하고 쓰는 일을 방해할 수 없다. 설사 자신의 집이 완파되거나 정부가 사유재산 몰수를 명령하더라도 말이다. 비트코인 소유자는 단지 이동식 저장 장치(USB)에 백만 달러 상당의 비트코인을 보관해서 운반하거나 종이쪽지에 개인키를 적어 국경을 통과하면 된다. 세계 역사에서 어떤 개인도 이런 능력을 갖춘 이가 없었다. 전례가 없는 일이라는 말이다. 더는 비트코인이 왜 가치를 갖는지 말할 필요가 없을 것이다.

이 지점에서 회의론자들은 다음과 같이 말할 것이다. "좋다. 아무런 간섭 없이 비트코인을 보관하고 쓸 수 있다고 하자. 그러나 무엇이 비트코인의 초기 가치를 보장하는가? 왜 비트코인이 가격을 가져야 하는가?" 매우 좋은 질문이다.

경제학자들도 이 문제로 싸운다. 그러나 답은 의외로 간단하다. 비트코인은 ① 유용하고 ② 희귀하기 때문에 가치를 가진다. 이 두 속성을 만족하는 모든 자산은 가치를 갖기 마련이다. 예를 들어 금과 은을 돈으로 인정하는 사람들은 왜 이들 금속이 화폐여야 하는지 이해하고 있다. 특정 속성 때문이다. 희귀하고, 대체가능하며, 균일하고, 운송이 가능하다. 또 무게 대 가치 비율이 높고, 쉽게 식별 가능하며, 내구성도 높다. 공급량도 상대적으로 안정적이며 예측 가능하다. 이런 속성 덕분에 금과 은이 교환 수단으로써 유용성을 인정받고 있는 것이다. 세상에는 수많은 물질이 존재하지만 유용성과 희귀성을 만족하는 것은 그리 많지 않다. 모래나 철이 왜 화폐로 쓰이지 않는지 이해한다면, 비트코인이 왜 가치를 갖는지도 쉽게 이해할 수 있다. 오스트리아학파*의 경제학자들은 돈의 속성을 가장 잘 이해하고 있다고 할 수 있다. 그들은 돈이 단지 공개시장에서 유용한, 교환에 필요한 속성을 가장 잘 충족시키는 상품에 불과하다고 말한다. 그런 의미에서 비트코인은 완벽한 화폐라 말할 수 있다.

사실 금과 은은 완벽한 화폐가 아니다. 쉽게 나누거나 합칠 수 없다는 문제가 있다. 보안 회사를 고용하지 않고서는 엄청난 가치를 가진 금을 함부로 멀리 보낼 수도 없다. 국경을 넘을 때는 반드시 통관 절차를 거쳐야 한다. 또 자신의 집에서 보관할 때는 도둑맞을 위험도 있다. 무엇보다 가짜 금괴나 은괴가 판쳐서 자칫 엄청난 손해를 입을 수도 있다. 금과 은이 가장 완벽한 화폐가 아니라면(물론 현재까지는 최고의 화폐로 인정받고 있다.), 인류는 그것보다 더 훌륭한 화폐를 개발하거나 창조해야 할 것이다.

이것이 바로 비트코인 실험이 의미 있는 이유다. 비트코인의 특성

오스트리아학파는 오스트리아에서 C.멩거를 시조로 하여 발전한 근대경제학파. 멩거(Manger, C.)에 의해 창시되고, 제2세대인 비저(Wisser, F.v.), 뵘바베르크(Böhm-Bawerk, E.v.)에로 계승·발전되었으며, 슘페터(Schumpeter, J.A.) 등의 제3세대에 이르러서는 사실상 로잔느학파에 합류한 경제학파로서, 오스트리아의 비인대학을 중심으로 발전했기 때문에 이런 명칭으로 불린다.

은 현재 시장에 유통되고 있는 다른 어떤 화폐보다 훨씬 뛰어나다. 오스트리아학파에 따르면, 시장은 최적의 교환 매개물을 화폐로 선택하려는 경향을 보인다. 이 때문에 아마도 시장은 시간이 흐르면 비트코인을 화폐로 인정해 점점 더 많이 사용하려 할 것이다. 이 추론은 충분히 합리적이다.

많은 사람이 "비트코인을 보장하는 건 아무것도 없다"는 주장을 한다. 현재 이 주장은 사실이다. 비트코인은 고정된 가치로 상환되지 않는다. 또 비트코인은 어떤 기존의 화폐나 상품과도 연결되어 있지 않다. 그러나 이는 화폐가 될 수 있는 다른 모든 것도 마찬가지다. 금은 다른 어떤 것에 의해서도 가치가 보장되지 않는다. 단지 현재의 유용성과 희귀성으로 가치를 인정받는 것이다. 자동차도 같다. 단지 유용하기 때문에 가치를 가진다. 음식과 컴퓨터는 말할 필요도 없다. 이들 모든 상품은 유용성과 희귀성 때문에 가치를 가진다. 마찬가지로 비트코인의 가치도 정부나 기업이 보장하지 않는다. 그럼에도 가치를 가지는 건 비트코인의 유용성 때문이다. 이를 이해해야만 한다. 현재 우리가 사용하는 화폐의 가치는 누가 보장하는가? 국가가 보장한다고 하지만 화폐의 가치는 나날이 낮아지고만 있다.

비트코인에 대한 애정은 근원적으로 현재 통화시스템에 대한 불만에서 비롯하고 있다. 현 통화시스템은 소수 엘리트가 통제하고 있다. 대중은 막연하게 그들이 선한 사람이라 믿으며 화폐를 사용한다. 그러나 중앙은행은 수조 달러를 공중에 살포하는 마법을 부렸다. 그만큼 돈의 가치가 하락했다. 만약 사과가 열리듯 돈이 나무에서 주렁주렁 열린다면 돈의 가치는 형편없이 낮을 것이다. 똑같다. 중앙은행이 돈을 찍어내는 현대의 통화시스템에서 화폐가치는 나날이 하락할 수밖에 없다. 심지어 은행에 돈을 맡겨도 이자를 주기는커녕 오히려 수수료를 내야 하는 시대다.

사람들은 화폐가 더는 가치 보존의 수단이 아니라고 생각하게 됐다. 그래서 어떤 사람들은 금을 사기도 한다. 금은 유한하고 무한정 찍어낼 수 없어서 가치가 일정할 거라고 믿기 때문이다. 비트코인은 이런 점에서 금과 비슷한 속성을 가진다. 앞서 말했듯 비트코인은 2,100만 개 이상 생성할 수 없도록 프로그램화되어 있다. 유한하다는 뜻이다. 그래서 금을 사듯 비트코인을 모으는 것이다.

비트코인은 미래의 창

세계는 금융위기의 긴 터널을 좀처럼 빠져나오지 못하고 있다. 저성장은 이제 새로운 규범이 되어버렸다. 각국 중앙은행의 분투에도 불구하고 낮은 인플레이션과 높은 실업률이 더는 낯설지 않다. 과거의 2퍼센트대 성장은 정체였지만, 현재의 2퍼센트대 성장은 회복이라 받아들인다. 그만큼 저성장이 선진국을 비롯해 그 문턱에 근접한 국가들의 숙명이 되고 있다. 총알은 이미 다 썼다. 하다못해 양적 완화라는 비정통적 폭탄까지 동원해 융단폭격을 한 상태다. 이제 남아 있는 화력이 변변치 않다. 정통적 통화정책이야말로 경제를 통제하고 성장을 촉진하는 가장 좋은 수단이라는 강변이 더는 유효하지 않다. 현대 경제는 침체 반복의 역사라 해도 과하지 않다. 이는 현 통화시스템의 결함을 의미한다. 현 통화시스템이 더는 미래 경제의 버팀목이 될 수 없다는 비관론이 힘을 얻는 이유다. 중앙은행은 엄청난 도전에 직면했지만 현 통화시스템으로는 해결해 나갈 수 없다.

앞서 말했듯 사람들이 비트코인에 환호를 보내고 있는 이유는 법정 통화의 급격한 변화 가능성과 끊임없는 가치 하락에 주목해서다. 중앙은행은 자신들의 시스템에 누수가 생긴 사실을 대중이 눈치채고 대안을 찾는 것을 무서워한다. 그래서 비트코인을 비난하는 것이다. 그럼에도 비트코인의 가능성은 무궁무진하다. 존재 자체가 네트워크의 공개성과 유연성을 기반으로 하고 있기 때문이다. 1990년대 중반, 웹이 막 세상에 모습을 드러낼 때 사람들은 웹의 미래를 의심했다. 컴퓨서브* 같은 통신망이 있는데 굳이 웹이 왜 필요하냐는 의문 때문이었다. 하지만 현재 중앙집권적 통신망은 이 세상에 존재하지 않는다. 하이텔이나 천리안은 흔적을 찾을 수도 없다. 대신 웹이 유연성과 공개성을 무기로 세상의 표준이 되었다. 인터넷상에서는 누구나 유튜브·트위터 같은 혁신에 참여할 수 있다. 같은 현상이 비트코인에서도 일어날 수 있다고 믿는 건 충분히 합리적이다.

어쩌면 비트코인은 통화시스템의 미래를 보여주는 창일 수 있다. 금융 엘리트들은 배타적 발권력을 가진 중앙집권적 통화정책으로는 현

---

* 컴퓨서브는 미국에서 가장 널리 이용되는 PC 정보 서비스다. 온라인 정보 서비스 자원을 가지며, 이윤을 목적으로 운영되는 전자 게시판이다.

재의 침체를 극복할 수 없다는 점을 명심해야 한다. 게다가 세상은 끊임없이 네트워크화·분권화하고 있다. 법정 통화라는 종이 화폐 시스템만으로는 미래에 대응할 수 없다는 말이다. 대안은 전자화폐일 수도, 비트코인의 진화일 수도 있다. 어떤 형태든 금융 엘리트들이 이제 가슴을 열고 귀를 기울여야 한다. 다른 부문은 나날이 발전하는데 통화만 전통을 고집하며 과거에 안주하는 것은 위기의 해결책일 수 없다. 더는 독점적 발권력과 전통적 통화체제에 집착할 일이 아니다.

2

경제기사는
기업의 본질을 외면한다

정치기사가
말해주지 않는
28가지

노동자를 탄압한다고
사용자만 나무랄 일은 아니다

> 노컷뉴스 2012.02.19
>
> 판촉 도우미 "1분 지각에 1시간 벌근, 화장실도 장부에 적고 가라"
>
> 킴스클럽 강남점 판촉 도우미는 노예(?)
>
> "화장실 갈 때마다 장부에 적고, 1분 지각했다고 1시간 초과 근무해야 하는 게 말이 되나요?"
> 용돈을 벌기 위해 대형마트에서 일명 '판촉 도우미' 아르바이트를 시작한 A(여)씨는 지난해 12월 황당한 일을 겪었다.
> 서울 서초구 잠원동에 위치한 킴스클럽 강남점 직원으로부터 "지각하는 사람이 많아 앞으로 1분 이상 지각하면 초과 근무를 실시하도록 하겠다"는 통보를 받은 것.

"여보, 위 기사가 정말일까? 어쩐지 그곳에 근무하는 아줌마들 표정이 영……."

"설마. 저렇게 할까? 중세 노역장도 아니고……. 이런 기업은 망해야 하는데."

화장실 갈 때마다 장부에 적고, 1분 지각했다고 1시간 초과 근무해야 하는 회사가 있다면 당신은 믿겠는가. 이 작업장은 중세 노역장을 연상

2장 경제기사는 **기업의 본질을 외면한다**

시킨다. 아니, 그때도 화장실 갈 자유는 있지 않았을까. 오늘날 대한민국의 모습은 위 기사와 같다. 유난히 수줍은 성격이거나 관리자를 무서워하는 사람이라면 기저귀라도 차고 근무해야 할 판이다. 지각이 두려워 회사 빌딩 옆에 텐트라도 치고 살아야 할까. 물론 이 또한 허락을 받아야 하겠지만 말이다.

강남 한복판에 자리한 대형 쇼핑몰 킴스클럽 강남점은 판촉 도우미인 외주 인력 파견 업체의 비정규직 직원들을 이런 식으로 관리한다. 게다가 이런 일은 킴스클럽에만 국한되지 않는다.

> 한겨레신문 2013.10.31
>
> **밤 9시 그곳에선 '한밤의 인민재판'이 시작됐다**
>
> 삼성서비스 해피콜 '보통 점수' 땐 고객에게 한대로 상황 재연극
>
> 회사는 그것을 '롤 플레이'라고 했고, 직원들은 '인민재판'이라고 불렀다.
> 밤 9시, 셔터가 내려진 삼성전자 서비스센터 안에서는 역할극이 시작된다. 한 명은 서비스 기사 역할을 맡고 다른 한명은 고객 역할을 맡아 '문제가 된' 서비스를 재연한다. "따르르릉." 누군가 전화벨 소리까지 낸다. "고객님 지금 집 앞인데요, 들어가도 되겠습니까?" 하나하나 재연하는 사람은 서비스 만족도를 확인하는 고객들의 평가인 해피콜에서 '보통' 이하의 평가를 받은 서비스 기사다.

한마디로 손님맞이를 잘못한 직원에게 같은 상황을 재현하는 역할극을 시킨다는 말이다. 한 명의 점수가 낮으면 같은 조의 서비스 기사 십여 명이 모두 남아야 한다. 아침 8시에 출근해 이미 12시간 넘게 일

한 사람들을 모아놓고 일종의 '인민재판'을 여는 것이다.

이미 기업은 국가 이상의 권력을 휘두른다. 국가에는 헌법과 법률이라도 있지만, 기업은 도대체 무슨 권리로 이런 권력을 행사하는가. 사규를 들먹일지도 모르겠다. 그러나 사규는 엄격히 말해 사용자가 일방적으로 정한 규칙에 불과하다. 국가의 법률과는 다르다. 적어도 국가 법률은 국민 혹은 국민을 대의하는 사람들이 만들었다. 즉, 법률에는 국민의 의지 혹은 의사가 반영됐다. 그에 반해 사규는 직원 혹은 노동자의 의사나 의지가 반영된 것이 아니다. 오직 사용자의 의지와 의사만을 담고 있을 뿐이다. 이 때문에 사규는 원천적으로 불평등한 구조를 가질 수밖에 없다. 하지만 아무리 막 나가는 회사라도 위와 같은 정신 나간 규칙을 사규에 넣었을 리는 만무하다.

노동자의 적은 중간관리자

우리는 노사관계를 볼 때 이분법적 사고에 익숙하다. 가령 노동자는 선이고 사용자는 악, 혹은 그 반대로만 노사관계를 본다. 언론도 마찬가지다. 위 헤드라인처럼 진보적 매체는 모든 잘못을 기업 혹은 사용자 탓으로만 돌리는 경향이 있다. 맞는 말이다. 기업 혹은 사주의 용인이 없었다면 그런 전근대적인 일들이 일어날 수는 없다. 하지만 우리가 놓치는 점이 있다. 아무리 사용자나 관리자가 시킨다고 할지라도 이 정도로 사람을 괴롭힐 수는 없다는 사실이다. 오히려 이런 착취는 사용자의 요구가 아닌 최고경영자에 대한 과도한 복종 의식으로 무장한 중간

관리자나 하급관리자들이 자발적으로 저질러졌을 가능성이 높다. 특히, 킴스클럽 사례는 단순한 괴롭힘이 아니다. 이면엔 치열한 경쟁사회를 살아내야 하는 이 시대 소시민들의 정신병이 있다. 그것은 바로 만연한 '신분주의'에서 비롯된다.

신분주의 조장하는 사회

현대는 교묘하게 신분주의(Rankism)를 조장한다. 신분, 즉 '서열에 따른 권력의 차이'는 어쩔 수 없다 해도 권력의 차이를 권력 남용으로 이끌어 온갖 종류의 차별과 불평등, 조롱과 업신여김을 양산해 낸다. 직장 상사는 직장 내에서, 그리고 직무 범위 내에서만 상사로서의 권력을 유지하는 게 옳다. 그러나 현실에서 직장 상사는 직장 외부에서도, 직무를 벗어나서도 부하에게 권력을 휘두른다. 이게 바로 대표적인 신분주의 폐해다. 신분주의 사회에서 신분은 이중, 삼중으로 계산돼 특권을 낳는다. 한 영역에서 획득한 신분이 그와는 무관한 다른 영역에서도 우위를 가져다준다. 이를테면 삼성전자의 임원이면 동창회에서도 대접받는 것과 같다. 동창회 집단은 삼성전자와 무관하다. 그럼에도 삼성전자에서의 신분이 세상 모든 곳에 투영되어 영향을 끼치는 것이다.

신분은 고정적이지 않고 유동적이다. 때와 장소에 따라 수시로 역전된다. 지금 이곳에선 가장 높은 신분이지만 다른 곳에 가면 가장 낮은 신분이 될 수 있다. 상사는 그 위의 상사에게 굽실거려야 하고, 또 그 상사는 오너에게 허리를 숙여야 한다. 오너 역시 신분에서 자유로울 수 없다. 다른 우월한 누군가에게 고개를 숙여야 하기 때문이다. 신분주의에서는 누구도 가해자와 피해자 사이를 오고 가는 운명에서 벗어날 수 없다.

사실 신분주의는 국가 통치의 훌륭한 수단이다. 국가는 공권력만으로는 이른바 '질서'를 유지할 수 없다. 여기서 '질서'는 기득권이 안전하게 유지되는 체계를 말한다. 평등을 요구하는 국민, 특히 민초들의 목소리가 커지면 기득권이 위협받을 수 있다. 이때 신분주의가 매우 효과적으로 평등 요구를 억누를 수 있는 수단이 된다. 비공식적 서열을 중시하는 문화를 만들어 대중의 불만을 효과적으로 제어할 수 있기 때문이다. 그러니 신분주의가 만연하는 것은 피할 수 없다.

현대의 신분주의와 중세의 신분 제도는 같은 사다리꼴 형태다. 사회적으로 인정되는 상위 신분은 소수에 불과한 반면, 중세의 농노와 같은 이른바 '아무것도 아닌 자'들은 수없이 많다. 중세라면 신분 상승 자체를 포기하고 살 텐데, 현대에는 신분 상승을 물리적으로 막지는 않는다. 이런 세상에서 상위 신분으로 상승하고자 하는 사람들의 경쟁은 점점 치열해질 수밖에 없다. 신분이 높아질수록 경쟁은 더 격렬해진다. 그에 비례해 사상자, 즉 낙오자들도 많아진다. 현대에는 태생적 신분주의를 타파했다고 주장하지만, 오히려 후천적 신분주의를 조장해 중세 이상의 신분사회를 만들고 있다.

사회 통합을 막는 신분주의 폐해

신분 경쟁에서 낙오한 사람들은 상위 신분자에게 엄청난 스트레스를 받는다. 이들의 스트레스는 중세 농노들이 겪었을 스트레스보다 강도가 셀 수 있다. 중세 농노들은 자기 신분을 일종의 운명 또는 숙명으로 받아들였을 것이다. 따라서 그들은 오히려 신분에서 오는 스트레스를 현대의 '아무것도 아닌 자'들보다 훨씬 덜 느꼈을 개연성이 높다.

그러면 현대의 신분 경쟁에서 뒤처진 사람들은 상위 신분자로부터 받는 스트레스를 어떤 식으로 해소할까. 보통 긍정적으로 승화시키기보다는 침묵하거나 자신보다 낮은 지위의 사람을 공격함으로써 분노를 없애는 경향이 높다고 조사됐다. 심한 경우, 사다리꼴 맨 아래에 있는 사람은 자포자기로 자살하거나 무자비한 공격성을 보일 수도 있다. '묻지마 살인'과 집단 자살이 느는 것을 보면 알 수 있다.

인종차별이나 성차별에 대한 논의는 사회적으로도 뜨겁다. 만약 문제가 되는 사건이 발생하면 진보와 보수를 막론하고 한목소리로 차별을 비난한다. 그러나 신분주의에 대한 논의나 저항은 미미하거나 거의 없다고 해도 과언이 아니다. 신분주의의 역사가 워낙 뿌리 깊기에 당연한 일로 치부한다. 재벌 총수는 어디에서나 재벌 총수에 어울리는 대접을 받는 게 당연하다고 생각한다. 국회의원들의 특권도 마찬가지다.

일상화된 신분주의의 폐해는 매우 크다. 자신을 '특별한 사람'이라고 생각하는 사람들의 권력 남용과 특권 의식은 일상적인 문화가 되고 있다. 게다가 조그만 권력을 가진 사람들 역시 권력 남용을 당연시한다. 여기에 더 상위 신분으로 이동하지 못한 좌절감이 더해진 중간층의 스트레스가 '아무것도 아닌 자'를 대상으로 폭발한다. 중간층의 스트레스 해소 대상이 되는 '아무것도 아닌 자'들의 절망은 결국 극단적 행동을 낳는다. 세속적으로 출세한 자의 무분별한 자부심과 실패한 자의 수치심이 충돌함으로써 윤리적 증오심을 유발하고 인간의 존엄성을 해치는 것이다. 결과적으로 양극화된 신분주의는 사회 통합을 막는다. 신분주의야말로 기회의 평등을 가로막는 마지막 장애물이다.

보통 사람들의 무사유가 조장하는 신분주의

사실 중산층 혹은 중간층은 신분주의의 폐해에 경각심이 없다. 이는 히틀러 치하에서 유대인 학살을 책임졌던 아이히만을 보면 잘 알 수 있다. 우리는 통상 아이히만을 돌연변이로 생각하지만, 뜻밖에도 그는 매우 평범한 사람이었다. 의외가 아닐 수 없다. 여성 철학자 한나 아렌트가 핵심을 짚었다. 그녀가 〈뉴요커〉에 실은 기고문 '예루살렘의 아이히만'을 읽어보면 중산층의 신분주의에 대한 몰이해가 얼마나 극심하며, 그것이 우리 사회를 어떻게 병들게 하는지 잘 알 수 있다.

> 자기 발전을 도모하는 데 각별히 근면한 것을 제외하곤 아이히만은 어떤 동기도 갖고 있지 않았다. (중략) 그로 하여금 그 시대의 엄청난 범죄자들 가운데 한 사람이 되게 한 것은 순전한 무사유였다. (중략) 이처럼 현실로부터 멀리 떨어져 있다는 것과 이러한 무사유가 인간 속에서 아마도 존재하는 모든 악을

합친 것보다 더 많은 대 파멸을 가져올 수 있다는 것, 이것이 사실상 예루살렘에서 배울 수 있는 교훈이었다.

아이히만은 자신에게 부여됐던 상부의 명령을 따르는 것이 어떤 결과를 초래할지 성찰하지 않았다. 더 나아가 잘못된 명령을 더욱 완벽하게 수행할 방법을 끊임없이 찾았다. 이는 현대의 수많은 중산층 혹은 중간층도 마찬가지다. 자기가 하는 일 혹은 권력 남용이 다른 사람에게 어떤 영향을 미치는지 생각하지 않는다. 즉 더불어 살아가는 삶에 대한 인식이 없다.

아이히만과 같은 중간층은 분업화·전문화·생산성을 핑계로 혹은 성실과 근면이라는 허울 좋은 가치를 핑계로 '생각을 멈춘' 삶을 살고 있다. 그리고 불행하게도 이런 태도가 인간에 대한 참혹한 학대로 발전하고 있다. 결국 이런 태도가 '아무것도 아닌 자'를 인간이 아닌 도구로 만든다. 그렇기에 앞서 기사에서 보듯 생리현상을 참으면서 일을 하라는 착취가 아무렇지 않게 행해지는 것이다. 우리 사회에는 이런 일이 비일비재하다. 다음은 2013년 3월 29일자 한겨레신문에 실린 '현대차 정규직 노조 간부의 통렬한 반성문'이란 기사의 일부다. 이 기사에는 회사가 정규직을 이용해 비정규직을 탄압하는 방식, 그리고 회사의 탄압에 아무런 반론도 제기하지 못하는 관리자들의 현실이 잘 드러나 있다.

> 한겨레신문 2013.03.29
>
> ### 현대차 정규직 노조 간부의
> ### 통렬한 반성문
>
> 회사 경영을 위해서도 비정규직 문제를 더는 내버려둬서는 안 됩니다. 회사의 과장급 이상 관리자들은 벌써 3년째 본연의 업무는 내팽개치고 비정규직 노동자들이 혹시 점거농성을 하지 않을까 공장 출입구와 옥상 입구에서 보초 근무를 섭니다. 철야 보초근무를 서고도 개인 업무에 대한 능력평가 때문에 퇴근하지 못하고 졸면서 일하는 사람이 늘어갑니다. 비정규직 파업현장에 동원되어 상호폭력에 휘말려 부상자도 속출합니다. 빠지고 싶어도 인사평가에서 하위 5퍼센트를 받으면 PIP교육(역량강화교육)이라는 퇴출프로그램으로 내몰립니다. 대학 나와 보초 서려고 현대자동차에 입사했느냐며 무너진 자존감에 괴로워하는 관리자들이 회사 업무에 집중할 리 만무합니다.

노사문제가 발생하면 대부분 사람들은 노동자와 사용자 간의 대립으로만 문제를 국한하는 경향이 있다. 하지만 진짜 심각한 문제는 노동자와 노동자 간에 벌어지는 갈등이다. 사실 사용자라 칭하지만, 신분주의 개념으로 보면 대부분의 사용자들 또한 누군가의 하급자일 수밖에 없다. 문제는 이들 중간층 이상의 관리자들이 더는 윤리적이지 않다는 불편한 진실이다. 지극히 평범하지만 다른 누군가를 눈 하나 깜짝하지 않고 죽이는 아이히만처럼, 우리는 어느새 다른 사람의 인권을 침해하는 걸 매우 당연시하며 살고 있다. 물론 그렇게 살아야 좁은 문을 통과해 더 높은 신분을 얻을 수 있는 구조 탓이다.

누가 이런 구조를 만들었는지 곰곰이 생각해 볼 일이다. 중간층 대부분은 상위 신분자의 방패막이일 뿐이다. 그럼으로써 간신히 먹고 사는 것이다. 신분주의 틀을 부수지 않는 한 세상은 바뀌지 않는다. 지금은 중세가 아니고, 자기 신분은 태생적 특권이 아니다. 언제든 바뀔 수 있다는 말이다. 신분은 그저 신분일 뿐이다. 따라서 신분이 특권으로 발전하는 것을 스스로 경계하며 인간을 생각할 수 있어야 한다. 그래야 세상이 한 발짝 더 발전할 수 있다.

환율 떨어진다는 호들갑은
기업경쟁력을 떨어뜨리는 원흉이다

중앙일보 2013.01.24

약달러보다 무서운 '엔저 공습'
20개 업종 중 17개가 이익 줄어

자동차 최대 피해 17퍼센트 급감

세계시장에서 일본 기업과 맞상대하고 있는 국내 자동차와 자동차부품·정보기술(IT)·화학 업종의 수익률이 크게 나빠질 것으로 전망된다.
우리투자증권이 100엔당 원화 가치가 1031원일 때 국내 주요 20개 업종의 민감도를 분석한 결과 17개 업종의 이익 폭이 줄어드는 것으로 나타났다. 우리투자증권 곽상호 연구원은 "엔화 가치 절하의 폭과 속도가 과거보다 상당히 큰 편"이라며 "국내 산업계는 달러 약세보다 '엔저 공습'에 더 큰 타격을 입을 것으로 보인다"고 말했다.

"아베 총리가 정말 총을 쏘기 시작했네. 환율전쟁이 본격화되겠는데."
"그러게. 그나저나 큰일이군. 한국 수출에 엄청난 타격이 있을 텐데……."

환율 호들갑은 보통 이렇게 진행된다. 원·달러 환율이 하락하면, 즉 원화가 절상하기 시작하면 거의 모든 매체가 벌떼처럼 일어나 환율 하락

2장 경제기사는 기업의 본질을 외면한다

으로 수출 부진을 걱정한다. 대중은 너무 잘 속는다. 전문용어를 들이대며 그렇다고 우기면 대부분은 이름값이나 권위에 눌려 쉽게 설득된다. 일반인 중 '양적 완화'란 용어의 뜻을 정확히 알고 있는 사람은 얼마나 될까? 모르면서도 신문이나 전문가가 "양적 완화를 시행하는 국가의 통화가치는 하락한다"고 말하면 그대로 믿는다. 정말 그럴까?

양적 완화와 통화가치 간 상관관계를 알아보기 전에 먼저 일본이 공격적 양적 완화와 엔 절하를 공언하는 이유를 알아야 한다. 일본은 그럴 수밖에 없다. 최근 일본을 규정하는 단어는 '정체'다. 일본이 몇십 년 동안 좀처럼 개선되지 않는 디플레이션, 만성화 조짐마저 보이는 무역적자 등에 위협을 느끼는 것은 당연하다. 일본 정치권력은 무슨 방법을 써서라도 이런 암울한 현실을 반전시키고자 하는 욕망을 갖게 됐을 것이다. 무엇보다 변화를 열망하는 국민을 만족시키기 위해서라도 특단의 대책이 필요했다. 이것이 아베 신조 일본 총리가 거침없이 양적 완화와 엔 절하를 주장하는 이유다.

사실 2012년 말까지의 엔화 강세 현상은 일본 경제의 현실이나 자연재해 등을 고려해 보면 정상이 아니었다. 자연재해는 마침내 최악의 원전사고까지 불러왔고, 일본 경제의 침체가 길어지면서 세계 2위 경제대국이라는 수사까지 중국에 빼앗기는 수모를 당해야 했다. 그런데도 엔화 강세가 커다란 추세였다. 그 이전은 차치하고, 2008년 미국발 금융위기 전후로만 계산해도 2007년 달러 당 120엔 정도에서 2011년 말 75엔까지 엔화 가치는 거의 수직으로 상승했다. 40퍼센트가량 절상된 것이다. 금융위기 이후 대부분 통화는 달러 대비 약세를 보였다. 그런데 유독 엔화는 달러 대비 강세를 보인 것이다. 엔화가 '안전자산'으로 강조되면서 글로벌 자금이 몰린 탓이다. 여기에 약 1조 달러로 추산되는 엔캐리트레이드* 자금의 청산이 집중됐기 때문이기도 하다. 일본은 억울할 수도 있는 상황이다. 자신들만 통화 강세의 고통을 겪는다고 생각할 수도 있다. 이런 상황이 일본의 공격적 양적 완화의 직접적 빌미가 되고 있다.

하지만 일본은 조금 더 현실을 직시했어야 했다. 과거를 돌아보며 냉철한 판단을 해야 했다. 일본의 무차별적 양적 완화는 득보다 실이 많은 정책 수단이기 때문이다. 특히 장기적으로 그렇다. 이유는 다음과 같다.

먼저 일본의 양적 완화는 이미 실패한 정책이다. 일본은 양적 완화를 세계 최초로 시행한 국가다. 또 지금도 지속하고 있다. 만약 그것이 효과적인 정책 수단이었다면 일본 경제는 벌써 수렁에서 벗어났어야 한다. 하지만 현실은 정반대다. 이번에도 실패하리라는 추론은 충분히 합리적이다.

그렇다면 양적 완화를 적극 시행해 엔화를 인위적으로 절하시켜, 궁극적으로 수출 경쟁력을 확보하겠다는 일본의 전략은 성공할 수 있을까? 이 또한 실패할 개연성이 높다. 일본 엔화는 지난 40년 동안 꾸

엔캐리트레이드는 일본의 낮은 금리를 활용해 엔화를 빌려 제3국에 투자하는 금융거래를 말한다. 즉 초저금리인 엔화를 상대적으로 금리가 높은 국가의 금융상품에 투자하는 것이다. 이를 활용하면 일본에서 적용하는 금리와 다른 나라와의 금리 차만큼 수익을 내게 되며, 차입금의 금리가 낮기 때문에 이자를 지급하더라도 비교적 높은 수익을 올리게 된다.

준히 절상됐다. 1970년대 달러 당 360엔 정도였으니 현재까지 약 400 퍼센트 정도 오른 셈이다. 그동안 일본은 수많은 양적 완화를 시행했다. 하지만 오히려 엔화는 꾸준히 절상됐다. 양적 완화가 엔화 절하에는 별다른 역할을 하지 못한 셈이다.

양적 완화와 통화가치

실제로 양적 완화는 통화가치를 떨어뜨리지 못한다. 양적 완화와 통화가치 변동은 상관관계가 높지 않다. 월스트리트저널은 "선진국의 양적 완화 이후 각국 통화가치가 한때 하락하긴 했지만, 장기적으로는 비슷한 수준으로 돌아왔다"고 보도했다. 돈(통화)을 푼 이후에도 불황이 이어져 물가는 크게 오르지 않았고, 결과적으로 통화가치에 끼친 영향도 적었다고 분석한 것이다. 현실이 이를 증명한다.

2010년 8월 미 연준은 2차 양적 완화 정책을 발표한 후 꾸준히 국채를 사들여 시중에 달러를 풀어 왔다. 1년 후인 2011년 7월에는 달러화 가치가 2차 양적 완화 전과 비교할 때 10퍼센트가량 하락하기도 했다. 그러나 그로부터 약 2년이 지난 2013년, 전 세계는 달러가 강세를 보이는 현실을 지켜봤다. 영국 중앙은행인 영란은행도 2011년 10월 양적 완화 정책을 발표했지만, 2013년 파운드화 가치는 오히려 당시보다 올랐다. 유로존의 위기로 급락하던 유로도 유럽중앙은행의 양적 완화 발표 후 오히려 급등했다. 결국 장기적으로 살펴보면 양적 완화 정책과 통화가치가 명확한 상호관계를 맺는다고 말하기는 어렵다. 물론 대규모

양적 완화가 시작되는 시점에는 시장에 충격을 줘 한때 통화가치가 하락할 수도 있다. 하지만 그 효과가 장기적으로 지속하지 않는다는 것이 정설이다.

엔저에 대응하는 한국 기업의 엄살

어쨌든 아베가 취임한 이래 엔화 가치가 가파르게 절하되고 있다. 아베 취임 전 달러 대비 75엔이던 것이 2013년 4월에는 100엔에 근접하니, 약 30퍼센트 이상 가치가 하락한 셈이다. 몇 개월 만에 벌어진 일이다. 한국은 놀라지 않을 수 없다. 한국의 언론과 경제연구소 등이 나서 일본에 집중포화를 퍼붓는 건 어쩌면 당연하다. 하지만 일본의 엔화가 지난 40년 동안 끊임없이 절상된 통화란 사실을 기억해야 한다. 무엇보다 같은 기간의 원화와 비교하면 엔화가 얼마나 가파르게 상승했는지 알 수 있다. 그러니 한국의 반응이 엄살로 보일 수밖에 없다. 의도가 숨어 있는 호들갑으로 보이는 이유다.

지난 40년 원화와 엔화의 흐름을 좇아가 보자. 달러 대비 원화 가치는 1969년 말 약 300원에서 2013년 4월 24일 1,118원으로 내려갔다. 약 40여 년 전엔 300원이면 1달러를 살 수 있었는데 지금은 약 1,200원을 줘야 1달러를 살 수 있다는 말이다. 가치가 얼추 4분의 1토막 난 셈이다. 반면, 엔화는 같은 기간 약 350엔에서 99엔으로 가치가 거의 3.5배 상승했다. 그나마 최근 몇 개월 가파르게 하락했기 때문이다. 최고 상승했을 때를 기준으로 하면 약 4배 올랐다. 한국과 일본은 환율 측면에선 정반대의 길을 걸어왔다고 볼 수 있다. 원화는 내렸고, 엔화는 올랐다. 국민의 상식에 반하지만 사실이다.

자국 통화의 가치를 떨어뜨리기 위한 국가 간 싸움을 흔히 환율전쟁이라 부른다. 그런데 이 환율전쟁의 결과가 매우 의외다. 위의 상황으로만 보면, 한국은 대승을 거뒀고 일본은 완벽한 패전을 한 셈이다. 결과만을 놓고 보면 한국이 일본의 아베노믹스를 통한 강제적 엔저 시도에 왈가왈부할 처지가 아님을 알 수 있다.

그런데 한국은 왜 벌떼처럼 일어나 일본을 비난할까? 그 진짜 의도는 사실 일본을 향한 성토가 아니라, 정부와 정책 당국에 대한 협박이라고 할 수 있다. 환율이 상승하면, 다시 말해 자국 통화 가치가 하락하면 수출 경쟁력이 높아진다는 사실은 이제 웬만한 사람이 다 안다. 당연히 수출 회사들은 환율 하락, 즉 원화의 절상을 싫어할 뿐만 아니라 심지어 두려워할 수밖에 없다. 그래서 엔화 절하에 신경질적인 반응을 보이는 것이다. 게다가 한국의 언론과 민간경제연구소 대부분이 수출 대기업의 영향력에서 벗어나기 어렵다. 이 때문에 모두 한목소리로 엔 절하에 대한 대책을 정부에 요구하는 것이다. 수단은 엄살과 협박이다. 엔저를 '공습'이라고 표현하면서, 그 피해자가 온전히 한국 기업인 양 과대 포장하는 헤드라인이 넘쳐난다.

환율 상승으로 얻은 성장의 실체

환율 상승으로 얻은 수출기업의 수익은 불로소득에 불과하기 때문에 국민 경제 전체로 보면 절대 이롭다고 말할 수 없다. 수출기업은 가만히 앉아 환율 상승의 덕을 보았다. 특별히 기술 혁신을 이뤘거나 생산성을 제고해서 얻은 이익이 아니라는 말이다. 이들의 수익은 수많은 사람이 희생한 대가라는 점에 주목해야 한다. 환율이 상승하면서 수입업자는 더 많은 비용을 부담했다. 휘발유 가격이 오르니 개별 국민의 자동차 유지 비용 또한 그만큼 늘었다. 그뿐인가. 유학생 자녀를 둔 기러기 아빠는 환율 상승으로 그만큼 더 허리가 휘었다. 말하자면 환율 상승으로 얻은 수출기업의 이득은 실은 다른 경제 주체들의 몫이 이전된 것에 불과하다. 지난 40여 년간 한국은 자국민의 빈곤화를 담보로 수출기업을 먹여 살렸다 해도 지나치지 않다. 고도성장의 이면에는 이와 같은 인위적 환율 조작이 있었음을 부인할 수 없다.

반면, 일본과 독일은 시장에 환율을 맡긴 대표적인 국가라 할 수 있다. 끊임없는 자국 통화의 절상에도 이들이 여전히 세계 경제의 주축으로 서 있는 것은 기업과 국가가 그만큼 강하다는 방증이다. 이들은 자국 통화의 절상을 용인해 대다수 국민의 부를 지켰다. 그렇다고 이들 국가의 수출기업이 특별히 약해졌다는 징후는 보이지 않는다. 오히려 살아남기 위해 혹독한 혁신과 생산성 향상을 거듭함으로써 여전히 세계 최고의 기업으로 남아있다. 독일의 벤츠와 일본의 도요타가 세계 최고의 자동차 회사인 건 우연이 아니다.

한국 대기업의 성장사를 보면 이들이 얼마나 심한 과보호 속에 성장해 왔는지 알 수 있다. 물론 기업 발전의 초기 단계에서는 정부나 국민의 보호가 필요하다. 하지만 한국의 수출 대기업들은 자칭 글로벌 기업이라고 자랑할 만큼 이미 성숙 단계에 와있다. 그런데도 여전히 정부나 국민에게 손을 벌리는 현실은 보기 민망할 정도다.

경제 주체 모두가 고루 건강할 때 국가 경제가 강건한 것이다. 국민·기업·정부가 모두 강해야 한다. 기업을 위해 국민이 희생하는 경제가 건강할 리 없다. 국부는 성장할지 몰라도 기업, 그중에서도 극히 소수 대기업만이 부를 독차지하는 '승자독식'의 경제구조를 낳아 결국은 국민 경제를 회복 불능의 상태로 만들기 때문이다. 진정 강한 국가는 독일, 일본과 같이 자국 통화의 절상에도 국가경쟁력을 유지하면서 대다수 국민의 부를 증가시키는 국가다. 이런 국가는 쉽게 흔들리지 않는다. 일본이 수십 년의 불황을 버텨온 저력의 근원이 바로 여기에 있음을 잊으면 안 된다.

잠시 어려워도 수출기업과 모든 국민이 함께 부를 나누는 길을 가야 한다. 그것이 균형 발전의 지름길이다. 한국 경제는 이제 저성장 국면에 접어들었다. 이미 고도성장기를 지나 성숙기에 들어섰기 때문이다. 성숙기 국가치고 3퍼센트 이상 고도성장을 하는 국가는 거의 없다. 고도성장이 오히려 이례적임을 알아야 한다. 과거처럼 고성장만 꿈꿔서는 혼란을 가중시킬 뿐이다. 예를 들어, 정부가 7퍼센트 성장을 목표로 삼았다고 하자. 그러나 이제 한국 경제는 3퍼센트 성장이면 감지덕지해야 한다. 무리하게 환율을 4퍼센트 올려 성장 목표를 달성해 봤자, 올린 환율만큼 달러 가치가 높아지니 달러로 환산한 경제 규모는 그만큼 줄게 된다.

고환율 정책은 마약과 같다. 수출기업은 별다른 노력 없이 엄청난 수익을 올릴 수 있고, 국가는 대기업 덕분에 성장한 것 같은 착시효과에 빠지게 된다. 하지만 이는 결국 개별 기업의 경쟁력을 떨어뜨리는 주요 원인이 된다. 기업은 환율 효과에 의해서가 아니라 혁신과 생산성 향상을 통해 성장해야 한다. 이런 건강한 성장을 통한 국부 창출이야말로 진정한 의미가 있다.

한국은 지난 40여 년간 환율전쟁에서는 승자가 됐을지 모르지만, 국가 간 경쟁력에서는 실제로 패배한 것이다. 이제는 환율에 기댄 성장을 접어야 할 때다. 그래야 선진국이 될 수 있다. 국민 역시 환율 상승에 기댄 성장의 이면을 볼 수 있는 눈을 가져야만 스스로 정당한 몫을 빼앗기지 않는다.

재벌과 대기업의 높은 성장세엔 99%들의 희생이 있다

> 연합뉴스 2013.02.27
>
> 이명박 정부 5년간
> 재벌그룹 자산 77.6퍼센트↑
>
> 이명박 정부 5년간 20대 재벌그룹의 총 자산규모가 77.6퍼센트 증가한 것으로 나타났다.
> 재벌, 최고경영자(CEO), 기업경영평가사이트인 CEO스코어(대표 박주근)는 지난해 20대 그룹의 총자산규모가 1,202조 8,000억 원으로 정권 초기인 2008년의 677조1,000억 원에 비해 77.6퍼센트 늘어났다고 27일 밝혔다.

"야! 한국 재벌이 나날이 성장하네."
"그러게 말이야. 정말 한국 대기업은 대단해."

기사를 본 사람들 대부분은 위와 같이 반응할 것이다. 한국 재벌 기업의 무한 성장에 박수를 보내는 게 일반적이다. 기사는 현상만을 전할 뿐이다. 본질을 설명하는 데 인색하다. 그러니 재벌 성장의 문제점을 지적하면 대중이 쉽게 납득하지 못하는 건 어쩌면 당연하다. 하지만 사실 전달에 충실한 이 기사의 이면을 들여다보면 한국 경제의 민낯이 적나라하게 드러난다.

흔히 한국을 '재벌공화국'이라고 한다. 별생각 없이 내뱉지만 생각할수록 무서운 말이다. 이 말엔 소수 재벌이 한국을 쥐락펴락한다는 의미가 담겨있다. 다른 말로 하면, 한국은 이미 자본권력이 정치권력을 뛰어넘는 힘을 가졌다는 소리다. 공화국이란 국민이 주인인 나라를 말한다. 그런데 재벌공화국이라 하면 재벌이 주인인 나라를 뜻한다. 극소수의 재벌 일가 몇 명이 한국의 주인이라니, 우리는 정말 엄청난 말을 아무렇지 않게 하는 셈이다. 물론 이 말은 재벌이 한국의 권력을 장악해가고 있는 현실을 풍자한 것이다. 실제로 대한민국의 국부는 소수에게 급속히 편중되고 있다. 그것도 극소수의 재벌 기업과 그 일족이 독점하고 있다.

그럼에도 분명한 것은 대한민국의 주권이 국민에게 있다는 사실이다. 이것이 의미하는 바는 국부의 주인 역시 개별 국민이라는 말이다. 우리가 흔히 말하는 '경제민주화'란 결국 국부의 소유권을 국민에게 돌려주는 것이다. 만약 이것이 이뤄지지 않으면 한국 경제는 나락으로 빠질 가능성이 높다. 부가 소수에게 쏠린다는 말은 양극화가 심해진다는 뜻이다. 재벌과 중소기업, 부자와 서민의 격차가 심해지면 경제 생태계가 망가진다. 극소수가 부를 독점하면 그만큼 다수가 가난해진다. 그리고 가난한 다수는 급격하게 소비 여력을 잃게 된다. 소비가 없는 현대 경제가 지속될 수 있을까? 불가능하다. 결국 모두가 패하는 게임이 시작되는 것이다. 사실 한국 경제는 이미 이 게임에 진입한 상태다. 한국의 저성장이 구조적일 수밖에 없는 이유는 양극화 때문이고, 그 끝에 재벌의 비대화가 있다.

기업 생태계의 붕괴

'9988234'란 말이 있다. 99세까지 팔팔하게 살다가 2~3일만 아프다 죽고 싶다는 뜻이다. 그런데 이 말이 전혀 다르게 사용되기도 한다. '한국 기업 숫자의 99퍼센트, 고용률의 88퍼센트를 차지하는 중소기업이 2~3년 이내에 다 죽는다'는 뜻이다. 2010년 코트라(KOTRA, 대한무역투자진흥공사) 자료를 보면 한국의 기업 수는 312만 5,457개다. 이 중 대기업이 187개로 0.00006퍼센트, 중견기업이 1,291개로 0.04퍼센트를 차지하고 있다. 나머지 99.9퍼센트가 중소기업이다. 고용 규모로 따져보면 대기업이 전체근로자의 7.5퍼센트, 중견기업이 7.6퍼센트를 고용하고 있고, 중소기업이 나머지 84.9퍼센트를 고용하고 있다. 수치로만 보면 한국의 중소기업이 한국 기업 생태계의 거의 전부를 차지한다고 해도 과언이 아니다. 쉽사리 믿을 수 없겠지만 사실이다. 중소기업이 없다면 한국 경제 자체가 존재할 수 없을 뿐 아니라 근로자 대부분이 실업자가 될 수밖에 없는 상태다. 그런데 이들 중소기업이 절체절명의 위기에 빠져 있다.

이유는 한국 재벌의 비정상적 성장 행태에 있다. 대기업은 거대 불가사리처럼 모든 걸 먹어 치운다. 일반적으로 벤처기업이 성장하면 중소기업이 되고, 중견기업으로 성장했다가, 대기업이 된다. 물론 모든 기업이 대기업으로 성장할 수는 없다. 하지만 건전한 생태계라면 중견기업이나 대기업으로 성장하는 중소기업의 수가 많아야 한다. 그런데 한국의 기업 생태계는 극히 소수 대기업, 소수 중견기업, 그리고 지나치게 많은 중소기업의 구조로 되어 있다. 보통 모든 생태계는 위로 갈수록 가늘어지기 마련이다. 하지만 한국의 기업 생태계는 가는 정도가 아니라 바늘 끝처럼 매우 뾰족하다. 중소기업이 중견기업이 되는 것도 힘들지만, 중견기업이 대기업이 되는 것은 하늘의 별을 따는 것만큼 어렵다.

다른 국가와 비교해 보면 이런 현실이 더 명확히 드러난다. 코트라 자료를 보면, 독일은 전체 기업에서 중견기업이 차지하는 비중이 11.8퍼센트에 달한다. 중국과 일본도 각각 4.4퍼센트와 3.7퍼센트다. 스웨덴은 13.2퍼센트에 이른다. 비교적 중견기업의 비중이 낮은 영국과 이탈리아도 0.7퍼센트, 0.5퍼센트에 달해 0.04퍼센트인 한국보다 월등하게 높다.

중견기업이 많아지려면 창업 단계의 기업이 성장할 수 있도록 도와주는 사다리가 있어야 한다. 그런데 한국에는 이 사다리가 없다. 약육강식의 정글 논리만이 판을 친다. 그나마 있는 사다리마저 걷어차 버리기 일쑤다. 한국은 재벌 산하 대기업에 온갖 특혜를 제공한다. 반면 중소기업 육성은 생색내기용 구호에 그쳐왔다. 경제적으로 경쟁 관계에 있는 대만과 비교하면 이런 현실을 명확히 알 수 있다. 대만은 튼튼한 성장 사다리가 완비된 국가다. 에이서, 아수스, 엠에스아이(MSI), 에이치티시(HTC) 등 이름만 대면 알 수 있는 수많은 기업이 대기업으로 차근차근 성장했다. 그렇다고 이들 기업이 한국처럼 재벌 기업의 계열사나 친·인척 회사가 아니다. 오직 실력 하나로 성장한 기업이 대부분이다. 한국에서 이런 일을 상상할 수 있을까. 수많은 벤처기업이 대기업을 꿈꾸며 창업했지만, 태반이 소리소문 없이 사라졌다. 한국에서 중소기업이 대기업으로 성장하기란 거의 불가능하다.

대만 경제의 핵심축, 중소기업

대만의 중소기업이 대기업으로 차근차근 성장할 수 있는 데는 이유가 있다. 국가 경제 성장의 핵심축이 대기업이 아닌 중소기업이기 때문이다. 국가는 공정한 경쟁 규칙을 만들어 중소기업이 오로지 기술력과 사업모델 혁신에 집중할 수 있도록 했다. 그 결과 대만의 중소기업은 꾸준히 내실을 다졌고, 이는 건강한 기업 생태계로 이어졌다. 고용 구조에서도 대만 전체 기업의 97퍼센트를 차지하는 중소기업이 77퍼센트의 고용만 담당하고, 전체 기업의 3퍼센트 정도인 대기업이 23퍼센트나 되는 고용을 책임지는 구조를 만들었다. 대기업의 고용률이 높다는 것은 그만큼 고용 안정성이 담보된다는 뜻이다. 고용 시장의 건강은 경제 생태계의 활력으로 이어진다.

게다가 대만의 대기업과 중소기업 간 관계는 한국 같은 '갑을 관계'가 아니다. 한국에서는 상상할 수 없는 수평적 관계다. 한국에서 대기업은 이른바 갑이고 중소기업은 을이다. 대기업은 중소기업인 협력업체에 배타적 지배권을 행사한다. 협력업체가 다른 기업과 거래하는 것을 원천 차단한다는 말이다. 대기업이 거래를 끊으면 협력업체는 그대로 말라 죽을 수밖에 없는 구조다. 이런 환경에서 중소기업이 성장하기는 애초에 불가능하다. 반면 대만에서는 여러 기업체에 동시에 납품하는 중소기업이 태반이다. 중소기업이 독자적인 기술력을 가지고, 납품 단가 협상에서도 대등한 관계를 유지한다. 즉 협력은 하지만 지배는 하지 않는 구조, 너와 내가 크기와 관계없이 동반 성장할 수 있는 전통이 구축되어 있다.

또 대만 정부의 지속적인 알앤디(R&D, 연구개발) 투자에 대한 지원도 중소기업 발전의 주요 축이 되고 있다. 물론 한국 정부도 지원한다. 다만 한국은 예산의 90퍼센트가 결국 재벌 산하 기업에 돌아가는 반면, 대만은 그 반대인 점이 다르다. 이것이 대만 기업이 첨단 아이티(IT, 정보기술) 분야에서 두각을 나타내는 이유다. 대만은 노트북·넷북·마더보드·케이블모뎀 등에서 전 세계 시장의 90퍼센트 정도를 점유하고 있다. 실질적으로 시장을 지배하고 있는 셈이다.

복지 정책의 핵심은 중소기업 육성

대만과 비교해 보니 한국의 중소기업이 얼마나 열악한 환경에 있는지 잘 알 수 있다. 그런데 이런 열악한 환경에도 중소기업 수가 많다. 이유가 무엇일까? 중견 혹은 대기업으로 성장 기회가 원천 차단된 탓도 있을 것이다. 하지만 그렇다 해도 중소기업이 너무 많다. 일본은 전체 기업의 수가 약 180만 개, 대만은 약 130만 개 정도다. 반면 한국은 300만 개가 넘는다. 한국보다 경제 규모가 큰 일본보다 많고, 대만의 2배 이상이다. 이를 어떻게 해석해야 할까? 어떤 이는 한국인의 도전 정신이 창업으로 연결된다고 주장한다. 정말 그렇다면 얼마나 좋겠는가. 하지만 실제 이유는 다른 데 있다. 한국이 다른 나라보다 유난히 자영업자가 많기 때문이다. 고용 시장이 안정되어 있다면, 한 해 평균 60만 개의 업소가 문을 열어 58만 개가 다시 닫는 살벌한 자영업 전쟁터에 굳이 나설 필요가 없다. 기업의 수가 다른 나라보다 월등히 많은 건 그만큼 고용 여건이 열악하다는 방증이다. 그만큼 취업이 어렵고, 설사 취업을 했다 해도 일자리 유지가 불안해서 창업을 택하는 사람이 많다는 얘기다.

한국의 중소기업은 전체 일자리의 85퍼센트 이상을 감당한다. 이 말은 결국 중소기업을 살리는 일이 한국의 고용 문제를 풀 수 있는 핵심 열쇠라는 뜻이다. 최상의 복지는 일 할 수 있는 사람을 일하게 해주는 것이다. 다시 말해 복지 정책의 핵심은 일자리 창출, 그것도 질 높은 일자리를 만드는 데 있다. 하지만 현실은 척박하다. 대기업과 중소기업 간의 양극화는 근로자의 삶도 양분하고 있다. 대기업 종사자는 중산층 이상의 삶을 보장받지만, 중소기업 근로자는 말 그대로 서민층에 머무는 것이 현실이다. 허리가 가늘어지는 경제 구조를 개선하지 않으면 경제 생태계가 파괴된다. 현재의 기업 환경에서 중소기업 근로자가 평균인의 삶을 사는 것은 어렵다. 결혼하고 아이를 낳아 양육하는 아주 평범한 삶조차 보장할 수 없다. 이것이 출산율 저하의 한 원인이 되고 있음을 알아야 한다. 출산율을 높이지 않고서는 한국의 성장에도 한계가 있다. 결국 한국의 지속 성장을 보장하기 위해서라도 중소기업 육성 정책이 필요하다.

승자독식은 일반적으로 경쟁의 공정성을 내세우며 명분을 확보하지만, 극소수 승자만 살아남는 구조는 결국 생태계 파괴의 원인이 된다. 물론 거대 승자도 있어야 한다. 하지만 그 거대 승자가 계속해서 살아남기 위해서는 수많은 약자들 역시 건강해야 한다. 승자도 언젠간 늙고 병들기 마련이다. 아무런 대안 없이 승자가 늙고 병들면 국가 전체가 큰 위험에 처할 수 있다. 이 때문에 다른 승자를 끊임없이 길러 내야 하는 것이다. 약자가 마침내 승자가 되고, 그 승자가 다시 약자를 보듬는 세상. 그게 건강한 기업 생태계이자 부강한 국가로 가는 지름길이다. 나심 탈레브의 "승자독식 세상에서 승자는 마지막에 웃는다. 다만, 홀로 웃어야 한다"는 금언을 새겨봐야 할 시점이다.

혁신의 상징 애플과
수만의 눈물

> 지디넷코리아 2013.08.02
>
> **애플 시가총액 전 세계 1위 재탈환**
>
> 애플이 엑손모빌을 밀어내고 다시 시가총액 1위 자리를 탈환했다. 차기 아이폰과 아이패드 등 신제품 출시에 시장기대감이 반영된 결과로 보인다.
> 1일(현지시간) 애플 주가는 전일 대비 0.92퍼센트 오른 주당 456.68 달러에 마감했다. 시가총액은 4,148억 6,000만 달러를 기록했다.

"와. 애플이 다시 세계 1위 기업이 됐네."

"그러게. 잡스가 죽었는데도. 대단하네."

애플은 설명이 필요 없는 기업이다. 그만큼 글로벌 초우량 기업이자 미국의 자랑이다. 애플은 미국 주식시장에 상장된 기업 중에서도 시가총액 1~2위를 다투는 초대형 기업이다. 미국의 1위는 전 세계에서 1위란 말이니, 세계에서 가장 큰 기업이라 해도 과장이 아니다. 2012년 애플의 주가는 마치 로켓처럼 상승했다. 한 해에만 약 45퍼센트가 올라, 거대 에너지 기업인 엑손모빌을 제치고 1위 기업이 됐다. 그 후 한동안 엑손모빌에 1위 자리를 내준 적도 있지만, 2013년 8월에 다시 1위 자리를 탈환하여 엎치락뒤치락하고 있다. 이는 그만큼 시장이 애플의 잠재력을 세계 최고로 본다는 의미일 것이다.

애플의 아이폰은 세계를 바꿔 놓았다 해도 과장이 아니다. 전화기의 지평을 컴퓨터로 넓힌 건 가히 혁명적 발상의 전환이었다. 그러니 전 세계가 애플에 환호하는 것은 어쩌면 당연하다. 이 환호는 제품의 우수성에 더해 스티브 잡스라는 걸출한 혁신가에 대한 존경심 때문일 것이다. 하지만 그게 전부는 아니다. 2008년 금융위기도 한몫을 했다. 위기를 불러온 금융 기업에 대한 대중의 분노가 실물 기업에 대한 찬사로 치환된 것이다. 사실 금융위기 발생 전까지는 초다국적기업에 대한 비판이 주류를 이루었다. 공장을 국외로 옮기거나 각종 서비스를 국외에 아웃소싱하는 행태로 본국의 경쟁력을 약화한다는 것이 비판의 이유였다. 그런데 금융위기가 발생하면서 비금융 기업은 이런 비난에서 벗어났다. 금융위기의 주범으로 금융 기업이 지목됐기 때문이다. 파괴된 경제는 희생자를 원했고, 그 희생자는 금융기관이었다. 반대로 애플 같은 거대 비금융 다국적회사는 경배의 대상이 됐다. 애플도 반사이익을 누린 것이다.

애플이 대변하는 다국적기업의 행태

하지만 2012년 '뉴욕타임스'가 애플에 관한 비판 기사를 내보내면서 애플 신화에 금이 가고 있다. 애플을 바라보는 대중의 생각도 서서히 변하고 있다.

비판은 주로 애플의 외주 정책에 가해졌다. 특히 애플의 위탁 제조 공장인 폭스콘에서 벌어진 노동 착취에 비판이 집중됐다. 사실 폭스콘에 대한 비난은 예전부터 있었다. 그러나 이번엔 비난의 강도가 달랐다. 이유가 있다. 폭스콘 회장인 궈타이밍(Terry Gou)이 춘제(중국의 설) 연휴를 앞둔 2012년 1월 종무식에서 한 발언 때문이다. 그는 직원들을 동물에 비유하며 "매일 100만 명의 동물을 관리하느라 골치가 아프다"고 말했다. 그뿐만 아니라, 대만동물원 임원에게 종업원 관리 방법을 배운다고도 했다. 한마디로 노동자를 짐승 취급한 것이다. 이런 발언을 할 수 있었던 것은 그가 노동자를 인간이 아닌 동물로 보았기 때문이다.

폭스콘 노동자의 현실은 실제로 암울하다. 종업원들이 기거하는 기숙사는 마치 닭장을 연상시킨다. 심지어 한 방에서 20명이 생활하기도 한다. 기본 근로 수칙에는 하루 8시간, 일주일에 60시간을 근무하게 되어있으나 실제로는 하루 12시간, 심지어 하루 16시간 노동을 하는 일도 다반사였다. 미성년자 고용도 일상화되어 있었으며, 2012년 1월 당시 임금이 시간당 2,000원 이하에 불과했다.

이런 인권 유린 행태의 책임을 폭스콘 경영자에게만 한정할 수는 없다. 폭스콘의 최대 거래 업체인 애플이 자기 이익을 위해 하청업체의 인권 유린에 눈감은 결과라고도 볼 수 있다. 애플과 폭스콘의 영업이익률을 비교해보면 선진 다국적기업이 하청업체를 얼마나 몰아세우고 있는지 잘 알 수 있다. 2011년 말 기준 애플의 영업이익률은 약 37퍼센트에 달했다. 이에 비해 폭스콘 영업이익률은 한 자리 수인데, 그마저도 하락해 약 1.5퍼센트에 불과하다. 폭스콘의 영업이익률이 낮은 건 원청업체의 비용절감 압박 때문이다. 한마디로, 중국 노동자의 고혈을 폭스콘이 아닌 애플이 쥐어짜고 있다고 볼 수 있다.

애플이 비난받는 또 다른 이유가 있다. 바로 환경 오염 및 파괴를 수출한다는 이유다. 2012년 초, 이 주장을 뒷받침하는 보고서가 나왔다. 바로 중국의 환경 관련 비정부기구(NGO)가 발표한 보고서다. 이에 따르면 애플의 하청업체가 중국 각지에서 일으키는 환경 오염 및 파괴는 참혹할 정도다. 27개 애플 하청업체의 니켈·구리 등 중금속 배출량이 기준치를 초과하는 것으로 드러났다. 말하자면 선진국의 거대 기업이 의도했든 의도하지 않았든 환경 오염을 수출하고 있는 셈이다. 자국에서는 꿈도 꾸지 못할 환경 파괴와 오염을 아웃소싱이란 명분으로 환경 오염 규제가 덜한 신흥국에 전가하는 것이다.

정리하면, 애플로 대표되는 다국적기업의 엄청난 실적 뒤에는 피눈물을 흘리며 제품을 조립해 공급하는 하청업체가 있다. 그 하청업체 뒤에는 시간당 몇천 원의 임금을 받으며 초과근무에 시달리는 수많은 노동자의 고된 땀이 있다. 그뿐 아니다. 국토의 환경 파괴와 오염을 묵인해야 하는 신흥 개도국의 아픔도 있다. 물론 이들 피와 땀은 고스란히 초다국적기업의 호주머니로 들어간다.

'뉴욕타임스' 기사로 이런 사실을 알게 된 대중의 분노가 폭발했다. 폭스콘에 대한 분노가 애플에 대한 실망으로 이어졌다. 애플의 비용 절감 전략이 폭스콘의 노동 착취를 불러왔다고 본 것이다. 대중은 애플과 폭스콘을 동일시하기 시작했다. 하지만 이는 표적 설정을 잘못한 것이다. 과도한 일반화라고 할 수 있다. 폭스콘은 세계 1위의 위탁 생산업체로, 애플하고만 거래하는 게 아니다. 세계 유수의 아이티 기업 거의 전부가 폭스콘과 거래한다. 삼성, 엘지(LG), 노키아, 델, 에이치피(HP), 아수스, 구글 등 이름만 대면 알만한 기업이 거의 다 폭스콘의 원청업체다. 각 협력업체별 할당된 노동자 수를 보면 애플만 욕먹을 일이 아니라는 생각이 들 것이다. 거의 100만 명에 달하는 노동자 중 아이비엠(IBM)에 40만 명, 삼성에 28만 명, 인텔에 8만 명 정도가 배정되어 있다. 애플에 배정된 인원은 고작 3~4만 명 정도로 알려졌다.

따라서 문제를 애플에 국한하는 것은 옳지 않다. 핵심은 애플이란 한 기업이 하청업체인 폭스콘의 노동 착취와 인권 유린을 방조했느냐는 문제가 아니다. 정말 주목해야 할 것은 이런 열악한 노동 착취 현실이 다국적기업의 일반적인 문화라는 사실이다. 또 그것이 왜 유행하고 있는지에 대한 통찰이다. 물론 이런 아웃소싱의 일반화가 얼마나 신흥국·개도국을 착취하는지 아는 것도 중요하다. 더불어 거대 다국적기업들의 이익 자체가 사실은 착취의 결과물이란 사실에 대한 자각 역시 무엇보다 중요하다.

자본에 종속된 제조업

애플은 2011년 엄청난 수익을 올렸다. 직원 일인 당 약 40만 달러라는 경이적인 이익을 거뒀다. 골드만삭스나 엑손모빌을 가볍게 제친다. 하지만 애플이 지난 몇 년간 미국 내에서 창출한 일자리 수는 부끄러울 정도다. 대신 아웃소싱 지역인 다른 국가에서 엄청난 고용을 창출했다. 이는 삼성전자도 마찬가지다. 아니, 수많은 다른 다국적기업도 똑같다. 왜 이런 일이 생기는 걸까. 이유는 분명하다. 원가 절감 때문이다. 원가 절감을 위해 고임금의 자국 노동력을 버리고 신흥국·개도국의 싸구려 저임금 노동력을 쓰는 것이다. 세계화한 지구촌에서 노동력 수입은 더는 영토 내에서만 가능한 것이 아니다. 국경을 초월한 노동력 수입이 일반화되고 있다.

우리는 흔히 금융위기의 원인을 리먼브러더스·골드만삭스와 같은 금융기업의 탐욕에서 찾는다. 물론 틀린 말은 아니다. 다만, 금융위기의 원인이 애플과 같은 거대 다국적기업의 전략적 움직임에도 일정 부분 책임이 있다는 것을 간과할 때가 많다.

애플 사례에서 보듯, 다국적기업들의 원가 절감 노력은 국외 아웃소싱 붐을 낳았다. 너도나도 국외로 생산기지를 옮기자 국내에서는 제조업 공동화 현상이 발생했다. 그러자 이제는 금융기업의 존립이 위태로워졌다. 투자할 대상이 사라져버린 탓이다. 금융기업이 파생상품과 같은 '돈 놓고 돈 먹기' 게임에 몰두한 데는 실물 경제의 파탄도 한몫했다. 이뿐만 아니다. 제조업 공동화는 필연적으로 일자리를 없앴다. 21세기에만 약 600만 개의 제조업 일자리가 미국에서 사라졌다고 한다. 일자리가 줄면 어떤 일이 발생할까. 직업을 잃은 사람의 소득이 줄어드니 소비가 줄어들 수밖에 없다. 이는 소비에 의존하는 미국 경제에 치명타가 될 게 분명했다.

미국 정부와 기득권도 이런 사실을 매우 잘 알고 있었다. 그래서 취한 정책이 바로 버블 유도였다. 1990년대 말의 이른바 '닷컴 버블',

그리고 그 후에 이어진 '부동산 버블'이 버블 유도 정책 때문에 생긴 것이다. 미국 가계는 버블로 생긴 '부의 효과(wealth effect)*'로 예전과 같은 소비를 지속할 수 있었고, 미국 경제는 근근이 버틸 수 있었다.

그러나 이 모든 게 노동을 근간으로 하는 진짜 돈이 아니라 신용, 즉 빚의 확대로 만들어진 가공의 성이었다. 우리가 모두 알다시피, 이 성은 2008년에 붕괴됐다. 마침내 금융위기가 시작된 것이다. 이는 분명 금융기업만의 잘못이 아니다. 애초에 제조업 공동화를 일으킨 거대 제조업체들의 탓도 있다.

금융위기의 결과는 참혹하다. 금융위기 이후 5년이 지났지만 여전히 미국 경제는 수렁에서 빠져나오지 못하고 있다. 세계 경제 역시 좀처럼 회복하지 못하고 있다. 제조업이 자본의 논리에 휘둘리면서 경제 생태계가 무너지기 시작했다. 신자유주의가 득세하기 전까지만 해도 산업은 국가의 하위 개념이었다. 그러나 현재의 산업은 거대 자본화됐고, 그 자본은 국가를 초월한다. 이미 산업 자체가 무소불위의 권력이 된 지 오래다. 산업이 더는 국가와 국민을 위해 존재하지 않는다. 오로지 자본을 위해 존재하는 자본가의 충직한 집사일 뿐이다.

이는 비단 미국만의 문제가 아니다. 삼성전자·현대자동차를 우리는 흔히 '국민기업'이라 부르지만, 이는 착각에 불과하다. 이들이 한국 내에서 창출한 일자리 수는 매출액에 비하면 보잘것없다. 지난 몇 년

---

* 부의 효과는 개인들이 보유하고 있는 주식이나 부동산과 같은 자산가격 상승이 국내 소비 증가에 영향을 주는 현상을 말한다. 자산효과라고도 한다.

동안 꾸준히 국외 생산기지를 늘린 결과다. 미국에 있는 현대 자동차 공장은 미국 기업일 뿐이다. 그리고 중국에 있는 삼성전자 공장은 중국 공장일 뿐이다. 설사 이들이 국외에서 엄청난 돈을 번다고 해도 한국에 이로울 일은 거의 없다. 벌어들인 돈 대부분이 배당이란 형태로 다시 자본가의 손아귀로 흘러들어갈 뿐이기 때문이다.

애플 제품의 인기는 상상을 초월한다. 뛰어난 디자인과 기능에 철학이라는 수식어가 붙을 정도다. 한편, 애플로 대변되는 거대 다국적기업은 현재의 자본주의 시스템을 이용해 엄청난 이득을 챙기고 있다. 애플의 영광 뒤에는 일자리를 잃은 수많은 미국인의 슬픔과 착취당하는 중국 노동자의 고단한 땀이 배어 있다.

다국적기업이 챙기는 이득이 과연 누구의 몫이 되느냐는 의문이다. 애플에 대한 비난이 최고조에 달한 2012년 초, 애플은 자기들의 엄청난 이익금 처리 방침을 발표하면서 약 50조 원에 이르는 돈을 주주 배당과 자사주 매입에 쓴다고 했다. 자본에 이익을 돌려주겠다는 말이다. 거대 기업의 존립 목적이 바로 자본과 주주 가치 보호에 있음을 알 수 있다. 반면 건강한 투자를 일으켜 고용을 창출하겠다는 계획은 없다. 이익의 전폭적 사회 환원 같은 논의도 찾을 수 없다. 결국 사회적 비난으로 애플을 바꾸는 데 실패했다고 할 수 있다.

이런 시스템은 절대 자본주의의 장점이 될 수 없다. 경제 생태계를 붕괴시켜 결국은 자기 파멸로 이어질 것이기 때문이다. 건강한 노동자가 줄어드는데 소비자가 늘어날 수는 없다. 소비자가 없으면 누가 제품을 사줄 것인가. 결국은 공멸하게 된다. 무엇보다 특정 기업에 대한 대중의 사랑이 분노로 변하기 시작하면 그 기업의 미래 또한 장담할 수 없다.

　애플 사태 뒤에는 자본주의의 어두운 얼굴이 있다. 왜 이토록 경제가 힘들어졌는지에 대한 답도 있다.

더는 기술 혁신이
일자리를 만들지 못 한다

> 한겨레신문 2013.04.01
>
> 옥포조선소에 '아이언맨' 뜬다
>
> 대우조선, 착용로봇 내년 배치
> 입으면 작업자 작업능력 배가
> 30kg 이상 무거운 물체도 거뜬
>
> 영화에서나 보던 인간과 합체된 로봇 '아이언맨'이 대우조선해양 옥포조선소에 등장할 날이 머지않았다. 대우조선해양은 전기유압식 하반신형 착용로봇을 개발해 1일 서울 본사에서 시연회를 했다. 착용로봇은 옷처럼 입으면 작업자의 근력을 증폭해 작업 능력을 배가시키는 로봇을 말한다.

"와우! 영화가 현실이 되네."
"그러게 말이야. 이제 영화에서 보듯 로봇이 궂은일을 비롯한 모든 일을 하고 인간은 편하게 인생을 즐기는 시대가 곧 오겠는데……."

영화가 현실이 되는 세상이다. 공상 과학 영화는 더는 '픽션'이란 허구에 머물지 않는다. 지난해 〈타임〉은 올해의 발명품에 미국 리씽크 로보틱스(Rethink Robotics)가 개발한 로봇 백스터(BAXTER)를 선정했다. 이유를 보면 납득이 간다. 백스터는 스마트폰처럼 사용이 쉬운 것은 물론, 프로그래밍까지 간단해 현장 작업자 누구나 가벼운 훈련만 받으면 쉽게 조종할 수 있다. 게다가 작은 규모의 회사에서도 충분히 도입할 수 있을 정도로 가격이 낮다. 약 2만 2,000달러의 로봇이 조립·시험·포장·분류 작업까지 수행할 수 있다는 것은 불과 몇 년 전까지만 해도 상상하지 못했던 일이다.

> 한겨레신문 2013.04.01
>
> **"실리콘밸리 고용창출 효과 높다"**
>
> 의사·변호사·웨이터 등 1인당 5명 간접고용 효과
>
> "미국 실리콘밸리의 혁신은 생각보다 많은 일자리를 창출하지 못하고 있다. 숙련된 소수의 고소득 근로자와 다수의 실업자로 이뤄진 사회가 어떤 모습일지 걱정스럽다." 앤디 그로브 인텔 창업자는 2010년 "벤처기업들이 일자리를 만든다는 것은 잘못된 믿음"이라며 이렇게 말했다. 하지만 그로브의 우려는 기우(杞憂)에 불과했다고 블룸버그 통신이 2일(현지시간) 보도했다. 실리콘밸리 IT(정보기술) 업체들의 빠른 성장이 샌프란시스코의 다른 산업으로 확산되고 있다는 것.

보통 사람들은 기술 혁신이 일자리로 연결된다는 말을 추호도 의심치 않는다. 이는 위의 기사처럼 언론이 전파하는 보수적 메시지 때문이다. 물론 당연히 그럴 수 있다. 특정 산업이 집단화해 활성화하면 해당 산업의 종사자뿐만 아니라 주변 서비스업도 성황을 이루기 때문이다. 가령 식당·병원과 같은 서비스업들도 들어서니 해당 종사자가 늘어날 수밖에 없다는 논리다. 하지만 이는 성급한 일반화다. 기술 혁신에는 명과 암이 공존한다. 혁신 기업이 성장하는 만큼 낡은 기업은 퇴보하기 마련이다. 따라서 특정 기술 혁신으로 늘어난 고용자만 볼 게 아니라, 퇴보하고 있는 낡은 기술군에서 탈락한 노동자 수도 고려해야 진정한 고용 효과를 논할 수 있다.

위기의 제조업

기술은 말 그대로 혁신을 이루고 있다. 어제와 오늘, 아침과 저녁이 다를 정도다. 반면 제조업은 어떤가? 기술 혁신만큼 제조업의 성장도 눈부셔야 하지만 현실은 도리어 정반대다. 특히 선진국에서 제조업의 비중이 줄기 시작한 건 꽤 오래전 일이다. 미국을 보면 제조업 위기의 심각성을 알 수 있다. 2차 대전 이후 제조업에 종사하는 미국인 비율이 꾸준히 줄고 있다. 당시만 해도 제조업 종사자가 전체 근로자의 약 40퍼센트에 육박했지만, 현재는 10퍼센트 이하만 제조업에서 일한다. 미국을 비롯한 선진국에서 이처럼 제조업 일자리가 줄어드는 이유가 무엇일까?

대부분은 인건비가 싼 외국으로 공장을 옮기는 '오프쇼링(Offshoring)'을 첫 번째 요인으로 꼽는다. 맞는 말이다. 선진국은 물론 한국 같은 신흥국도 예외 없이 싼 인건비를 좇아 수많은 기업이 외국으로 터전을 옮겼다. 하지만 우리가 간과하는 또 하나의 요인이 있다. 바로 기술 혁신을 바탕으로 한 '기계'다. 의아하게 들릴지 모르지만, 기계는 이미 수많은 일자리에서 인간을 대체하고 있다. 고속도로 톨게이트에서는 하이패스 기계가, 아파트에선 폐쇄회로텔레비전(CCTV)이 사람을 대신하고 있으며 이런 추세는 점점 강화되고 있다. 특히 제조업 현장에서 이런 추세가 두드러진다. 과거에는 인간이 했던 일을 이제는 기계가 대신하고 있다.

백스터와 대우조선의 착용 로봇은 이런 기계화 흐름을 상징한다. 제조업은 또 다른 변곡점에 와 있다. 미래에는 비숙련 노동자의 일자리 중 상당수가 점차 사라질 것이다. 대신, 로봇 같은 첨단 기계들이 그 자리를 차지할 것이다. 백스터 같은 로봇이 하루아침에 비숙련공을 몰아내지는 않을지도 모른다. 하지만 가까운 미래에는 제조업 공장에 남아 있는 사람이 학위를 가진 전문가로 한정될 수 있다. 한국도 마찬가지지만 미국도 과거 중산층은 고졸 학력의 공장 노동자 출신이 많았다. 지금도 한국의 제조업 공장에는 대학 학위를 가진 사람이 많지 않다. 하지만 이들이 했던 혹은 하고 있는 단순 노동이 언제까지 인간을 필요로 할지 의문이다. 대신 기계에 명령을 내릴 수 있는 고도의 전문가만 필요한 시대가 도래할 것이다.

기술 혁신이 만드는 모래시계 경제

세계는 역사상 최대의 부를 누리고 있지만, 누구나 부를 골고루 나눠 갖지는 않는다. 제조업 일자리가 사라지면서 수백만 명의 사람들이 뒤처졌다. 미국 중위 소득자의 실질소득을 비교해보면 1990년대보다 현재가 더 낮다. 소득이 낮아진 계층은 '중간 이하의 소득자'다. 중간 이상의 소득자는 예전보다 훨씬 더 많이 번다. 부유층과 자본가는 두말할 나위가 없다. 반면 과거의 중산층은 점차 저임금의 서비스 부문으로 내몰리고 있다.

이런 현상을 바로 메사추세츠공과대학(MIT) 경제학자인 데이빗 오토(David Autor)가 주장한 '모래시계 경제'라고 한다. 모래시계를 보면 위아래는 볼록하지만 가운데는 가늘다. 이처럼 부유층과 서민층은 두껍고 중산층이 얇아진 경제를 모래시계 경제라고 한다. 데이빗 오토는 2010년 매우 인상적인 논문을 발표했는데, 1979~2009년까지 약 30년간 직업별 고용률의 변화를 분석한 것이다. 결과는 상상했던 대로였다. 2007~2009년의 경기 침체에도 관리자·전문가·고급기술자를 포함하는 이른바 고급 직종의 고용률은 현상이 유지되거나 약간 증가한 반면, 판매·단순사무직·생산·오퍼레이터·조립 등 중간 직종의 고용률은 하락했다. 물론 서비스 산업의 고용은 증가했다. 주목해야 할 점은 최근 10년 동안 이런 흐름이 가속화하고 있다는 사실이다. 특히 제조업 분야는 심각하다. 2000년 이후 미국의 제조업 종사자 수가 급격히 줄었다. 이것이 모래시계 경제의 허리를 더욱 잘록하게 하는 요인이 되고 있다.

문제는 제조업 종사자뿐 아니라 사무노동 부문의 일자리도 감소한다는 데 있다. 경제학자인 앤드루 맥아피(Andrew McAfee)는 이른바 '반복적 인지노동자(routine cognitive workers)'라 불리는 직업군에서 벌어지는 현상을 연구했다. 반복적 인지노동자란 비서나 회계 사무원처럼 반복적인 작업을 하는 사무 노동자를 말한다. 그런데 이 직업군에서도 제조업에서 벌어지는 고용률 감소 현상이 똑같이 일어난다는 사실을 발견했다. 지식·사무 노동자를 소프트웨어가 대체하고 있기 때문이다. '소프트웨어가 세계를 먹어가고 있다'는 말이 더는 과장이 아니다. 인터넷은 이미 우리 손안에까지 들어와 삶을 지배한다. 이미 반복적 과업의 사무노동 일자리 중 상당수가 소프트웨어로 대체되고 있다. 미국 노동통계국의 자료를 토대로 에이피(AP) 통신사가 분석한 자료를 보면 2000년에서 2010년 사이에만 110만 개에 달하는 비서 일자리가 사라졌다고 한다. 대신 스케줄 관리 기능을 수행하는 인터넷 서비스가 그 자리를 차지했다. 같은 기간에 전화 교환원은 64퍼센트, 여행 안내 업자는 46퍼센트, 회계 사무원은 26퍼센트 줄었다. 반복적이고 프로그램화된 과업은 이제 충분히 자동화될 수 있다. 심지어 가까운 미래에 기계와 소프트웨어가 거의 모든 직업을 대체할 수 있다고 주장하는 경제학자까지 등장했을 정도다.

미국 경제가 정점일 때 미국 인구의 3분의 1가량이 제조업에 종사했다. 하지만 현재 제조업 종사자는 10퍼센트 이하다. 정보처리 계통을 포함한 사무직종에서 제조업과 같은 현상이 벌어지기까지 얼마나 오래 걸릴까? 더 많은 비즈니스와 산업에서 소프트웨어가 쓰이고 있으며, 이제는 그보다 더 편리한 온라인 서비스로 이동하고 있다.

일부 사람들은 이런 일이 경제가 발전된 선진국에서만 발생한다고 생각할 수도 있다. 실제로 한국 같은 신흥국에서는 오히려 제조업 일자리가 늘고 있지 않은가. 맞다. 중국도 지난 15년 동안 제조업 일자리가 폭발적으로 늘었다. 하지만 이런 추세가 언제까지 이어질지가 의문이다. 중국 역시 선진국이 걸어왔던 궤적을 답습하고 있지 않은가. 중국의 대표적인 제조업 회사로 애플 휴대폰을 조립 생산하는 '폭스콘'을 꼽을 수 있다. 폭스콘은 단일 기업으로는 중국에서 가장 많은 노동자를 고용하고 있기도 하다. 그런 회사가 최근 충격적인 발표를 했다. 바로 3년 이내에 백만 대의 제조용 로봇을 도입하겠다는 내용이다. 목적은 분명하다. 노동자의 수를 줄이겠다는 것이다. 중국 등 신흥국도 미국·일본·독일이 지나온 길을 간다고 보는 게 정확하다.

한쪽에서는 이런 기술 개발이 제조업과 신산업을 촉진해 오히려 일자리를 늘릴 수 있다고 주장한다. 그러나 이는 단견에 지나지 않는다. 혁신이 새로운 일자리를 만들어 낼 수는 있다. 또 사라진 제조업을 부흥시킬 수도 있다. 실제로 로봇을 생산하는 공장이 세워질 수도 있다. 하지만 이런 공장은 분명 상당한 수준의 자동화를 이룰 것이다. 최첨단 공장이란 상대적으로 인간을 덜 필요로 하는 공장을 말한다. 이 때문에 창출되는 일자리의 수는 한계가 있을 게 분명하다. 공장 노동자를 기계로, 사무 노동자를 소프트웨어로 대체하는 건 하나의 거대한 흐름이다. 그 흐름은 억지로 막을 수 없다.

해답은 결국 분배

각종 혁신으로 덜 일하면서 더 많은 것을 얻을 수 있는 세상은 인류의 오랜 염원이다. 다만 전제 조건이 있다. '모래시계 경제'의 함정을 피해야 한다는 것이다. 실제로 기술 혁신은 소득 불평등을 악화시켰다. 지난 30년 동안 기술 혁신은 숙련 노동자와 고등 교육을 받은 노동자에게는 축복이었지만, 비숙련공이나 교육 수준이 낮은 노동자에겐 재앙이었다. 기계의 도움으로 생산성이 높아졌으며 전체 경제의 파이 또한 커졌다. 그러나 파이를 예전보다 많이 가져간 사람은 소수에 불과하다. 대부분은 더 조그만 조각만 가져갔을 뿐이다. 기술 혁신으로 전문가만 살아남는 시대가 되고 있다.

기술 혁신의 승자는 또 있다. 바로 자본가다. 불행한 일이지만 기술 혁신은 자본에 편향되어 있고, 기술 혁신의 축복은 자본가에게 돌아간다. 자본가는 인간 대신 기계와 소프트웨어를 선택하면 그만이다. 그러면 더는 골치 아픈 임금 인상이나 노사분규를 걱정하지 않아도 된다. 당연히 더 많은 돈을 벌게 된다.

현대 경제학의 딜레마이기도 한 이런 현상이 심화하면 결국 건강한 경제 생태계가 파괴되고 만다. 중산층이 감소할수록 그만큼 건강한 소비자도 줄게 된다. 마침내 자본가나 생산자가 더는 물건을 팔 수 없는 최악의 상황에 부닥칠 수도 있다. 모두가 지는 게임이 시작되는 것이다.

이를 막을 방법은 없을까? 한 가지 해결책은 미래 일자리 양태의 변화를 예측해 노동자를 재훈련시키는 것이다. 여기에 더해 기존 교육 시스템을 수정하는 것도 방법이 될 수 있다. 또 사람만 할 수 있는 일자리 창출이 필요하다. 공감과 커뮤니케이션 능력은 아직 인간의 영역이다. 창의성과 종합적 판단력 역시 인간만이 가진 특징이다. 이런 분야의 일자리 창출이 결국 오늘날 말하는 '창조경제'일 것이고, 미래의 일자리 부족을 해결할 열쇠일 것이다.

하지만 이 역시 대중적 처방에 불과하다. 그래 봐야 기술이 인간을 대체하는 도도한 흐름을 막는 데는 역부족이다. 결국 본질적 해결책은 분배 방식의 변화에서 찾을 수밖에 없다. 다수의 인간이 건강해야 경제도 건강한 법이다. 소수에 치우친 분배 시스템을 수정하지 않는 한 현대 경제는 공황을 반복할 수밖에 없다. 기술 혁신으로 얻은 이득이 소수에게 집중되지 않도록 하는 시스템을 만드는 것, 그것이 인류의 숙제이자 공존의 지름길이다.

노키아가 몰락한 핀란드, 만약 삼성이 몰락하면 한국은?

> **뉴시스 2013.04.01**
>
> **10대 그룹 '현금자산' 124조 원…
> 삼성 44조 원 1위**
>
> 1일 재벌닷컴이 공기업을 제외한 자산 순위 10대 그룹 소속 83개 12월 결산 상장사의 현금성 자산을 집계(연결 기준)한 결과 지난해 말 현재 총 123조 7,000억 원으로 전년의 112조 4,000억 원보다 10퍼센트포인트인 11조 3,000억 원이 증가했다. (중략) 삼성그룹(14개사)의 현금성 자산은 작년 말 기준으로 44조 3,000억 원을 기록해 전년의 33조 2,000억 원보다 33.3퍼센트(11조 1,000억 원)가 증가하면서 10대 그룹 중 가장 많았다.

> **매일경제 2013.04.01**
>
> **대기업도 양극화…
> 4대그룹 자산비중 49퍼센트 → 55퍼센트**
>
> 삼성과 현대자동차, SK, LG 등 상위 4대 대기업집단과 중·하위권 대기업집단 간 경제력 격차가 지난 4년간 큰 폭으로 늘어난 것으로 나타났다.
> 공정거래위원회가 1일 발표한 '2013년 상호출자 및 채무보증제한 기업집단 지정 현황'에 따르면 자산총액 기준 공기업을 제외한 상위 30대 대기업집단에서 1~4위 그룹의 자산총액 비중은 4월 1일 기준 2009년 49.6퍼센트에서 올해 55.3퍼센트로 5.7퍼센트포인트 증가했다.

> "야! 역시 삼성이네. 일등 기업이라 현금도 제일 많구먼."
> "그럼. 대기업이라고 다 대기업인가. 삼성, 현대 정도는 돼야지."

한국에서는 '삼성과 현대를 비난하는 건 대한민국을 욕보이는 짓'이라는 생각이 일반적이다. 삼성과 현대로 대변되는 재벌이 얼마나 한국을 병들게 하는지에 대한 설명은 대중을 분노케 한다. 이들 덕분에 대한민국이 먹고 살고 있다는 대중의 생각은 참으로 견고하다. 대중에게 이들은 이미 신성불가침의 존재이다.

삼성전자 이건희 회장은 가끔 선문답 같은 화두를 한국 사회에 던진다. "마누라와 자식 빼곤 다 바꿔라"부터 "거짓말 없는 세상이 되기를 바란다. 모든 국민이 정직했으면 좋겠다"는 말까지. 명언집에 실어도 좋을 정도로 훌륭한 말씀들이다. 물론 이 말들을 행동으로 실천하는지는 의문이다. 그런데 몇 년 전에 참으로 충격적인 말을 했다. "한 명의 천재가 수백만 명을 먹여 살린다"는 말이다. 이 말을 듣는 순간 섬뜩했다. 우생학*에 내재한 폭력성이 엿보여서다. 실패를 경험하지 못한 인간의 끝없는 자만이 보였기 때문이다. 이건희 회장은 자신이 수십만에 이르는 삼성의 근로자, 그 못지않을 협력업체, 그리고 삼성 제품으로 혜택을 볼 수많은 소비자를 먹여 살린다고 생각해서 이런 말을 했음이 틀림없다. 평소 스스로를 천재로 생각했거나 삼성을 천재 기업으로 생각

---

* 우생학이란 유전학적인 방법으로 인간을 개선시키고자 연구하는 학문을 말한다.

한 것이 나타난 자연스러운 발언이었을 것이다. 그런데 정말 한 명의 뛰어난 천재가 수백만의 우매한 대중을 먹여 살리는 걸까. 반대로 수백만 명이 한 명을 먹여 살리는 것은 아닐까? 이 물음의 답은 소수가 독점하는 세상이 옳은가, 아니면 다수가 공존하는 사회가 옳은가에 대한 답과 일치할 것이다.

노키아의 몰락과 핀란드 경제

노키아라는 회사가 있다. 한때 휴대폰으로 세계를 호령했던 회사였고, 단일 기업으로 핀란드 경제의 30퍼센트를 차지하던 거대 기업이었다. 그런데 그 거대 기업이 쇠락하면서 세상이 시끄러웠다. '노키아가 무너지면 핀란드 경제가 침몰한다'는 명제를 놓고 격렬한 논쟁이 벌어진 것이다. 그런데 결말은 참 싱거웠다. 노키아는 거의 무너졌지만 핀란드 경제는 건재하기 때문이다. 이상한 일이 아닐 수 없다. 특정 국가 경제의 3분의 1을 책임지는 거대 기업이 뿌리부터 흔들려도 국가 경제가 건강할 수 있다니 말이다. 하지만 이유를 알고 보면 저절로 고개가 끄덕여진다. 노키아가 흔들리면서 일자리를 잃은 다수의 연구개발 인력이 창업했는데, 이들이 세운 중소기업들이 오히려 새로운 성장 동력으로 작용하면서 핀란드 경제에 활력을 불어넣은 것이다. 노쇠했던 핀란드 경제에 신선한 피가 수혈된 셈이다. 전문가들은 노키아가 쇠락한 것이 핀란드 경제에는 역으로 득이 됐다고 분석했다. 다시 말해 핀란드 경제를 쥐락펴락했던 거대 기업이 무너짐으로써 오히려 기업 생태계가 복원

됐다는 주장이다.

노키아 사례는 일종의 우화이자 졸고 있는 우리에게 내리치는 죽비다. 앞서 말했듯 "삼성이 망하면 한국 경제는 물론 한국이 무너진다" 혹은 "삼성이 있어 대한민국이 먹고 사는 것 아니냐"는 주장이 한국에서는 이미 하나의 신념이 되었다. 사람들 대부분이 삼성을 욕하다가도 이 주장만 나오면 움츠러들며 꼬리를 내린다. 하지만 위 노키아 사례는 통념을 철저히 비웃으며 우리에게 정신 차리고 똑바로 세상을 보라고 가르친다. 혹시 우리는 누군가의 프로파간다에 철저히 농락당하고 있는 건 아닐까? 적어도 이런 의문을 품으라고 가르친다.

노키아 사례는 두 가지를 말해준다. 첫째는 극소수 거대 기업이 국민 경제에 차지하는 비중이 클수록 파급효과가 막대할 수밖에 없다는 것이다. 일개 기업인 노키아의 침몰이 핀란드의 위기로 점화될 가능성이 높았다는 것만으로도 국가 경제에 엄청난 위협이다. 물론 거대 기업이 망하면 국가 경제가 흔들릴 수도 있다. 다만 정도가 문제일 뿐이다. 노키아처럼 거대 기업이 망한 후 국가 경제가 활력을 받은 사례는 오히려 예외에 속한다. 미국도 금융위기 직후 거대 자동차 회사들이 흔들리면서 국가 경제에 엄청난 타격을 받았다. 둘째는 거대 기업이 흔들려도 국가 경제는 의외로 별다른 타격을 받지 않을 수 있다는 것이다. 노키아 사례가 보여주듯 오히려 예전보다 더 건강해질 수 있다.

이 둘은 얼핏 모순되는 것으로 보인다. 하지만 곰곰이 생각해보면 전혀 모순이 아니다. 경제 전체에서 거대 기업이 차지하는 비중이 클수록 장기적으로 국가 경제에는 득이 되지 않는다. 기업에도 생로병사가 있다. 덩치가 크다고 늙고 병들지 않는 것은 아니다. 오히려 한 번 병들면 회복이 어렵다. 이때 병든 기업을 좀비처럼 살려두는 게 국가 경제에 득이 되는 건 절대 아니다. 위기에 처한 공룡을 살리기 위해서 국가 전체가 매우 많은 희생을 감내해야 하기 때문이다. 결과적으로 거대 기업은 산업 생태계와 국가 자원을 독식함으로써 중소기업이 설 수 있는 토대를 없애고, 국가의 성장 잠재력을 훼손한다. 따라서 중병이 든 거대 기업은 반드시 수술해야 하고, 가능하다면 병이 들기 전에 거대 기업 탄생을 경계하는 게 좋다. 노키아가 흔들리면서 중소기업들이 살아나 오히려 핀란드의 경제·산업 생태계가 복원되고 있다는 점에 주목해야 한다.

한국은 어떤가? 거칠게 표현하면 한국 경제는 삼성과 현대의 경제라고 말할 수 있다. 특정 거대 기업이 한 나라의 경제를 쥐락펴락하는 건 절대 긍정적일 수 없다. 몸집이 비대해질수록 한 번 넘어지면 일어나기 힘든 법이다. 무엇보다 발걸음이 느릴 수밖에 없다. 거대 기업은 혁신과 도전에서 느릴 수밖에 없다는 말이다. 설사 혁신을 향한 도전에서 실패해도 몸집이 가벼우면 그만큼 국가 경제에 미치는 영향도 적다. 하지만 거대 기업의 실패는 국가 경제의 부담으로 작용하기 마련이다. 이 때문에 국가는 건강한 산업 생태계를 위해 거대 기업이 공룡처럼 모든 걸 먹어 치우지 못하도록 감시해야만 한다. 그것이 한국 경제의 지속적인 성장을 위한 필수조건이다.

삼성과 현대가 흔들린다고 한국이 망하지 않는다. 지금까지 대우그룹을 비롯한 많은 재벌이 해체됐지만 한국 경제는 오히려 성장했다. 물론 뒤처리에 국민의 혈세가 투입되는 등 흔들림이 있었지만, 그렇다고 한국 경제 자체가 무너진 것은 아니다. 즉 거대 기업이 절대 불가침의 성역이 아니라는 말이다. 한국 경제가 언제까지 거대 기업에 끌려갈 것인가. 이제 고리를 끊을 때도 됐다.

한국과 독일의 가족 소유 경영

한국의 재벌을 비판할 때 빠지지 않고 등장하는 게 있다. 혈연으로 이어진 한 개 혹은 여러 개의 가문이 독단적으로 경영하는 족벌기업이라는 비판이다. 한국의 재벌은 가족 경영과 세습 경영으로 유명하다. 삼성과 현대를 비롯한 대부분의 재벌 기업이 족벌 기업이다. 하지만 족벌기업은 한국에만 존재하는 기업 문화가 아니다. 우리에게 익숙한 베엠베(BMW), 폴크스바겐(Volkswagen) 등 독일의 거대 기업 역시 가족 소유 기업이다. 거대 기업이 이 정도이니 독일의 중소기업은 말할 필요도 없다. 많은 독일 기업이 가족 소유 기업이다. 하지만 독일에서 이들을 비판하는 목소리를 웬만해선 들을 수 없다. 독일의 가족 소유 기업에는 한국의 족벌 기업과는 다른 무언가가 있기 때문이다.

창업자가 자신이 피땀 흘려 일군 기업을 가업으로 승계하고 싶은 마음은 인지상정이다. 인간이 자기 유전자를 후대에 전하고 싶어 하는 것처럼 기업이란 성과물도 마찬가지라는 얘기다. 한국뿐만 아니라 어느 나라나 마찬가지다. 가족 소유 기업의 장점도 많다. 가족 소유 기업에서는 경영 리더십의 지속성을 꾀할 수 있고, 전문경영인이 따라갈 수 없는 기업에 대한 책임감과 애착이 경영 효율성 제고로 이어질 수도 있다. 또 전문경영인은 단기 실적에 따라 명운이 결정되기 때문에 장기 전략을 세우는 데 한계를 가지기 마련이다. 이에 비해 소유주 경영은 단기 실적에서 비교적 자유롭기 때문에 얼마든지 장기적 관점에서 전략적으로 기업을 운영할 수 있다.

하지만 가족 소유 경영이 성공하기 위해서는 몇 가지 전제 조건이 충족해야 한다. 독일의 가족 소유 기업이 비난보다 존경을 받는 이유가 바로 이 전제 조건 충족에 있다. 우선 독일에서는 창업자나 그의 가족보다 기업을 더 중요하게 생각한다. 기업을 단순히 개인의 사적 소유 재산이 아닌 공공 재산으로 여기는 것이다. 이 때문에 창업자 가족이라고 해서 세습을 당연하게 생각하지도 않는다. 기업을 경영할 사람을 결정할 때는 기업 운영에 필요한 자질과 능력이 무엇보다 중요시된다. 가족이라도 경영 능력 검증이 철저하다.

한국은 어떤가. 경영 능력이 검증되지 않은 재벌 2~3세들이 승계한 재벌 기업이 외환위기 전후로 잇달아 몰락해 국가에 피해를 주지 않았나. 그런데도 아직 재벌의 세습은 여전하고 당연시된다. 그뿐인가. 자식이 여럿일 때는 그룹을 분리해 자식들에게 물려주기까지 한다. 예를 들면 자동차는 장남, 건설은 차남, 백화점은 딸에게 쪼개 나눠주는 식이다. 독일에서는 상상도 못할 일이다. 기업이 창업자 가족보다 중요하다는 인식 덕분이다. 경영이 잘 되고 함께 운영하여 시너지 효과를 발휘하고 있는 그룹을 쪼개는 행위는 기업 경쟁력 훼손 행위는 물론이고, 실질적 배임 행위나 마찬가지다. 그룹에 속한 개별 기업에 손해를 끼치는 일이기 때문이다. 반면 한국은 재벌 총수 일가 지분이 평균 4퍼센트에 불과한데도 2~3세들을 위해 계열 분리를 한다. 이렇게 분리된 기업 중 상당수는 능력 없는 후손에게 승계되어 급속히 경쟁력을 잃는다.

독일의 가족 소유 기업이 탁월한 경영 성적을 내는 이유가 또 있다. 최고경영자 선임에 노조 참여를 보장하기 때문이다. 독일의 최고경영자는 감사회에서 선임한다. 이사회가 아니라 감사회다. 독일 기업은 최고 의사 결정 기구인 이사회 외에 따로 감사회를 두고 있다. 창업자 가족은 보통 감사회 멤버로 활동하는 게 일반적이다. 그렇다고 감사회가 소유주 가족을 위한 기구는 아니다. 노조 대표와 외부의 독립 인사가 감사회 구성원이 되기 때문이다. 그래서 자질과 능력만으로 최고경영자를 선임하는 체계가 가능하다. 이것이 독일 기업의 경쟁력을 높이는 원동력이 된다. 반면 한국 기업은 이사회의 결정이 절대적이다. 이 때문에 이사회에 절대적 영향력이 있는 소유주의 입김에 따라 기업이 움직인다. 그러니 얼마든지 자기 자식에게 기업을 세습할 수 있는 것이다. 이런 체계에서는 기업을 경영하는 데 능력이 중요하지 않다. 오로지 소유주의 생각이 절대 기준이 된다.

정리하면 한국의 재벌은 두 가지 특징을 가진다. 비대화와 족벌화다. 이것은 "나만이 할 수 있다"는 자만과 "그들이 없으면 큰일"이라고 생각하는 대중의 경배가 합쳐진 결과물이다. 과연 그런가? 기업은, 특히 거대 기업은 더는 사적 소유물이 아니다. 현대 사회에서 거대 기업은 사회적 공기(公器)다. 기업의 성장은 기업주 한 사람의 능력으로만 확보되는 게 아니다. 수많은 노동자의 피와 땀이 필수적이다. 더불어 성장의 토대를 제공한 지역사회, 크게는 국가의 역할도 무시할 수 없다. 이처럼 기업의 성장은 복수 이해관계자의 노력이 고스란히 녹아있는 복합 결정체다. 기업을 사유물로 생각하는 기업 문화 혹은 소유주의 생각을 바꾸지 않는 한, 족벌·재벌 기업으로 상징되는 한국 기업의 후진성은 결국 한국 경제 발전의 장애물로 남을 수밖에 없다.

기업 성장의 과실이 절대 기업주 한 사람의 몫이 돼서는 안 된다. 이익이 공평하게 배분될 때 기업 성장의 정당성도 확보된다. 물론 "그들이 없어도 한국 경제는 아무 이상이 없다"는 대중의 각성이 필요하다. 그래야 비대화·족벌화되는 한국 거대 기업의 폐해를 막을 수 있다.

3

경제기사는
거품 낀 꿈과 희망을 선물한다

경제 교과서가 말해주지 않는 28가지

민영화?
사유화가 바른 말이다

세계일보 2013.03.20

수서 발 KTX 민영화 방침 백지화

정부가 서울 수서 발 고속철도(KTX)를 민간 사업자에게 맡기겠다는 방침을 철회했다. 대신 '제2 철도공사'를 설립해 KTX를 운영 중인 한국철도공사(코레일)와 경쟁시키기로 했다. 이로써 이명박 정부가 추진했던 KTX 민영화 방안은 수면 밑으로 가라앉게 됐다. 수서 발 KTX 개통시기는 2015년 하반기로 늦춰질 것으로 보인다.

"민영화하면 좋은 거 아니야?"
"그렇지. 그렇지 않아도 공기업들 부채로 골머리를 앓는다는데, 그 부채 모두 국민 세금으로 충당해야 하는 거잖아. 그러니 민영화하는 게 국민으로서는 훨씬 낫지."

'민영화'라는 단어가 주는 느낌은 '사유화'보다 훨씬 긍정적이다. 간혹 매혹적으로 느껴지기도 한다. 공기업의 관료화는 종종 고리타분함의 상징으로 표현된다. 그래서 민간이 운영하면 기업 경영에 활기가 넘쳐 효율성이 급속히 제고될 것 같은 느낌이 든다. 공기업의 병폐가 일순간에 치유된다고 생각하는 것이다. 고목에서 꽃이 피듯 말라 죽어가던 기업이 일순간 활력을 되찾을 거라 믿는다. 반면 '사유화'라는 단어는 극히 부정적이다. 소수가 거대 공기업을 쥐락펴락하는 상황은 생각만 해도 기분 나쁜 일이기 때문이다. 그런데 사실 민영화와 사유화의 본질은 똑같다. 국민 소유의 공기업을 소수 자본에 넘긴다는 점에서 그렇다. 그러나 대중은 본질을 이해하기보다 단어가 주는 이미지에 속기 십상이다. 그래서 굳이 '민영화'라는 단어를 고집하는 것이다. 민영화의 대상은 전방위적이다. 철도·의료 등 국민의 반발이 거센 분야뿐만 아니라 '현오석 "한국거래소 민영화 검토"(중앙일보 2013.11.01.)'에서 보듯 공공이 운영하는 거의 모든 분야를 포괄한다.

황금알을 낳는 공공사업

2012년 4월, 서울 지하철 9호선이 느닷없이 요금을 올리겠다고 해 시끄러운 적이 있었다. 이 소식에 모든 사람이 깜짝 놀랐다. 요금 인상률 때문이기도 했지만, 서울 지하철 9호선의 운영 주체가 민간이란 사실을 그때 처음 알아서다. 나름 경제 전문가인 나도 사회 간접 자본*을 민간이 운영한다는 사실이 좀처럼 익숙하지 않았다. 하긴 '서울시메트로9호선㈜'이란 이름을 가졌으니 헷갈리는 건 당연하다. '㈜'의 의미를 일부러 해석하지 않는 한, 백이면 백 서울시가 운영하는 공기업인 줄 알

---

* '사회 간접 자본(SOC: Social Overhead Capital)'이란 도로, 항만, 철도 등 생산활동에 직접적으로 사용되지는 않지만 경제활동을 원활하게 하려면 꼭 필요한 사회기반시설을 말한다.

앉을 것이다. 부끄러운 일이다.

도로·철도·항만·공항, 전기·가스·상하수도 시설 등을 '사회 간접 자본(인프라)'이라 부른다. 굳이 '자본'이라는 이름을 붙인 이유가 있다. 사회 간접 자본이 직접적 생산 수단은 아니지만, 생산 활동의 필수재이기 때문이다. 자본, 그것도 너나없이 필요한 필수 자본이니 사용료가 저렴해야 한다. 필수 자본이 비싸면 생산 활동에 부담되기 때문이다. 그러니 사회 간접 자본은 정부가 소유하는 게 상식이다. 개인이나 기업이 소유하더라도 정부의 규제를 받아야 한다. 소유를 엄격히 제한하는 이유는 독점의 폐해가 크기 때문이다. 말하자면, 누구나 써야 하고 쓸 수밖에 없는 필수재를 특정 민간자본이 독점하면 이를 이용해 폭리를 취할 개연성이 높은 탓이다.

민간 자본이 사회 간접 자본이라는 황금알을 낳는 사업에 욕심을 내는 건 당연하다. 게다가 이것은 누구나 꼭 써야 하니 가격을 마음대로 휘두를 수도 있다. 경쟁 없이 혹은 경쟁을 피하면서 돈을 벌 수 있으니 군침을 흘리는 건 민간 자본의 본능이다.

이런 마당에 한국의 인프라 민영화는 '민간 투자 사업'이란 이름으로 민간 자본에 날개를 달아 주었다. '사회 기반 시설에 대한 민간 투자법'으로 정의되는 민간 투자 사업이란 민간이 투자하여 법에 규정된 방식으로 사회 기반 시설을 건설하는 사업이다. 간단히 말해, 공공성이 강한 사회 기반 시설에 민간의 참여를 허락한 것이다. 명분은 국가나 지방자치단체(지자체)의 재정 부족이다. 건설해야 할 사회 기반 시설은 태반인데 국가나 지자체가 돈이 없으니, 민간이 자본을 대는 대신 일정 수익을 가져가라는 것이다.

하지만 한국의 민간 투자 사업은 맨 처음 취지와는 달리 투자한 자본의 배만 불려주는 세금 잡아먹는 하마로 전락하고 있다. 앞서 이야기한 지하철 9호선 사태가 진실을 말해준다. 다음은 2012년 4월 18일자 한겨레신문 기사다.

> 한겨레신문 2012.04.18
>
> **'9호선 적자' 맥쿼리 등 고율이자 챙긴 탓**
>
> 작년 영업손실 26억뿐인데 이자로만 461억 써
> 서울시 "이자율 낮추자" 제안 … 대주주들 거부
>
> 적자 누적을 이유로 '지하철 요금 50퍼센트 인상'을 일방적으로 공표했던 지하철 9호선 운영업체 서울시메트로9호선㈜의 운영 적자 상당액은 대주주이자 채권자인 외국계 금융자본 맥쿼리와 신한은행 등 금융권이 챙겨가는 고율의 이자 때문에 발생한 것으로 17일 확인됐다.(다행히 2013년 10월 23일, 서울시와의 협의를 거쳐 맥쿼리는 지하철 9호선에서 철수했다. 게다가 서울시가 운임결정권을 되찾아오게 됐다.)

쉽게 설명하면, 지하철 9호선을 운영 중인 서울시메트로9호선㈜의 대주주들이 자기 회사에 돈을 빌려주고 이자를 챙겨갔다는 말이다. 물론 대주주도 얼마든지 자신의 회사에 돈을 빌려줄 수 있다. 하지만 이 사태에서는 대주주들이 자기 회사에 돈을 빌려주고 최고 15퍼센트의 이자를 받아 챙겼다. 더욱 놀라운 것은 마치 지하철 9호선의 주인인 양 행세하는 민간업체가 지하철 9호선에 투자한 액수다. 서울시 지하철 9

호선의 총 사업비는 3조 2,545억 원. 그중 국고 보조가 1조 3,018억 원, 서울시 보조가 1조 4,362억 원이다. 민자 투자액은 고작 5,165억 원(약 16퍼센트)에 불과하다. 전체 투자액의 5분의 1에도 미치지 않는 금액을 투자하고 지하철 9호선의 운영권을 장악한 것이다.

인프라 민영기업들은 차려진 밥상에 수저 얹는 데 귀신들이다. 얼마 안 되는 투자를 하고, 그 몇 배의 돈이 들어간 시설의 주인 노릇을 한다. 민영기업들은 적자를 걱정할 필요도 없다. 적자가 나면 '최소운영수익보장제도*'란 어이없는 제도로 일정 수익을 서울시가 보전해주기 때문이다. 물론 그 재원은 세금이다. 이쯤 되면 땅 짚고 헤엄치기다.

최소운영수익보장제도(MRG: Minimum Revenue Guarantee)는 외환위기 직후 사회 간접 자본 투자에 민간 참여를 독려하기 위해 도입된 제도다. 이 제도는 도입 취지와 관계없이 자본주의의 기본질서에 반한다. 자본주의에서 기업 성패는 오로지 자기 능력으로 결정되기에 투자 자체가 신중해야 한다. 그런데 최소운영수익을 보장해 주면 자본가에게 이보다 더 좋은 일이 없다. 애써 기업 운영 효율을 높이거나 생산성을 올릴 이유가 없다. 돈만 대고, 적자가 나면 적자가 나는 대로 흑자가 나면 흑자가 나는 대로 수익을 챙기면 된다. 최소운영수익보장제도는 일종의 특혜다. 그리고 이 특혜를 방조 혹은 조장한 것은 정치권력이다. 사실 중앙정부든 지자체든 굳이 민간자본의 힘을 빌리지 않고도 인프

---

* 최소운영수익보장제도란 민간자본이 투입된 사업의 수익이 예상보다 적을 경우 그 적자분을 공공기관이 세금으로 보전해 주는 것을 말한다.

라 건설과 운영이 가능했다. 돈이 부족했다면 국채나 지방채를 발행했으면 될 일이었다. 대체 민간자본을 끌어들여 공공이 무슨 이득을 보았는가. 민간자본은 어떻게든 자신들이 투자한 돈 이상을 회수해가는 자본가일 뿐이다. 자선사업가가 아니다. 그런데도 민간자본을 끌어들인 건 어떤 '의도'가 숨어 있다고밖에 설명할 수 없다.

정부는 2006년에 문제가 됐던 최소운영수익보장제도를 없앴다. 하지만 소 잃고 외양간 고치기에 불과하다. 제도는 사라졌지만, 계약 기간이 아직 남아 있는 시설이 많기 때문이다. 특히 민자 고속도로에 들어간 정부 보전금만 해도 규모가 엄청나다. 정부가 1999년부터 2006년 사이에만 9개 민자 고속도로에 10~30년짜리 수익 보장 계약을 맺었다. 이 계약에 따라 제도가 폐지된 2006년 1,264억 원 수준에 불과했던 최소운영수익보장 대상 민자 고속도로 사업에 대한 정부 보전금이 2010년 2,549억 원, 2011년 2,778억 원으로 커졌다. 2011년까지 누적 보전금만 1조 5,251억 원에 이른다. 앞으로 발생할 보전금 규모도 6조 6,000억 원에 이를 정도다.

하지만 이는 빙산의 일각일 뿐이다. 민간 투자가 고속도로에만 진행된 것이 아니기 때문이다. 항만·부두시설을 비롯해 지하철·경전철·국도·터널 등 전방위로 투자됐다. 따라서 정부와 지자체가 부담해야 할 보전금이 상상을 초월한다. 국민의 혈세가 소수 민간 사업자의 배를 불리는 데 쓰이고 있는 것이다.

최소운영수익보장제도가 사라졌다 해서 민영화를 향한 질주가 멈춘 건 아니다. 오히려 정치권력과 자본의 결탁이 더욱 공고해지고 있다.

케이티엑스(KTX)와 인천공항 민영화 시도에서 보듯, 민간자본은 새로운 방식으로 끈질기게 공공의 영역을 사유화하려 하고 있다.

좋다. 백번 양보해 자본주의 세상이니 공항도 항만도 도로도 민간이 투자해 운영할 수 있다고 하자. 단 자기들 돈을 들여 건설할 일이며, 그 흥망은 온전히 자신들이 책임져야 한다. 그게 공정하다. 손해가 나면 세금으로 보전해 준다거나, 잘 운영되고 있는 기존 시설을 날로 먹으려 하는 것은 공정한 경쟁 원칙에 반한다.

민영화의 폐해, 한국전력의 천문학적 적자

한국전력공사(한전)의 적자 규모는 상상을 초월한다. 2012년까지 지난 4년의 누적 적자만 8조 원에 달한다. 2013년에는 3,000억 원의 흑자가 예상되지만 총 누적 적자 규모에 비하면 언 발에 오줌 누기에 불과하다. 한전은 이 적자를 전기요금 인상의 구실로 들이민다. 하지만 한전의 적자 구조를 알고 나면 기이함에 허탈한 웃음밖에 나오지 않는다. 결론부터 먼저 말하면, 한전의 적자는 '전력 민영화'의 결과다.

많은 사람들은 한전이 전기를 생산하는 줄 알고 있지만, 한전은 직접 전기를 생산하지 않는다. 대신 구입한다. 구입처는 한국수력원자력, 한전 자회사(남동발전, 남부발전 등), 민간기업인 민자발전소 등이다. 그런데 각 구입처에서 사오는 전기의 구매가가 서로 다르다. 민자발전소에서 사오는 전기가 가장 비싸다. 2012년 8월 17일 자 오마이뉴스 기사 '전기요금 인상안의 비밀…요금 폭탄 걱정된다'에 따르면 한국수력원자력에서 kwh당 구매 가격이 52.56원인데 비해 민자발전소에서 구매한 가격은 169.85원으로 세 배가 넘는다고 한다.

이들 민자발전소 대부분은 재벌이 운영한다. 포스코, 지에스(GS), 에스케이(SK) 등 대기업이 운영하는 발전회사는 이명박 정부 들어 해마다 영업이익률이 15~30퍼센트에 이르는 호황을 누렸다. 반면 한전의 원가보상률은 88퍼센트 정도로 알려져 있다. 이 말은 100원의 원가를 투입해 88원 정도를 번다는 뜻이다. 실제 한전은 민자발전소에서 170원에 전기를 사서 80원에 기업으로 공급하고 있다. 세상에 이런 코미디가 없다. 대기업이 운영하는 발전소에서 비싸게 사서 다시 그들에게 싸게 공급하는 구조. 한마디로 국민의 지갑을 털어 대기업에 보조금을 주고 있는 꼴이다. 대기업 발전회사에 막대한 이윤을 가져다준 전기 구매 방식은 결과적으로 한전의 적자 원인이 되고 있다. 참고로 한전의 누적 적자 규모는 50조 원에 이른다. 더 큰 문제는 재벌이 발전소까지 운영한다는 사실을 사람들 대부분이 모르고 있다는 점이다.

결국 이런 한전의 적자 구조가 걸핏하면 전기요금을 올리겠다는 주장의 구실로 작용한다. 한마디로, 자신들이 장사를 잘못해서 생긴 누적 적자를 국민에게 전가하겠다는 소리다. 즉 민간발전소도 돈을 벌고, 한국 산업계도 엄청나게 싼 전기를 쓰고 있는데, 가계에만 부담을 지우겠다는 소리다. 이건 분명 문제다. 이런 구조에서 국민에게 전기를 아끼라고 외쳐 봐야 명분이 없다. 한국 가계의 전기 사용량은 전체 사용량의 18퍼센트가량으로, 미국·일본 가계의 절반에도 미치지 않는다. 전기세가 너무 비싸기 때문이다. 나머지는 대부분 산업용으로 쓰인다.

그런데도 정부와 언론은 걸핏하면 가계가 전력난의 주범인 것처럼 호도한다. 한국 전력난의 진짜 원인은 전기세가 싸기 때문에 전력 효율성을 높이기보다 전기를 펑펑 쓰는 것에 익숙한 산업계다. 한전의 구조적 적자를 줄이는 데 필요한 것은 가계의 전기요금 인상이나 후진적인 누진제의 강화가 아니다. 해답은 산업용 전기요금을 올리는 것이다. 더는 가계를 쥐어짜 기업을 돕는 후진적 행태는 없어야 할 것이다.

민영화란 민간이 경영 주체가 된다는 말이다. 그러나 이 말에는 함정이 숨어 있다. 여기서 민간은 국민이 아니라 소수 자본가다. 따라서 '민영화'라 부를 게 아니라 '사유화' 또는 '사기업화'라 불러야 옳다. 그리고 당연히 사회 간접 자본의 사유화는 극히 제한하거나 금지하는 게 좋다. 사회 간접 자본은 그 자체가 공동의 소유물로 존재할 때 '자본'의 역할에 충실할 수 있기 때문이다.

기부가 일상화된 나라는 건강한 사회가 아니다

> 세계일보 2013.07.03
>
> 현대차 정몽구 회장, 2,000억 재단에 기부
>
> 현대자동차그룹 정몽구 회장이 2일 '현대차 정몽구 재단'(이하 정몽구 재단)에 사재를 추가로 출연한다고 밝혔다. 현대차그룹에 따르면 정 회장은 복지가 성장으로 이어지는 선순환 구조에 힘을 더하기 위해 사재 추가 출연을 결정했으며 재단은 소외계층 지원과 저소득층을 포함한 미래 인재 양성 등에 재원을 활용한다는 계획이다.

"와! 현대자동차그룹 총수가 역시 통이 크구먼!"

"정말 훌륭하신 분이야. 피땀 흘려 번 돈을 우리 같은 서민을 위해 선뜻 기부하시니……."

한국은 '통 큰 사재 출연'이 심심치 않게 이뤄지는 국가다. 물론 대부분 재벌이 행하는 기부다. 그분들은 정말 배포가 크다. 몇천억 원의 기부는 예사다. 그러니 재벌의 사재 출연 소식은 일부러 홍보를 작정하지 않더라도 기삿거리가 되는 게 당연하다. 언론의 기사는 묘한 힘이 있다. '팩트'를 전달한다는 명분 아래 교묘하게 진실과 거짓을 은폐한다.

위 기사를 본 사람들 대부분은 아직도 세상은 살 만하다고 생각한다. 기사는 '팩트'를 내세우며 재벌 총수의 통 큰 기부를 훈훈하게 포장하고 있다. 하지만 이 재벌 총수가 2006년 4월 비자금 조성 혐의로 검찰 수사를 받았을 당시, 사재 1조 원을 사회에 내놓겠다고 약속한 사실은 이 기사 어디에도 나오지 않는다. 재벌 총수는 검찰 수사에 면피용으로 했던 과거의 사재 출연 약속을 지킨 것에 불과하다. 그것도 이제까지 8,500억 원을 내놓았을 뿐이다. 여전히 1,500억 원에 달하는 기부 약속이 지켜지지 않은 상태다. 그런데도 현대차그룹 관계자는 또 다른 기사에서 다음과 같이 정 회장의 행위를 아름다운 기부로 포장하고 있다.

> 뉴스웨이 2013.07.04
>
> **정몽구의 노블리스 오블리주 "기부는 나의 신념"**
>
> 현대차그룹 관계자는 "정 회장은 7년 전 약속과 상관없이 기부하겠다는 개인적인 신념을 갖고 있다"며 "국민으로부터 번 돈을 불우 이웃들에게 내어 주는 것은 당연한 일이기 때문에 바깥에 시끄럽게 알리는 것도 자제해달라는 고위층의 주문이 있었다"고 말했다.

그런데 의문이 있다. "국민으로부터 번 돈을 불우 이웃에 내어 주는 것은 당연한 일"이라 했는데, 그 기부처가 '현대차정몽구재단'이라는 화려한 이름의 재단이다. '재단법인'이란 '일정한 재산(동산, 부동산 불문)을 특정한 목적으로 사용하기 위하여 그 재산을 관리할 수 있는 법적인 인격을 갖춘 것'으로 정의된다. 여기서 '특정한 목적'에는 일반적으로 재단 설립자의 의도가 강하게 반영되기 마련이다. 이 때문에 자신의 재단에 하는 기부는 사실 완전한 기부라 할 수 없다. 완전한 기부란 기부금의 집행에 기부자가 일절 간섭해서는 안 된다. 하지만 재단에, 그것도 자기 이름이 들어간 재단에 하는 기부는 기부금 집행에 자기 입김을 불어넣겠다는 것과 진배없다.

실제로 아름다운 기부는 다른 데 있다. 익명 기부가 바로 그것이다. 자기 얼굴이나 이름을 밝히지 않고 하는 것, 1,000원짜리 100원짜리를 1~2년 동안 알뜰히 모아 두툼해진 저금통을 아낌없이 쾌척하는 것, 그것이 바로 진정한 기부다. 신문과 방송에 얼굴이 대문짝만 하게 나오고 칭송이 줄을 잇는 기부를 진정한 선행이라 할 수 없다. 하물며, 자신이 설립한 재단에 돈을 내놓은 행위를 기부라 하기에는 쑥스럽다.

기부는 아름답지만 세상을 바꿀 순 없다

새삼 기부를 언급하는 이유가 있다. 기부가 아름다운 세상을 만드는 데 일조하는 건 분명하다. 그러나 기부에는 분명한 한계가 있다. 기부만으로는 복지 체계를 완성할 수 없다는 것이다. 기부로는 큰돈을 모을 수 없기 때문이다. 무엇보다 기부는 의무가 아니다. 기부는 온전히 개인의 자발적 자비심에 달려 있다. 기부하면 좋지만, 하지 않는다고 해도 강제할 방법이 없다. 수조 원의 재산을 가진 부자가 있어도, 그에게 기부를 강요할 수 없다. 오직 스스로의 의지만이 기부를 결정하는 요소다. 기부자가 원하지 않는다면 단돈 1원도 기부하지 않을 수 있다.

따라서 기부에는 지속성이라는 문제가 따라붙는다. 바로 이 지속성 문제 때문에 기부 금액을 토대로 계획적 복지 사업을 하기에는 어려움이 있다. 하다못해, 조그만 규모의 보육원도 불경기를 탄다고 한다. 어려운 시절에는 그만큼 기부 액수가 줄기 때문일 것이다. 기부는 이처럼 일회적이고 시혜적인 성격 때문에 한계가 명확하다.

이런 문제 때문에 현대 국가의 복지는 기부가 아닌 세금으로 이루어진다. 설사 모든 사람의 자비심이 갑자기 폭발해 기부로 모인 금액이 세금으로 거둬들인 액수를 능가한다 해도, 그 돈을 안정성이 최우선인 국가 복지 시스템의 수단으로 쓸 수는 없다. 앞서 이야기한 기부의 일회적·한시적 성격 탓이다.

기부가 가장 발달한 나라는 어디일까? 얼핏 복지 시스템이 세계에서 가장 우수한 북유럽을 떠올릴 수 있다. 하지만 이는 오산이다. 뜻밖에도 기부가 가장 활발한 국가는 미국이다. 워런 버핏과 빌 게이츠는 세계 최고의 갑부인 동시에 세계 최대의 기부자다. 이들이 기부하는 돈의 액수는 상상을 초월할 정도로 많다. '버핏, 올해도 통 큰 기부 자선재단에 20억 불 쾌척(세계일보 2013.07.09.)'의 기사가 이를 말해준다. 반면 미국의 복지 시스템은 우리나라보다도 못한 부분이 많다. 의료보험 제도 수준은 오히려 한국이 월등하다. 미국의 빈부격차 역시 북유럽과 비교하면 극심하다. 복지 수준이 기부와 무관하다는 것을 웅변한다.

북유럽은 세금으로 복지를 유지한다. 다른 나라보다 더 많이 거둬 더 골고루 분배한다. 이들 국가의 국민은 이미 세금으로 기부하고 있는 셈이다. 그래서 따로 기부할 이유가 없다. 물론 복지 시스템 자체가 워낙 완벽에 가까워, 별도의 개인 기부로 도와줘야 할 만큼 힘든 사람이 없기 때문이기도 하다. 반면 미국의 부자들은 불편하다. 주위를 돌아보면 국가가 돌보지 않고 있는 혹은 미처 돌보지 못하고 있는 가난한 사람들이 지천이기 때문이다. 현재의 세금으로 유지되는 미국 복지 시스템은 매우 미약하다. 이들이 천문학적 돈을 기부하는 이유가 여기에 있다. 내놓지 않으면 안 될 상황인 것이다. 미국의 부자들이 북유럽 부자들보다 특별히 자비심과 이타심이 월등한 게 아니다. 다만 북유럽 부자들은 세금으로 이미 충분한 돈을 국가에 내고 있을 뿐이다.

만약 사람들에게 "세금을 낼래, 기부를 할래?"라고 물어보면 어떤 대답이 나올까? 물론 그 액수는 같다고 가정한다. 아마 사람들 대부분이 기부하겠다고 말할 것이다. 인간은 대부분 자기 행위를 '선의', 즉 착한 의지로 포장하고 싶어한다. 타인의 칭찬을 받고 싶기 때문이다. 선의에서 중요한 건 강제가 아닌 자발적 의지다. 강요된 행위는 아무리 선한 것이라도 의무이기 때문에 가치가 떨어진다. 반면, 자발적 행위는 아무리 사소한 선행이라도 높게 평가된다. 예를 들어 지하철에서 임산부에게 자리를 양보하는 사소한 행동은 타인의 칭찬을 받는다. 그러나 누군가의 강요에 의한 양보라면 칭찬보다는 비난을 받기 쉽다. 둘 다 결과적으로는 자신을 희생하는 행위지만, 강요와 자발적 의지에 따라 이처럼 큰 차이가 있다. 결국 세금은 아무리 많이 내봐야 세무서에서 주는 표창장이 전부지만, 기부는 타인의 존경과 명예를 주기 때문에 많은 사람이 세금보다 기부를 선호한다. '생색내기'에 기부만큼 좋은 수단이 없다.

기부보다 중요한 건 세금

선진 사회는 어떤 형태일까? 그리고 공평한 사회란 무엇을 말하는 것일까? 선진 사회 혹은 공평한 사회는 어떤 사람도 타인의 연민이나 동정심에 기대지 않아도 되는 사회를 말할 것이다. 바꿔 말하면, 그 누구도 타인의 불행이나 가난에 눈물을 흘리지 않아도 되는 세상을 말할 것이다. 영하 10도의 추운 겨울날, 지하철 계단에 쭈그려 앉아 구걸하는 노숙인을 보면서 마음이 불편한 세상이 아름다울 수 없다. 영상 35도를 넘어가는 찜통 같은 여름날, 뜨거운 보도 위에서 푸성귀를 팔며 종일 견디고 있는 할머니를 보면서 마음 아파하는 세상이 아름다울 수는 없다. 설사 선의로 지갑을 열어 노숙인에게 적선하고 할머니의 푸성귀를 전부 사준다고 해도 마찬가지다. 기부가 강요되거나 암묵적으로 강제되는 세상은 절대 선진국이 아니다. 미국은 강대한 힘을 가진 국가지만 일류 국가라 할 수는 없다. 단적으로 기부가 일상화됐을 뿐만 아니라 고액 기부자도 많기 때문이다. 역설로 들릴지 모르지만, 기부가 암암리에 강제되는 세상은 절대 행복한 세상이 아니다. 그만큼 개인의 선의에 기댄 사회이기 때문이다. 국가가 자기 역할을 하지 못하고 있다는 방증이다.

자본주의 체제에서 국가가 자기 역할을 하기 위해서는 무엇보다 '돈'이 있어야 한다. 더욱이 복지 사회를 꿈꾼다면 더 많은 돈이 있어야 한다. 덴마크·스웨덴·노르웨이 등 북유럽의 복지 국가는 국민의 조세부담률이 높다. 반면 복지가 미비한 국가일수록 조세부담률이 낮다. 한국은 경제협력개발기구(OECD) 평균을 밑돈다. OECD가 최근 펴낸 '조

세수입 통계 2011(Revenue Statistics 2011)'에 따르면, 한국의 2010년 조세부담률은 19.3퍼센트에 그쳤다. 2009년과 비교해 오히려 0.4퍼센트포인트 낮아진 수치다. 2007년 노무현 정부 때는 조세부담률이 늘어 21퍼센트를 기록하기도 했다. 하지만 이명박 정부 들어 2008년 20.7퍼센트, 2009년 19.7퍼센트로 내려가더니, 2010년에는 19.3퍼센트로 하락했다. 2009년에는 OECD 34개국 중 한국보다 조세부담률이 낮은 나라는 8개국뿐이었다.

국가가 국민에게 세금을 걷지 못하는 이유는 많다. 무엇보다 가장 큰 이유는 기득권이 세금을 싫어하기 때문이다. 많이 가진 사람이 더 많이 내야 하는 게 현대의 세금 체계다. 따라서 조세부담률이 높아지면 가장 많이 양보해야 할 집단이 바로 기득권 세력이다. 이명박 정권이 들어선 후 처음 한 일이 바로 '부자 감세'란 망국적 정책이었다. 명분은 부자들의 세금을 깎아주면 그 돈이 소비와 투자에 쓰여 온기가 서민층에게까지 전달된다는 '트리클다운(낙수)' 효과였다. 하지만 몇 년이 지난 지금 낙수 효과가 생기지 않는다는 사실이 경험으로 입증됐다.

한 번 내린 세금을 원상회복하기는 몇 배로 힘들다. 깎아 주는 건 쉽지만 올리는 건 어려운 게 세금이다. 반발이 거센 탓이다. 나라를 망치는 정권은 세금을 줄이면서 인심을 얻고자 한다. 이게 바로 '포퓰리즘'이다. 하지만 그러는 사이 국가의 '곳간'은 점차 비어 가고 빚만 천정부지로 쌓인다. 이게 바로 지난 이명박 정권의 실체다. 세금을 줄여주니 돈이 있을 리 없고, 돈이 없으니 그나마 있던 복지도 점차 줄게 된다. 그러고선 부자들은 기부하며 생색을 낸다. 하지만 잊지 말아야 할 것이 있다. 일류 복지 국가였다면 부자들은 기부할 돈을 세금으로 냈다는 사실을 말이다. 아니, 기부 금액 이상을 세금으로 내야 했을 수도 있다. 천문학적 금액을 아낌없이 기부하는 몇몇 재벌을 비롯한 기득권 인사의 행위를 마냥 칭찬할 일이 아니다.

    모든 기부를 깎아내리려는 게 아니다. 핵심은 국가에는 안정적·장기적으로 복지 체계를 운영할 책임이 있고, 그렇기에 복지 재원은 개인의 선의에 의존하는 기부가 아닌 시스템으로 운영되는 세금으로 충당되어야 한다는 것이다. 더 많이 벌고 더 많은 재산을 가진 사람들이 세금을 더 내는 사회, 그리고 거의 모든 국민이 세금을 내는 나라가 바로 선진 일류 국가다. 기부의 일반화보다 세금의 일반화가 복지 사회를 앞당기는 핵심이다.

● 경제기사가 말해주지 않는 28가지

권상우의 빌딩 재테크에 승자독식이라는 달콤한 독약이 묻어 있다

> 데일리중앙 2013.07.17
>
> 권상우 빌딩 신축…
> 시가 230억 원이라고? 헉
>
> 배우 권상우 씨가 빌딩을 신축했다.
> 경기도 성남시 분당구 야탑동에 위치한 권상우 빌딩은 싯가 230억 원에 달하며 토지면적 859㎡(약 260평), 연면적 3,226㎡(약 976평)에 이르는 것으로 알려졌다. (중략) 업계 전문가들은 이번 신축으로 권상우는 임대 수익은 물론 시세 차익도 얻을 수 있을 것으로 내다보고 있다.

"와! 권상우도 이제 연예인 빌딩 부자 대열에 합류하네."
"그러게. 그런데 정말 대단한 건 빚을 한 푼도 안 내고 건물을 완공했다는 거지."

위 기사는 포털 사이트 대문에 심심치 않게 걸리는 뉴스다. 이 정도는 약과다. 모 연예기획자는 특정 지역 일대를 꾸준히 사들여 자기 구역으로 만들고 있다는 소식도 있다. 사실 이런 기사를 읽는 대중의 관심은 부러움 일색이다. 신문은 한 술 더 떠 그들의 재테크 능력을 칭찬하기까지 한다. "'개념 연예인' 차인표, "빌딩투자 잘했네"(아시아경제 2013. 08. 19.)'와 같은 기사가 대표적이다. 대중은 이미 이런 종류의 말초적 기사에 파묻힌 상태다. 대리만족을 느낄 수 있기 때문이다. 그러니 포털 사이트가 이런 기사로 도배되는 것은 어쩌면 당연하다. 누군가 '성공했다' 혹은 '돈을 벌었다'는 뉴스는 이 세상의 불편한 진실을 묻어 버릴 수 있는 참 훌륭한 도구다. 하긴, 실패가 일상화된 세상에서 패배가 더는 기사거리가 안 될 수도 있다. 실패나 패배를 다룬 뉴스는 좀처럼 대문을 장식하지 못하고 숨겨져 있기 마련이다.

권상우가 빌딩을 샀다는 기사 밑에 배수구 작업 중 수몰된 노동자들의 주검 발굴 소식이 있다. 시급 6,300여 원을 받으며 하루 12시간씩 지하 수십 미터의 관로에서 노동한 대가는 바로 죽음이었다. 과연 어떤 게 대한민국의 오늘을 보여주는 기사일까? 불행히도 밑에 걸린 기사가 오늘의 대한민국을 웅변한다. 그게 진실이다.

10대 혹은 20대 초반의 어린 아이돌 스타들이 수십, 수백억짜리 빌딩을 사는 세상이다. 스물을 갓 넘긴 스포츠 스타들도 1년에 수십억 원을 번다. 이게 가당한 일인가. 그래도 이 정도는 참을 수 있다. 하지만 재벌과 그 자식, 손자들 소식엔 울화통이 터진다. 그들이 가져가는 배당액만 수백억 원이다. 주식 평가액은 상상을 초월한다. 이게 정상일까. 누구도 의문을 표하지 않는다. 오히려 세상은 그들을 칭송하기 바쁘다. 심지어 신파로 가득한 영웅전을 쓴다. 불굴의 의지, 각고의 노력, 피가 마르는 인고의 시간, 긍정 또 긍정 등은 지치지 않고 등장하는 단골 수식어다. 이렇게 가짜 영웅이 탄생한다.

2013년 7월 19일 통계청이 발표한 '5월 경제활동 인구조사 부가조사' 자료는 충격적이다. 2013년 5월 기준 한국의 청년층(15~29세)은 955만 명이다. 이 중 11.3퍼센트에 해당하는 61만 4,000명이 취업 시험을 준비하고 있다. 그런데 취업 시험을 준비하는 사람의 3분의 1(31.9퍼센트)이 공무원 시험을 준비한다고 응답했다. 하긴 근 20년을 공부하고도 변변한 일자리 하나 구하지 못하는 시절이니, 놀랄 일도 아니다. 20년을 공부만 한 청년들이 다시 몇 년을 엉덩이가 짓무르도록 책상 앞에 앉아 공부하고 있다. 그런데 이들 중 과연 몇 명이나 원하는 꿈을 이룰 수 있을까. 설사 이들이 공무원 시험에 합격한다 해도, 과연 이들의 삶은 행복할까. 대체 몇 년을 뼈가 휘도록 노동해야 서울에 집 한 채를 마련해 결혼할 수 있는 걸까. 그래도 시험에 합격한 사람은 다행이다. 그마저 실패한 청춘들 대부분은 패배자로 평생을 살아야 할 것이다. 이들의 노력과 분투가 젊디젊은 나이에 수억, 수십억, 수백억 원의 돈을 버는 승자들의 노력과 분투보다 덜하다고 누가 감히 말할 수 있을까. 우리 대부분은 참 열심히 산다.

승자에게 주어지는 과한 보상

그럼에도 이처럼 보상이 불평등한 이유는 뭘까. 그 뒤에 거대 자본이 있다. 자본은 대중을 현혹해 승자를 영웅으로 만든다. 재벌이 영웅 반열에 오르면 모든 죄가 사라진다. 돈을 벌기 위해 저질렀던 수많은 탈법과 파렴치함도 정당화된다. 이들이 꿈꾸는 세상은 '승자가 곧 영웅이 되는' 세상이다. 물론 자본주의 승자는 '더 많이 가진 자'다. 영웅은 신화적 인물이다. 신화적 인물에게 잘잘못을 따지는 것은 부질없다. 자본은 이를 노리고 소수의 선택된 승자를 영웅으로 만든다. 스스로 신화가 되고자 하는 것이다.

연합뉴스 2013.07.17

이재현 회장 국내외 비자금 6,200억 원 조성 확인

검찰이 수천억 원대 비자금을 조성해 운용하면서 2,078억 원의 횡령·배임 및 탈세 범죄를 저지른 혐의로 이재현 CJ그룹 회장을 18일 구속 기소했다.
서울중앙지검 특수2부(윤대진 부장검사)는 이 회장에게 국내외 비자금을 차명으로 운용하며 546억 원의 세금을 포탈한 혐의(특정범죄가중처벌법상 조세포탈)를 적용했다. CJ그룹의 국내외 자산 963억 원을 횡령하고 일본 도쿄의 빌딩 2채를 구입하면서 회사에 569억 원의 손해를 끼친 혐의(특정경제범죄가중처벌법상 횡령·배임)도 포함됐다.

이재현 회장은 삼성 창업주 고(故) 이병철 회장의 장손이다. 재계 서열 20위, 계열사만 80여 개에 달하는 그룹의 총수다. 이런 사람이 천문학적 재산에도 만족하지 못하고 비자금을 조성했다. 이재현 회장만이 아니다. 단언하건대 한국 재벌치고 비자금에서 자유로운 자는 없다. 이들의 탐욕은 상상을 초월한다.

비정상도 이런 비정상이 없다. 그런데 대부분 사람들이 이런 비정상에 의문을 표하지 않는다. 오히려 세상은 그들을 변호하거나 안타까워한다. 비자금을 조성해 빼돌리는 걸 당연시하기까지 한다. 물론 이들을 포함한 기득권의 거짓말에 단단히 세뇌됐기 때문이다. 세뇌 방법은 비교적 간단하다. 다수의 패배를 당연한 것으로 만들면 된다. 이를 위해 자본은 인간 내면에 숨은 약육강식의 동물 본능을 깨웠다. 세상을 로마의 검투장으로 만들었다. 약육강식의 세상에서는 패배자가 피를 흘리며 죽어나가고, 승자가 모든 걸 차지해야 한다. 일등과 이등의 차이는 커야 한다. 그래야 극적으로 영웅이 탄생하고, 승자가 신화가 될 수 있기 때문이다. 어느새 대중은 한 명의 영웅을 위한 다수의 희생과 패배를 숙명으로 받아들였다. 승자 외의 사람들은 세상의 들러리로 사는 게 당연하다는 잘못된 믿음을 갖게 됐다는 뜻이다. 결국 대중은 재벌 회장이 자기 회사에서 돈을 좀 갖다 쓴 게 무슨 문제가 되느냐고 생각하게 됐다. 그 돈이 다수의 피와 땀의 결정체란 사실을 모른다. 아니, 잊은 체한다.

이 모든 원인은 승자에 대한 존경과 보상이 너무 과한 탓이다. 그래 좋다. 그들의 노력, 재능은 얼마든지 수긍할 수 있다. 왕후장상의 씨를 물려받은 것도 그들의 복이니 어쩔 수 없다고 하자. 다만 승자의 과한 몫과 승자를 위한 다수의 희생을 당연하게 생각해서는 안 된다. 앞서 말했듯 사람들 대부분은 승자 못지않게, 아니 승자보다 더 열심히 온 힘을 다해 산다. 물론 재능이 부족할 수는 있다. 태생도 그저 그럴 수 있다. 그렇지만 그 차이가 이토록 심한 불평등의 빌미가 돼서는 안 된다. 이는 너무 억울하다. 자본과 승자들의 몫이 온전히 그들만의 것은 아니다. 승자의 오늘을 만들어준 것은 결국 우리 대중이기 때문이다.

소득 불평등과 사회적 이동성

2013년 미국에서 흥미롭고 충격적인 연구 결과가 발표됐다. 싱크탱크 해밀턴프로젝트(Hamilton Project)가 발표한 것으로, 연구 주제는 '소득 불평등과 사회적 이동성 간의 관계'다. 이 보고서의 결론은 간단하다. 지난 수십 년 동안 이어져 온 소득 불평등의 확대가 저소득층과 중간층의 사회적 이동성을 추락시켰다는 것이다. 꿈과 희망을 품고, 성실히 노력하면 누구나 중산층 이상이 될 수 있다는 아메리칸 드림은 말 그대로 '꿈'일 뿐이다. 소득 불평등과 사회적 이동성은 반비례한다. 미국은 지구촌에서 거의 유일한 절대 강자지만, 소득 불평등과 사회적 이동성 부문에서는 시장경제를 추구하는 다른 국가와 비교해 중간 수준의 국가에 불과하다.

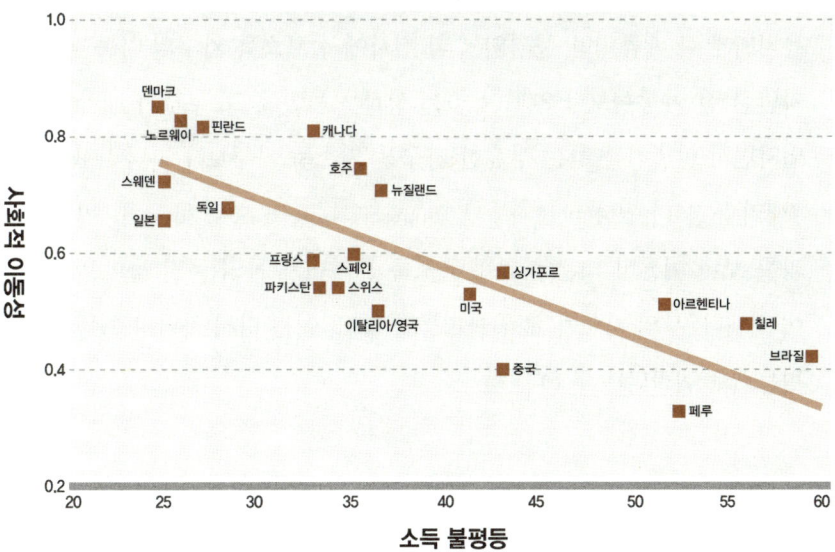

〈국가별 소득 불평등과 사회적 이동성의 관계〉

보고서 내용을 조금 더 살펴보면 신자유주의가 추구하는 번영의 민낯을 여실히 볼 수 있다. 하위 20퍼센트의 가난한 집에서 태어난 아동이 '성장해서 가난하게 살 확률'은 '성장해서 상위 20퍼센트의 부자로 살 확률'보다 열 배나 높았다. 구체적으로 보면, 하위 20퍼센트의 가난한 집에서 태어난 아동이 하위 20퍼센트 소득자로 살 확률은 43퍼센트고, 상위 20퍼센트 소득자로 살 확률은 4퍼센트에 불과했다. 즉, 가난한 집에서 태어난 사람은 평생을 가난하게 살아간다는 말이다. 부도 세습이 되지만, 가난 역시 대를 잇는다는 사실이 입증됐다.

왜 그럴까? 가난한 집 아이들은 빈곤한 유전자를 물려받아서일까? 혹은 머리가 나빠서일까? 물론 아니다. 보고서는 부모의 부가 자녀의 교육 정도에 커다란 차이를 만들어 낸다는 사실을 밝혔다. 그리고 교육 정도가 아동의 미래 삶을 결정한다는 사실도 알아냈다. 가난한 집 아이든, 부잣집 아이든 1세 이하 때 인지 능력에는 차이가 없었다. 그러나 유치원에 갈 때쯤이면, 문자와 수학 검사에서 고소득 가구의 아동들이 가난한 집 아동들보다 2배 더 좋은 성적을 보였다. 또 부모가 대학 졸업자면서 맞벌이를 하는 부유한 가구는 저소득 가구보다 자녀 교육에 7배의 돈을 더 썼다(1년에 아동 당 9,000달러. 저소득 가구는 1,300달러). 이 결과를 보면 이른바 명문 학교에 고소득층 자녀가 몰리는 건 놀라운 일이 아니다. 부의 차이가 교육 불평등을 낳고, 이는 다시 자녀의 소득 불평등으로 귀결되는 구조다.

한국은 불평등 공화국

　한국의 불평등 상황은 어느 정도일까. 이는 2012년 1월 기획재정부가 펴낸 '2011년 국가경쟁력 보고서'에 잘 나타나 있다. 소득 분배와 양성평등 등 형평성 지표 모두 OECD 34개 회원국 중 하위권이었다. 가구주의 계층 이동에 대한 생각도 부정적인 것으로 조사됐다. 2011년 말에 통계청이 발표한 '2011년 사회조사' 내용도 암울하다. 일생에 노력한다면 본인의 사회경제적 지위가 높아질 가능성이 '높다'는 가구주의 비율은 28.8퍼센트로, 2년 전 조사(35.7퍼센트)에 비해 줄었다. 가능성이 '낮다'는 비율은 같은 기간 48.1퍼센트에서 58.7퍼센트로 높아졌다.

　이 조사 결과를 보면, 한국의 경제 불평등은 이미 심각한 상황이다. 게다가 사회적 계층 이동의 통로까지 막히고 있다. 사회적 계층 이동이 어려운 세상은 중세의 신분 사회와 다름없다. 중세는 혁명으로 무너졌다. 그 혁명을 부른 것은 불평등이다. 특히 경제 불평등을 줄이지 않으면 사회 붕괴를 피할 수 없다.

　자본주의 국가에서 불평등을 줄이는 첫걸음은 세금 혁명일 수밖에 없다. 세금을 통한 소득이전이 자연스럽게 이뤄지는 국가는 건강하다. 특히 부유층의 조세부담률이 높아야 한다. 조세부담률과 경제 불평등은 밀접하게 연결되어 있기 때문이다. 조세부담률이 높은 북유럽 국가는 경제 불평등 정도가 낮다. 반면에 조세부담률이 낮은 미국·그리스·터키 등은 모두 경제 불평등 정도가 높다. 한국의 조세부담률은 부끄럽게도 OECD 국가 중에서도 하위권이다. 결국 한국의 경제 불평등 수준을 개선하기 위해서는 부유층의 조세부담률을 높여야 한다.

부가 균형을 이뤄야 건강한 세상이다. 이제 그 방법을 고민해야 할 때다. 많이 벌면 많이 내도록 해야 한다. 침을 흘리며 마냥 승자를 부러워하고, 경배의 잔을 올릴 일이 아니다. '가진 자'와 '갖지 못한 자'의 세상을 '조금 더 가진 자'와 '조금 덜 가진 자'의 세상으로 바꿔야 한다.

국민에게 매달 300만 원씩 주는
웃기는 이야기가
공론화할 수 있는 까닭

> 한겨레신문 2013.10.06
>
> '모든 성인 월 300만 원' 보장법,
> 스위스 국민투표 부친다
>
> 〈로이터〉 통신은 4일 "지난해 4월부터 서명작업을 벌여온 스위스 시민사회가 12만 명 이상의 서명을 받은 기본소득 도입을 위한 국민발의안을 스위스 연방의회에 제출했다"며 "정부가 성인인 스위스 국민 모두에게 한 달 2,500스위스프랑(약 2,800달러·약 297만원)의 기본소득을 지급하는 게 법안의 뼈대"라고 보도했다. 〈에이피(AP)〉 통신 등은 "2011년을 기준으로 미국 노동자 월 평균 임금은 세전 3,769달러, 식품·서비스업 노동자의 월 평균 임금은 세전 1,785달러에 그친다"고 전했다.

"정말 이게 가능한 얘기야?"
"스위스가 부자 나라지만 저러다간 그리스 꼴 나지."

인터넷 포털 사이트에서 '기본소득제'란 주제어로 뉴스를 검색하면 대부분 진보 매체의 기사다. 자세히 살펴보면 2013년 11월 11일 기준 약 74건의 뉴스가 검색되는데, 대부분이 한겨레·경향신문·오마이뉴스·

프레시안 기사다. 진보 매체는 진흙 속의 진주를 발견한 느낌으로 이 단어를 취급하지만, 보수 언론은 확산하는 것만으로도 부담스러운 '일급비밀'로 여겨 숨기기에 급급하다. 입에 담는 것조차 금기시한다. 그러니 대중이 기본소득제를 이해하지 못하는 것은 당연하다. 무지는 부정과 무시로 표현되기 쉽다. 하지만 기본소득제는 자본주의 최후의 출구일지도 모른다. 마음을 열고 기본소득제를 살펴볼 필요가 있다.

스위스라는 국가를 보자. 스위스는 잘 산다. 1인당 국민소득이 세계 최고 수준이다. 당연히 국민의 삶도 풍요롭다. 그런데도 세계 최초로 혁명적인 법안인 기본소득제가 발의됐다. 기본소득제는 가장 좌파적인 정책 중 하나다. 가장 부유한 국가에서 이런 극좌 정책이 실험되고 있다는 사실은 놀라운 일이다. 물론 이 정책 실험이 스위스에서 가능한 이유가 있다. 바로 스위스가 직접민주제를 채택하고 있기 때문이다. 스위스는 연방 헌법에 따라 18개월 이내에 유권자 10만 명 이상의 서명을 받으면 누구나 헌법 개정안을 신청할 수 있다. 또 한 의회가 통과시킨 법률에 유권자 5만 명이 100일 이내에 서명한 명단을 제출하면 국민투표 회부를 요구할 수 있다. 바로 이런 점 때문에 자본주의 체제에서 가장 혁명적인 정책이라 볼 수 있는 기본소득제 발의가 가능했다. 물론 이 법안이 채택될지는 미지수다. 하지만 세계 최고의 부국이 이런 제도를 시험한다는 것만으로도 매우 의미가 크다.

매달 국민에게 돈을 주는 국가

기본소득제란 대체 무엇일까. 뜻밖에도 그 개념을 알고 있는 사람은 드물다. 그만큼 금기시되는 정책인 탓이다. 놀라운 점은 기본소득제가 이미 18세기에 논의된 정책이라는 사실이다. 당시 미국의 사상가인 토머스 페인이 "토지는 공공재이기 때문에 그 지대 수입으로 모두에게 일정 금액을 지급하자"고 주장했다. 또 1985년 프랑스 경제학자 앙드레 고르는 『경제이성비판』에서 "한 사회의 생산력은 점진적으로 발전하고, 시간이 흐를수록 같은 양을 생산하기 위해 더 적은 양의 노동이 요구되므로, 노동의 대가로 주어지는 노동 비례 소득을 유지하는 것은 합리적이지 못해 사회 구성원들의 삶을 지탱할 수 없다"고 했다. 그는 대안으로 사회의 모든 구성원에게 조건 없이 지급하는 소득을 주장했다. 정리하면 기본소득제의 정의는 다음과 같다.

> 정부가 어떠한 수급 자격이나 요구 조건 없이 국민 모두에게 정기적으로 돈을 지급하는 것. 전 사회구성원에게 지급되며 최저생계비 이상 수준으로 지급하는 것이 원칙이다.

사실 기본소득제는 제한적으로나마 일부 국가에서 시행되고 있다. 브라질과 나미비아가 대표적이다. 브라질 상파울루 주에 있는 산투 안토니우 두 핀할이라는 도시에서 5년 이상 살고 있는 시민은 시의 기금에서 소정의 돈을 받는다. 또 아프리카 나미비아의 오치베로라 불리는 마을에서 지난 2008년 기본소득 실험 프로젝트가 시행됐고, 이미 놀라운 결과를 내고 있다. 생활 조건의 개선이 눈에 보이기 시작한 것이다. 전 세계에서 기본소득제에 대한 논의가 활발히 진행되고 있다. 우리가 피부로 느끼진 못하지만, 이미 기본소득제는 현대 자본주의의 대표적 병폐인 '불평등' 문제를 해결할 수 있는 유력한 대안으로 부상하고 있다.

자본주의를 지킬 유일한 대안, 기본소득

대체 왜 이 시점에서 '기본소득제'일까? 산업혁명 이후 경제 운용의 핵심은 '어떻게 하면 노동에서 배제되는 사람들의 수를 줄일 것인가'에 맞춰져 있다. 이는 최근 각국 중앙은행이 실업률 목표에 집착하는 이유이기도 하다. 쉽게 말해, 실업자 수를 줄이는 것에 통화정책 및 재정정책의 초점이 맞춰져 있다고 할 수 있다. 현대 경제에서 실업 문제는 심각하다. 실업자가 줄기는커녕 계속해서 늘어나는 추세다. 기술의 진보 혹은 혁신은 인간을 노동에서 끊임없이 배제하고 있다. 노동 현장에서는 점차 기계가 인간을 대체하고 있다. 과거에 사람이 했던 일을 이제는 기계가 단숨에 해치우는 것이다. 예를 들면 폐쇄회로텔레비전이 경비원이 했던 일을 대신한다. 컴퓨터는 이미 단순노동 대부분을 대체한 지 오래다. 게다가 3D 프린터까지 실용화 단계에 이르렀다. 3D 프린터가 현재의 프린터만큼 일상화된다면 대부분의 단순 제조업체는 문을 닫아야 할 것이다. 가정에서 필요한 것을 직접 생산하는 시대가 머지않았다는 말이다. 이미 3D 프린터로 총이나 우주선 부품까지 만들어내는 시대라는 점을 상기할 필요가 있다. 앞으로 국가가 아무리 일자리 창출을 외쳐 봐야 한계가 있다.

물론 대안은 있다. 시간제 일자리가 대표적이다. 하지만 일자리를 나누는 것은 쉬운 일이 아니다. 무엇보다 일자리를 유지하고 있는 기득권 세력이 자신들의 권리를 포기하지 않으려 할 것이기 때문이다. 그것이 일자리 나누기든 시간제 일자리든 본질은 기존에 받던 임금을 누군가 포기해야 한다는 의미다. 한국만 해도 현재 비정규직 일자리가 전체 일자리의 절반이 넘는다. 일자리 수의 절대량을 늘리지 못하는 한, 비정규직으로 일자리를 대체하는 것에 한계가 있기 때문에 결국 미래의 일자리 수는 현재보다 줄면 줄었지 늘 가능성이 거의 없다.

실업률 고공 행진은 필연적으로 현대 자본주의를 망가뜨릴 수밖에 없다. 현대 경제는 과잉 생산 시대다. 우리가 소비하는 대부분이 사실 낭비에 가깝다. 예를 들어 사람들은 굳이 큰 자동차를 탈 필요가 없는데도 생산자의 강요된 상징성에 떠밀려 큰 자동차를 산다. 대형 가전제품, 호화 주택도 마찬가지다. 과잉 생산 시대에 물건을 팔 방법은 생산 제품에 본질을 뛰어넘는 상징성을 부여하는 것 외에는 없다. 우리 대부분은 이런 프로파간다에 속아 끊임없이 물건을 사들이며 소비한다.

무언가를 사는 일은 더는 생명 유지의 방편이 아니다. 현대 사회에서는 이미 소비가 삶의 목표가 된 지 오래다. 게다가 이런 소비가 없으면 현대 경제는 침몰한다. 과잉 생산물을 처리할 방법이 없기 때문이다. 그런데 실업률이 높아진다는 말은 그만큼 소비자가 줄어든다는 뜻이다. 소비자의 지갑이 비면 과잉 생산물을 처리할 방법이 없다. 그래서 생각해낸 방법이 바로 신용창출이다. 신용창출이란 은행이 소비자에게 가공의 현금을 만들어주는 행위를 말한다. 신용카드 발급, 대출 확대 등이 대표적인 신용창출 방법이다. 즉 돈이 없으면 신용카드로, 직업이 없으면 빚을 내서라도 소비를 하라는 게 현대 신용 경제의 본질이다. 그렇다고 신용을 무한대로 창출할 수 있는 것도 아니다. 신용 역시 담보에 의지하고 있기 때문이다. 담보가 부족하거나 없다면 결국 부푼 신용은 언젠가 터지게 된다. 신용이 터진 상태가 바로 공황이다. 현대 경제는 이런 신용확대-폭발-공황-재신용 확대-폭발-공황의 과정이 반복해서 일어난다. 공황이 반복되면 자본가 혹은 생산자도 더는 버틸 수 없게 된다. 실업이 만연한 사회에서는 결국 소비가 극도로 위축될 것이 분명하기 때문이다. 그러면 현대 자본주의 경제 역시 침몰할 수밖에 없다.

난파하는 자본주의를 지킬 방법은 없는 걸까? 있다. 바로 부의 불평등을 강제로라도 제어하는 것이다. 세금이든 기본소득제든 한쪽으로 편향된 부의 재분배에 해답이 있다. 즉, 부자들의 몫을 떼어 상대적으로 가난한 사람들에게 배분하는 것만이 해결책이다. 우리는 "일하지 않으면 먹지도 말라"는 금언을 황금률로 여긴다. 하지만 사람들이 일하고 싶어도 할 수 없는 세상이 도래하고 있다. 먼 미래의 이야기가 아니다. 오늘의 한국에서도 수많은 청춘과 50대 이상의 장년층이 일자리를 구하지 못한 채 죽지 못해 산다. 일자리가 없어 노는 사람을 백수라 비웃지만, 내일 우리가 혹은 우리 자손 대부분이 같은 처지에 내몰릴 수 있다는 사실을 알아야 한다. 이런 현상은 교육 정도, 능력의 많고 적음에 관계없이 일반화될 것이 분명하다. 만약 그렇게 된다면 기본소득제 외에는 이들이 정상적인 삶을 영위할 수 있는 방편이 거의 없다. 인간이 인간다운 삶을 영위하기 위해서는 최소생계비가 아닌 기본소득이 충족되어야 한다. 최소생계비처럼 국가가 선심 쓰듯 나눠주는 푼돈으로는 적극적 소비에 나설 수 없기 때문이다. 소비가 없으면 성장률 저하도 필연적이다.

기본소득제는 가능하다

문제는 언제나 돈이다. 재원을 어떻게 마련할 것인가가 숙제다. 1인당 월 50만 원을 기본소득으로 할 때, 5,000만 명에게 지급되는 총액은 연 300조 원 정도다. 엄청난 돈이다. 하지만 불가능한 건 아니다. 지금 내는 세금 외에 소득의 약 10~30퍼센트를 추가로 내면 얼마든지 가능하다. 다음 장의 표는 〈한겨레21〉에 실린 민주노총의 2009년 기본소득 안이다.

이 표대로라면 2인 가족 기준으로 연 1억 원의 고액 연봉을 받는 가계도 기본소득제로 270만 원의 이익을 본다. 지금보다 손해 보는 계층은 연 2억 원 이상을 버는 가계다. 이들이 세금을 더 낸다 해도 소득의 절대치는 기본소득의 혜택을 보는 다수보다 여전히 몇 배 더 크다는 것에 유의해야 한다. 결과적으로 기본소득제의 소득재분배 효과가 매우 크다는 사실을 알 수 있다.

기본소득제의 경제·복지 효과는 생각하는 것 이상이다. 경제에서

〈연간 소득별 기본소득세 부담액과 기본소득 수령액〉

연간 290조 원의 기본소득 재원을 소득세·부가가치세·불로소득세를 통해 마련하고, 1인당 기본소득 연간 수령액은 19세 이하 400만 원, 20~39세 500만 원, 40~54세 600만 원, 55~64세 800만 원, 65세 이상 900만 원으로 가정

과세대상 소득(연간)	한계세율	1인당 기본소득세 납부액	2인 가구 연 기본소득 수령액 (전원 40~54세 가정)
1,000만 원	0.085	85만 원	1,200만 원
2,000만 원	0.085	170만 원	1,200만 원
4,000만 원	0.085	340만 원	1,200만 원
6,000만 원	0.085	510만 원	1,200만 원
8,000만 원	0.085	680만 원	1,200만 원
1억 원	0.125	930만 원	1,200만 원
2억 원	0.165	2,580만 원	1,200만 원
3억 원	0.205	4,630만 원	1,200만 원
5억 원	0.245	9,530만 원	1,200만 원
10억 원	0.285	2억 3,780만 원	1,200만 원

자료: 『즉각적이고 무조건적인 기본소득을 위하여』(강남훈·곽노환·이수봉 지음, 민주노총 펴냄, 2009)

* **한계세율**이란 소득이 한 단위 증가할 때 세금이 얼마나 늘어나는지 보여주는 세율로, 세금 증가액을 소득 증가액으로 나눈 수치다. 예컨대 소득이 100만 원 더 증가할 때 이 증가분에 대한 세금이 15만 원 부과된다면 한계세율은 0.15다.

는 지금보다 월등히 증가한 서민층의 가처분소득*으로 최소한의 성장이 확보된다. 세부적으로 살펴보면, 실업률 문제를 걱정할 필요가 없다. 설사 실업 상태에 놓인다 해도 기본소득제 하나로 사회안전망은 이미 확보된 상태이기 때문이다. 복지 효과는 말할 필요가 없다. 기존 연

가처분소득이란 개인소득 중 소비·저축을 자유롭게 할 수 있는 소득을 말한다.

금제도가 가진 한계를 일시에 극복할 수 있을 것이다. 현재의 복지 제도인 연금은 결국 부익부 빈익빈 체계일 뿐이다. 많이 낸 사람이 많이 받아가고 적게 낸 사람은 적게 받아간다. 이런 연금 체계로는 노령 빈민 문제를 해결할 수 없다. 하지만 기본소득제는 차별 없는 노후를 보장한다. 청년층은 결혼하고 아이 낳는 것을 더는 주저하지 않게 될 것이다. 자연스레 고질적인 인구 감소 문제도 해결할 수 있다. 사실 기존 복지에 쏟는 돈, 연금, 그리고 실업 해결에 투입되는 천문학적 재정을 통합하면, 기본소득제에 필요한 연 300조 원을 마련하기 위해 걷어야 하는 세금을 대폭 줄일 수 있다.

기본소득제를 가로막는 불편한 진실

그런데 왜 이런 훌륭한 제도가 빛을 발하지 못하는 걸까. '두려움' 때문이다. 인간은 기존 체계에 순응해 살아가도록 학습된다. 우리가 학교에서 배우는 것은 결국 기존 규범과 질서에 순응하는 법이다. 창의성과 도전정신을 가르친다고 하지만, 이게 과연 교육 과정에서 몇 퍼센트나 차지할지 곰곰이 새겨볼 일이다. 세상은 언제나 혁명적 발상의 전환으로 발전해 왔다. 지금까지와 전혀 다른 규범과 제도에 사람들이 느끼는 이질감 혹은 두려움이 발상의 전환을 막고 있다.

또 있다. 사람들이 자신이 번 돈을 다른 사람에게 무료로 주는 것을 싫어하기 때문이다. 규칙을 지키며 열심히 노력해서 돈을 버는 사람들은 무위도식하는 사람들을 '쓰레기'로 생각하는 경향이 있다. 이들은 당연히 일하지 않는 쓸모없는 사람들에게 무료로 보상을 제공하는 일은 자신이 흘린 땀의 가치를 철저히 무시하는 '악'이라 생각한다. 인간은 생각보다 더 잔인하다. 경쟁사회에서 '성취'란 결국 타인을 이겨야 얻을 수 있는 결과물이다. 그렇게 애써 획득한 노획물을 타인에게 나눠주는 건 성취를 이룬 인간에게는 힘든 일이다.

하지만 이런 문제 역시 시간이 흐르면 자연스럽게 해결될 수 있다. 현대 자본주의가 승자보다는 패자를 더 많이 양산할 것이기 때문이다. 물론 현재도 승자는 1퍼센트 이내다. 그런데도 아직 세상이 변화하지 않는 건 뜻밖에도 다수의 중산층 탓이다. 중산층은 기득권의 방패막이 역할을 한다. 문제는 중산층이 점차 붕괴하고 있다는 사실이다. 중산층이 얇아지면 승자들의 보호막도 엷어지게 될 것이다. 결국 조금 더 긴 안목으로 보면, 다수가 공존하는 길은 현재의 조그만 기득권에 안주하는 것을 거부하는 길뿐이다.

현대 경제학에서 눈에 띄는 흐름은 '생태 경제학'이다. 우리가 사는 지구와 인류를 보존하기 위해 제로성장률을 추구하는 '정체 경제'를 주장하는 학자들이 나타나고 있다. 자원을 끊임없이 소모하는 현대의 성장 경제로는 지구의 미래를 장담할 수 없다. 이 때문에 생산과 소비를 줄여야 한다는 목소리가 높다. 사실 지금보다 돈을 조금 덜 번다고 불행해질 것으로 생각하는 건 어리석다. 행복지수가 높은 국가를 보면 부유한 국가는 거의 없다. 오히려 코스타리카·콜롬비아·자메이카 같이 국민소득이 낮은 나라의 국민이 느끼는 행복감이 더 큰 것으로 나타난다. 이는 우리에게 많은 것을 시사한다. 우리는 지난 몇십 년을 미친 사람처럼 돈을 버는 데만 집중하며 뛰어왔다. 그런데 과연 우린 행복할까. 승자 독식 사회에서 승자가 되는 길은 어렵기도 하지만, 많은 걸 포기해야 얻을 수 있는 슬프고도 고독한 여정이다. 끊임없는 경쟁만큼 인간을 파괴하는 게 또 있을까? 돈을 조금 덜 벌어도 좋으니 깨끗하고 경쟁 없는 세상에서 살고 싶은 마음은 절대 이루어질 수 없는 꿈일까. 지금보다 조금 못하지만 나도 잘살고 남도 잘살 수 있는 세상이 이상향이기만 한 걸까. 남이 행복해야 나도 행복할 수 있다는 진리를 곱씹는다면 '기본소득제'의 꿈이 불가능하지만은 않다.

● 경제기사가 말해주지 않는 28가지

세금 강화와 세목 증설 반대편엔 늘어나는 서민 세금이 있다

> 연합뉴스 2012. 11. 08
>
> **전문가들 부가세율 올리되
> 가파른 증세는 반대**
>
> 한국재정학회는 '조세관련학회 연합학술대회'를 하루 앞둔 8일 조세전문가들의 연구결과를 발표했다.
> 전문가들은 부가세를 올려도 취약계층 보조금 등을 활용하면 저소득층 부담 증가, 물가 압박 등 부작용을 없앨 수 있다고 판단했다. (중략) 법인세율은 국제 조세경쟁으로 더욱 낮아질 것으로 보여 실효세율은 강화해야 한다고 제언했다.
> 세목 신설이나 세율의 대폭 인상은 민간 투자와 소비를 더욱 위축시킬 수 있으므로 반대한다는 의견을 보였다.

"기사를 보니 전문가들은 증세에 반대한다고 하네."

"그럼 박근혜 대통령이 괜히 증세하지 않고도 복지 공약을 다 지킬 수 있다고 강조하겠어?"

"그렇지. 한 나라를 책임지는 사람이 아무런 근거 없이 그런 말을 하지는 않겠지."

위 기사 헤드라인은 한국 보수와 기득권 세력의 정체를 그대로 드러낸다. 기사는 전문가를 내세워 대표적 간접세인 부가가치세를 올리자고 주장한다. 이런 행태는 국민의 반발이 심하면 수그러들었다가 틈만 나면 다시 등장한다. '부가세와 주류·담뱃세 인상 통한 증세 고려(경향신문 2013.10.31.)'가 대표적이다. 그러면서 그들은 가파른 증세는 반대한다고 역설한다. 다시 말해 새로운 세금을 만들거나 직접세를 강화하자는 주장을 원천 차단한다. 이쯤에서 먼저 자문 한 번 해보자. 우리는 세금에 대해 무엇을 알고 있는가?

세금은 인류 역사와 같이한 가장 오래된 제도 중 하나다. 그런데도 세금 얘기만 나오면 일반인들은 머리에서 불이 난다. 세금에 불만은 많지만, 의외로 세금에 대해 알고 있는 건 없다. 하다못해 간접세와 직접세의 의미도 모르는 사람이 허다하다. 간단하게 설명하면 보통 세금은 세 가지 항목에 부과되는데, 소득·소비·재산이 그것이다. 이 중 소비에 부과되는 세금이 간접세, 소득과 재산에 매겨지는 세금이 직접세다.

간접세의 학문적 의미는 납세자와 담세자*가 일치하지 않는 세금을 말한다. 다시 말해 세금을 실제로 부담하는 자인 담세자와 납세 의무를 가진 납세자가 일치하지 않은 세금을 말한다. 대표적인 간접세로는 부가가치세가 있다. 부가가치세는 소비자가 물건을 사거나 서비스를 이용할 때 지불하는 가격에 이미 포함된 세금을 말한다. 즉 물건을 사거나 서비스를 이용할 때, 세금을 세무서에 내는 게 아니라 그 물건과

---

* 담세자란 조세의 최종적, 실질적 부담자를 말한다.

서비스를 파는 사업자에게 내는 것이다. 물론 그 사업자는 소비자에게 거둔 세금을 모아 세무서에 내야 한다. 즉 부가세의 납세의무자는 사업자지만, 그 세금을 실제로 부담하는 사람은 소비자다. 반면, 직접세란 납세자와 담세자가 같은 세금을 말한다. 소득과 재산에 부과되는 세금이 보통 직접세의 형태를 취한다. 간접세의 종류에는 부가가치세·개별소비세·주세·교육세·지방소비세·담배소비세 등이 있고, 직접세의 종류에는 소득세·법인세·상속 및 증여세·종합부동산세·재산세·주민세 등이 있다.

직접세와 간접세를 유심히 보면, 직접세는 누진 형태를 띠는데 간접세는 단일세가 주를 이루고 있는 것을 알 수 있다. 다시 말해 직접세 대부분이 소득이나 재산 규모가 클수록 많이 부담하는 반면, 간접세는 부자와 빈자 모두 단일 세금 체계로 묶여 있다. 예를 들어 소득세는 연간 총소득을 기준으로 최하 6퍼센트에서 38퍼센트까지 누진 형태를 취하고 있다. 반면 부가가치세는 공급가액의 10퍼센트로 단일세액이다.

일반적으로 간접세는 '본인'이 세금을 내는지 안 내는지 인식하지 못한 상태에서 부담한다. 이것이 직접세와 다른 점이다. 우리가 식당에서 밥을 먹거나, 편의점에서 커피를 살 때, 혹은 주유소에서 자동차에 기름을 넣을 때 세금을 낸다고 생각하지 않는다. 그저 물건을 산다는 인식밖에 없다. 우리의 삶은 한순간도 세금의 굴레에서 벗어날 수 없지만, 세금을 낸다고 생각하는 경우가 거의 없는 것이다. 이처럼 간접세는 스스로 내는지도 잘 인식하지 못하기 때문에 조세 저항*이 적은, 아니 거의 없는 세금이다. 이 점이 중요하다. 증세를 고려할 때 정책당국자가 가장 고민하는 게 바로 조세 저항이다. 그런 점에서 조세 저항이 적은 간접세를 올리는 건 가장 손쉬운 세수 확보 수단이다.

많이 벌수록 적게 내는 간접세

세금을 걷는 이유는 국가를 운영하기 위해서다. 그런데 국가 운영에서 가장 공을 들여야 할 부분이 바로 '부의 재분배'다. 만약 이를 등한시하면 부의 불균형으로 양극화가 심해져 사회갈등이 깊어지고, 결국 국가가 혼란에 빠질 수 있다. 부의 재분배는 국부를 국민에게 돌려주는 경제민주화의 지름길이다. 그리고 그 수단은 보통 세금으로 이루어진다. 즉 부자에게 더 많은 세금을 거둬 상대적으로 가난한 사람에게 그것을 배분하는 것이 국가 운영의 한 축이다.

국가 운영 방식은 일반 가정과 크게 다르지 않다. 만약 돈을 버는 사람이 한 명이라면, 번 돈을 가족 구성원이 골고루 나눠 써야 가정이 유지된다. 국가도 마찬가지다. 일반적으로 국가 전체에서 돈을 많이 버는 부자는 소수다. 또한 일반적으로 국가의 간섭이 없으면 부는 부자에게 점점 더 쏠리기 마련이다. 이를 그대로 내버려두면 결국 거의 모

---

*조세 저항은 조세가 국민의 담세력을 무시하고 불공평하거나 무리하게 부과될 때 국민이 갖는 저항감을 말한다.

든 국부가 극소수의 부자에게 편중된다. 심지어 극단적으로는 국민 대부분이 서민층으로 전락하고 빈곤층은 살 길이 없어질 수 있다. 그래서 국가가 나서는 것이다. 국가는 부자에게 더 많은 세금을 거두고, 거둔 돈을 재원으로 상대적으로 가난한 계층에 복지 등을 제공해 '부를 재분배'해야 한다. 그래야만 국가가 지속 가능한 미래를 꿈꿀 수 있다. 이런 기능은 대부분 직접세로 이루어진다.

반면 간접세는 위에서 말한 부의 재분배 기능이 거의 없다. 오히려 역으로 작용한다. 부자는 더 부자가 되고 가난한 사람은 더 가난해지는 '부익부 빈익빈'의 악순환을 만들 수 있다. '담배소비세'가 좋은 예다. 질병관리본부에서 조사한 통계에 따르면 흡연율은 보통 가난한 계층이 높다. 고소득층은 담배를 많이 피우지 않는다. 따라서 담배소비세는 주로 저소득층에 부과되는 세금이라고 할 수 있다. 한마디로, 국가 운영에 필요한 생활비를 고소득층이 아닌 저소득층이 더 부담하는 것이다. 또 다른 예를 보자. 사람들은 외식할 때도 부가가치세를 부담한다. 월 200만 원 소득자가 외식비로 월 55만 원을 썼다면 그는 한 달에 부가가치세 5만 원을 부담한 것이다. 월 1,000만 원 소득자가 같은 금액을 식비로 썼다면 그 역시 5만 원을 부담한 것이다. 일견 공평해 보인다. 하지만 월 200만 원 소득자가 자기 소득의 2.5퍼센트를 세금으로 내는 반면 월 1,000만 원 소득자는 자기 소득의 0.5퍼센트를 부담하는 것에 불과하다. 역 누진 개념이 적용되는 것이다. 쉽게 말해 많이 벌면 벌수록 세금을 덜 내는 구조다.

오랜만에 외식으로 갈비를 먹고 거친 세상살이에 지쳐 담배 한 모금을 피우면서, 세금을 먹고 세금을 피운다고 생각하는 사람이 있을까? 국가는 매우 쉽게 국민에게 세금을 떼어가고 있다. 특히 간접세인 부가가치세가 세수에서 차지하는 비중이 30퍼센트에 달한다. 세상은 평등을 내세우지만 속살을 들여다보면 절대 평등하지 않다. 서민층 다수가 부담하는 세금으로 국가가 운영되고 있는 것이다. 가정에서 큰돈을 버는 아버지는 생활비를 조금만 내고, 자식들이 아르바이트로 번 푼돈으로 가계를 유지하고 있다고 생각해 보라. 이걸 공정하다고 할 수 있는 걸까?

이명박 정부는 종합부동산세를 줄이거나 거의 없앴다. 종합부동산세는 재산에 과세하는 대표적인 직접세다. 그렇게 구멍 난 세수는 누가 부담하게 됐을까? 간접세를 올리고 국가가 빚을 내 충당했다. 이 간접세를 많이 부담하는 사람은 결국 일반 국민이다. 또 국가의 빚을 갚아야 할 책임도 국민에게 있다. 결과적으로 직접세를 줄이고 간접세를 늘렸으니, 부자들의 세금을 깎아 줄어든 세수를 서민들의 지갑에서 돈을 빼 충당한 셈이다.

누구나 세금을 내야 한다

사실 처음에 인용한 기사의 본문은 헤드라인과는 약간 다른 결론을 도출하고 있다. 부가가치세를 올려야 한다고 말하지만, 기사 내용은 단순히 간접세를 올리자는 것이 아니다. 부가세를 올려 늘어난 재원을 토대로 취약 계층에 지원을 강화하자는 게 주요 내용이다. 또 세수 확대를 위해 소득세 최고 구간을 추가로 신설하고 소득공제 수준을 동결하는 이른바 '버핏세' 등의 방안도 제시했다. 헤드라인과는 달리 직접세 증세 등의 내용을 담고 있다.

하지만 정치인들은 본능적으로 증세를 싫어한다. 정치인은 포퓰리즘을 추구할 수밖에 없기 때문이다. 정치란 결국 대중적 인기를 얻기 위한 게임이다. 그래서 이들은 증세를 꺼리고 감세나 면세 정책을 선호한다. 그러나 이런 포퓰리즘 정책은 달콤한 독일 뿐이다. 본질적인 문제를 무시하고 결국 국가를 망가뜨릴 수 있기 때문이다.

대한민국은 민주공화국이다. 공화국이란 국민이 주인인 국가를 말한다. 한 가계의 살림은 주인이 책임지는 게 당연하다. 국가도 똑같다. 공화국 살림 역시 주인인 국민이 책임져야 한다. 그러니 국민은 납세의 의무를 즐거이 져야 한다. 아무리 가난해도 소득이 있다면 일단 세금을 내야 한다. 다시 환급해 주는 한이 있더라도 말이다. 혹은 낸 세금 이상의 복지를 공여하면 될 일이다. 아무리 가난하더라도 그가 국가의 주인이기 때문이다. 그래야만 주인의식을 느낄 수 있고, 국가가 제공하는 복지를 혜택이 아닌 당연한 권리로 인식할 수 있다.

한국의 면세 제도는 이제 손봐야 할 때가 됐다. 특히 부가가치세 간이과세제도[*]는 반드시 개정되어야 한다. 이 제도로 연간 매출액이 4,800만 원 이하인 영세사업자는 세금계산서를 발행하지 않아도 되는

---

[*] 부가가치세 간이과세제도는 영세사업자가 부가가치세 납부신고를 간단히 할 수 있도록 만든 제도다. 세부담을 줄여주는 효과도 있다.

데, 그 대상이 전체 사업자의 37.7퍼센트(약 170만 명)에 달한다. 그에 비해 이들이 내는 세금은 전체 부가가치세수의 0.2퍼센트(약 1,102억 원)에 불과하다. 자영업자의 3분의 1 이상이 영세 사업자로 간이과세제도 대상자다. 이는 한국의 자영업자 현실이 그 정도로 열악하다는 이야기도 되지만, 한편으론 탈세의 방편으로 이용될 수 있는 여지 역시 크다는 말이다. 사업을 하면서 세금을 내지 않는 사람이 너무 많다. 이는 분명 형평성에 어긋난다. 누구는 내고 누구는 안 내는 세금 구조는 언제든 내는 쪽의 불만을 불러올 수 있다. 더 나아가 감세나 탈세의 빌미로 작용할 수 있다. 또 내는 것과 애초에 내지 않는 것은 의미가 다르다. 나중에 돌려받는다 해도 조금이라도 낸 사람의 자존감은 높아질 수밖에 없다. 그래야 비로소 복지가 혜택이나 시혜가 아닌 누구나 누려야 하는 권리가 된다. 그게 진정한 복지 국가다.

일본을 반면교사로 삼아야 한다. 일본의 국가 부채는 2012년 말 기준 국내총생산의 240퍼센트에 달했다. 세계 최고 수준이다. 증세하지 않고, 즉 세수는 고려하지 않고 씀씀이를 키워 왔기 때문이다. 우리도 얼마든지 일본과 같은 상황에 놓일 수 있다. 부채가 늘어나는 건 순간이다. 복지를 늘릴 때는 반드시 세수를 고려해야 한다. 말하자면 늘어나는 복지 수요만큼 증세를 검토해야 한다. 부자 증세를 축으로 하는 직접세 강화는 물론이고, 기존의 면세 체계도 개선할 필요가 있다. 왜 납세가 의무여야 하는지 돌아볼 때다.

부동산 경기가 침체에 빠진 한국에서는 부동산 관련 세금을 줄이는 감세 정책을 꾸준히 시행하고 있다. 또 뜬금없이 등장한 '지하경제

양성화'로 추가 세수 확보를 자신하는 건 코미디다. 저성장에 빠진 한국은 나날이 세수 부족이 심해질 게 뻔하다. 실제로 박근혜 정부는 출범하자마자 약 17조 원에 달하는 추가경정예산안*을 발표했다. 그런데 이 예산에는 세금과 세수 부족을 메우는 세입경정 12조 원이 포함되어 있다. 그만큼 세수 부족이 심각하다는 방증이다. 이런 마당에 증세를 거부하며 포퓰리즘을 추구하면 순식간에 국가부채가 불어날 것이다. 문제는 한국이 일본과 달리 기축통화국이 아니라는 데 있다. 일본은 무리하게 국채를 발행해도 어느 정도 수요가 있다. 일본 가구의 저축률이 상당히 높기 때문에 내국인이 국채를 살 수 있는 여지가 크고, 국가신용도가 높아 해외 수요도 기대할 수 있기 때문이다. 반면, 한국은 임계점을 넘기는 순간 국채 수요를 감당할 수 없다. 만약 그렇게 된다면 한국의 위기는 현실이 될 수 있다. 저성장 국면에서 증세는 필연이다. 무엇보다 직접세 강화는 한국이 양극화 위기를 탈출할 수 있는 거의 유일한 방편이다.

추가경정예산안은 예산이 성립한 후에 생긴 부득이한 사유로 이미 성립된 예산에 변경을 가하는 예산안을 말한다.

4

경제기사는
성장의 역설을 외면한다

경제지사가
말해주지
않는
28가지

물가 상승률이 세금이라고
누구도 말하지 않는다

머니투데이 2012.12.31

올해 물가 2.2퍼센트 상승…
6년 만에 최저

31일 통계청이 발표한 '12월 및 2012년 소비자물가동향'에 따르면 올해 연간 소비자물가는 전년 대비 2.2퍼센트 상승했다. 2006년 2.2퍼센트 상승한 후 6년 만에 가장 낮은 상승률을 기록했다. 이는 지난해 물가가 4.0퍼센트에 달해 상대적으로 상승률이 낮아진 효과에다 올해부터 시작된 무상보육 등 정책지원 효과 등이 반영된 결과로 풀이된다.

"여보. 올해 물가가 2.2퍼센트 오르는 데 그쳤다고 하네."
"뭔 소리야. 돈 만 원 가지곤 살 것도 없는데. 채솟값, 생선값이 적어도 50퍼센트는 오른 것 같구먼."

사람들 대부분은 위 대화 첫 문장의 '그쳤다'는 표현에 자신도 모르게 설득된다. 무언가 이상하지만, 언론에서 2.2퍼센트 오르는 데 그쳤다고 하면 고마워하는 게 서민이다. 이런 류의 기사는 매우 흔하다. '10월 물가상승률 0.7퍼센트로 14년 만에 최저(매일경제 2013.11.01.)'가 대표적이다. '14년', '최저'라는 표현에 현혹당한다.

　사실 대중은 경제 용어를 잘 모른다. 단적으로 많은 사람들이 물가 통계가 무엇을 의미하는지 잘 모른다. 물가란 시장에서 거래되는 물건 가격의 평균 정도로 이해된다. 개별적인 물가를 모아 100으로 지수화한 것이 '물가지수' 통계다. 여기에 함정이 있다. 평균은 실체를 감추는 가장 좋은 수단이다. 예를 들면 어떤 이는 식료품에 많은 돈을 쓰고, 다른 이는 공산품 혹은 문화비에 많은 지출을 한다. 그런데 식료품 가격은 폭등하고 공산품 가격은 내린다고 가정해보자. 이때 평균적인 물가지수는 비교적 안정적일 것이다. 그러나 가격이 폭등한 식료품에 많은 돈을 쓰는 사람은 물가 안정을 전혀 체감할 수 없다. 반면, 가격이 내려간 공산품 구매에 지출을 많이 하는 사람은 물가 안정을 몸으로 느끼게 될 것이다. 결국 개인의 삶과 평균적인 물가지수는 그리 연관성이 높다고 할 수 없다. 다시 말해 평균은 현실을 오도할 뿐이다.

　대중은 체감 물가와 차이가 나더라도 물가상승률이 낮다는 기사만 보고 물가가 안정됐다고 안도하는 게 보통이다. 심지어 물가가 내리거나 안정적인 것을 불안하게 생각하는 경향도 있다. 물가 오름세가 당연한 일이 됐기 때문이다. 대체 물가가 얼마나 올라야 많이 오른 것이고, 어느 정도 올라야 적게 오른 것인가? 뜻밖에도 그 기준을 생각해본 사람이 거의 없다. 기준은 존재하는 것인가. 존재한다면 누가 정하는 것인가.

　종종 물가가 폭등할 때가 있다. 그럴 때면 물가 관리 당국은 물론 대통령까지 나서 '물가 잡기'를 공언한다. 더한 예도 있다. 이명박 정권에서는 '물가실명제'란 듣도 보도 못한 정책까지 등장했다. 공무원이 자신의 이름을 내걸고 특정 품목 물가가 오르지 못하게 한다는 것이다. 말 그대로 코미디다. 자본주의 국가에서 일개 공무원이 물가를 통제한다니, 어불성설이다. 물론 이는 화려한 쇼다. 불구대천의 원수라도 되는 양 정치권력이 물가 오름세 비판에 열을 올리는 이유가 있다. 물가 오름세를 온전히 남의 탓으로 돌려야 하기 때문이다.

인플레이션은 정치행위의 결과물

사람들 대부분은 인플레이션을 자연 발생적 현상이라 생각한다. 인플레이션이 철저히 계획되고 의도된 정치 행위의 결과물이란 사실은 모른다. 물론 이는 영악한 정치권력 혹은 기득권 세력의 프로파간다에 속아 넘어간 탓이다. 기득권이 속임수를 쓰는 이유가 무엇일까? 자기 이익을 위해서다. 인플레이션으로 가장 많은 이득을 보는 세력은 팔 것이 있는 독점적 지위 세력이다. 그것이 부동산이든, 주식이든, 재화 혹은 서비스든, 팔 것을 가진 자들이 이익을 얻는다. 구체적으로 재벌을 비롯한 대기업과 거액의 자산가 등 시장 지배적 위치에 있는 이른바 기득권 세력이다. 특히, 인플레이션이 이자율을 웃돌수록 부채가 많은 세력이 득을 보게 된다. 우리는 흔히 서민들이 빚을 많이 지고 있다고 생각하지만, 큰 빚은 대부분 거액의 자산가와 기업이 지고 있다. 이들은 인플레이션이 심해지면 자신들이 보유한 자산의 가격이 올라 이득을 보는 동시에 인플레이션으로 인한 부채 이자율 축소 효과로 이중 이득을 챙긴다. 반대로 자기 노동력 외에는 팔 것이 없는 세력, 가진 것이라고는 약간의 현금성 자산이 전부인 사람들이 손해를 본다. 여기에는 대다수 봉급 생활자와 알량한 고정액의 연금 혹은 사회 복지에 기대어 사는 서민들이 포함된다. 또, 경쟁이 치열해 인플레이션을 상쇄할 정도로 가격을 올릴 수 없는 중소기업과 자영업자도 손해를 본다. 말하자면 이득은 강자가, 손해는 약자가 고스란히 떠안게 되는 것이 바로 인플레이션이다. 자본주의 정글의 법칙이 온전히 적용되는 것이다.

정치권력은 약간의 인플레이션은 좋은 것이고, 과도할 때 문제가 된다고 주장한다. 그러나 어떤 경제학자도 '약간'과 '과도'의 차이가 얼마큼인지 기준을 제시하지 못한다. 더욱이 어떤 경제학자도 인플레이션의 연쇄 반응 현상을 부정하지 못한다. 일단 인플레이션이 시작되면 경제 참여자들 간의 가격 올리기 경쟁이 본격화한다. 한발이라도 늦으면 그만큼 손해를 보기 때문이다. 큰불은 항상 작은 불씨에서 비롯된다. 인플레이션도 마찬가지다. 작은 인플레이션이 불씨가 돼 큰 인플레이션으로 번진다. 약간의 인플레이션은 성장을 위해 어쩔 수 없다는 정치권력의 주장은 거짓말에 불과하다. 그들은 언제나 인플레이션에 불을 댕겨 심한 인플레이션으로 번지기를 원한다.

매년 3퍼센트씩 물가가 오른다고 가정하면(이것도 한국 상황에서는 엄청난 성공을 의미한다), 10년 후 물가는 35퍼센트 정도 오르게 된다. 이것을 안정이라 말할 수 있을까? 비교적 건강한 인플레이션 상황이라도, 우리는 앉아서 재산의 3분의 1을 도둑맞는 셈이다. 인플레이션은 신성한 노동의 가치를 강탈하는 강도다.

인플레이션의 주범은 중앙은행

우리는 인플레이션을 '재화와 서비스의 일반적 가격 수준이 상승하는 것'으로 정의하는 데 익숙하다. 그러나 이 정의는 인플레이션의 징후만 말하고 있을 뿐이다. 왜 물가가 오르는지는 설명하지 못한다. 우리가 인플레이션을 논하는 이유는 징후가 아니라 원인에 관심이 있어서다. 다음의 정의는 인플레이션의 원인이 어디에 있는지 명확하게 보여준다.

인플레이션은 일정 기간 이상 경제시스템에 화폐와 신용의 공급이 증가해 화폐의 가치가 떨어진 것을 말한다.

위 정의에 진실이 묻혀 있다. 이 정의에 따르면 화폐와 신용의 공급 증가가 곧 인플레이션이다. 가격이 오르는 것은 징후에 불과할 뿐이다. 다시 말하지만, 인플레이션의 원인은 화폐 및 신용의 공급 증가에 있다. 화폐 공급을 누가 하는가? 바로 정치권력(중앙은행)이다. 아직도 중앙은행이 존재하는 이유가 물가 안정에 있다고 보는가? 위 정의에 따르면 대부분의 경우 정치권력은 인플레이션을 막는 게 아니라 유발할 뿐이다. 인플레이션을 연구했던 스위스 바젤대학의 베른홀츠(Peter Bernholz)가 한 말은 의미심장하다.

"모든 주요 인플레이션은 정부에 의해 만들어졌으며 모든 하이퍼인플레이션*은 중앙은행이 인쇄기를 돌릴 수 있는 권한을 갖게 되면서 발생했다."

인플레이션이란 화폐가치가 절하되는 것을 말한다. 인플레이션은 온전히 화폐적 현상으로, 화폐가 존재하지 않는다면 인플레이션도 없다. 화폐가치 절하는 화폐 공급이 증가하기 때문에 발생한다. 화폐 발행은 온전히 정치권력의 권한이므로, 인플레이션은 정치권력이 100퍼센트 책임져야만 하는 일이다. 절대 남 탓이 아니다.

인플레이션이라는 이름의 세금

화폐 공급량이 증가하면 화폐의 가치는 하락한다. 그러면 사람들은 이전과 같은 수량의 상품과 서비스를 구매하는 데 더 많은 돈을 내야 한다. 이른바 인플레이션이다. 이는 실질소득 감소를 의미한다. 마치 정부가 세금으로 내 월급에서 돈을 빼간 것과 같은 효과가 발생한다. 즉, 통화 공급 확대로 발생한 인플레이션이 국민의 소득을 실질적으로 감소시키는 세금이 된 것이다.

인플레이션이 세금이라는 주장은 비교적 오래됐다. 1946년, 당시 연준의 총재인 루물(Beardsley Ruml)이 처음으로 주장한 것이다. 그는 인플레이션이 원천적으로 국민으로부터 세금을 징수하는 것과 같다고

| 하이퍼 인플레이션은 단기간에 발생하는 심한 물가 상승 현상을 말한다.

밝혔다. 다만 세금은 경제 활동의 결과로 발생하는 부와 소득의 불균형을 완화하는 순기능적 역할을 하지만, 인플레이션은 오히려 불균형을 심화시킨다는 점을 지적했다. 탁월한 식견이다. 세금은 많이 버는 사람이 많이 내는 구조를 유지한다. 대부분 부자들이 세금을 더 많이 낸다. 그리고 그 돈은 복지 등에 쓰여 소득 재분배 효과를 낸다. 그러나 인플레이션은 누구에게나 똑같은 부담을 지운다. 간접세와 비슷하다.

언뜻 인플레이션 세금은 공평하게 보인다. 왜냐하면 소득에 비례해 세금을 부과하기 때문이다. 연간 인플레이션이 10퍼센트라 가정했을 때 소득이 5,000만 원인 사람은 500만 원의 인플레이션 세금을 부담하고, 연간 소득이 1억 원인 사람은 1,000만 원의 인플레이션 세금을 부담한다.

하지만 일반적으로 소득이 낮은 사람은 세금을 면제해주거나 낮은 세율을 적용한다. 반대로 소득이 높은 사람에게는 높은 세율을 적용한다. 이런 측면에서 보면 인플레이션 세금은 전혀 공평하지 않다. 누구에게나 단일 세율을 적용하기 때문이다. 결국, 가난한 사람이 상대적으로 많은 세금을 부담하는 셈이다. 예를 들어 연 3퍼센트의 인플레이션이 발생할 때, 월 1,000만 원 소득자에게 빵 가격 몇백 원 오르는 건 별 문제가 안 된다. 하지만 월 100만 원 버는 사람에게는 큰 부담이다. 이는 부자와 서민 간 부의 불균형을 심화시키는 주요 원인이 된다.

특히 인플레이션은 구조적으로 서민과 봉급 생활자에게 불리하다. 왜냐하면 현금 보유자는 인플레이션 세금에서 벗어날 수 없기 때문이다. 부자들은 부를 현금으로 보유하지 않는다. 대부분 금융 자산이나 부동산 등의 형태로 보유한다. 이 때문에 이들은 인플레이션이 발생해도 거의 손해를 보지 않는다. 그 이유는 거듭 말하지만, 인플레이션이 돈(현금)의 가치가 하락하는 화폐적 현상이기 때문이다. 오히려 부자는 인플레이션이 발생하면 더 큰 수익을 올리기도 한다. 보유한 자산 가격이 뛰기 때문이다.

인플레이션 세금의 부작용은 만만치 않다. 인플레이션이 숨겨진 세금이란 사실을 알지 못하기 때문이다. 세금이 오르면 극렬히 저항하는 사람들도 인플레이션에는 무감각한 게 보통이다. 고지서로 통보되거나 월급봉투에서 직접 떼어가는 세금이 아니고 돈을 쓸 때 간접적으로 부담하는 세금이라 그만큼 무감각하기 때문이다.

인플레이션 세금은 민생을 위협할 뿐 아니라 중산층과 서민층의 부를 부유층에 이전한다. 서민층과 중산층이 소비한 대부분의 재화는 부자들이 생산하거나 공급한 것이다. 내가 사는 라면 한 개, 과자 한 봉 모두가 자본이 생산한 것이다. 따라서 이들의 가격이 오른 만큼 내 돈도 자본가들에게 더 이전되는 셈이다.

"인플레이션 세금은 국가를 부유하게 하지 못하고 서민을 더욱 가난하게 만들 뿐"이라는 말을 새겨들어야 한다. 정치권력은 서민 생활을 위협하는 인플레이션을 막아야 할 책임이 있다. 실질 소득이 하락하는 효과를 내는 인플레이션은 국민의 생활 수준을 떨어뜨리는 주범이다.

경기를 살리려는 인플레이션은 늘 디플레이션을 부르게 돼 있다

> 한겨레신문 2013.03.03
>
> '아베노믹스' 칼 뽑은 일본
>
> 아베노믹스의 3가지 기둥은 인플레이션 2퍼센트를 목표로 한 대담한 양적 완화, 기동적인 재정지출, 민간투자를 촉진하는 성장전략이다. 적극적인 경기부양을 통해 20년간 지속된 불황과 디플레이션의 고리를 끊겠다는 것이다.

"어! 자동차 가격이 내렸네."

"정말이야. 살다 보니 이런 일도 있네."

위 기사에 '성장론'의 진수가 녹아 있다. 이 기사는 인플레이션과 성장을 동일 축으로 보고, 디플레이션을 불황이라 표현하고 있다. 이 둘은 겉으로는 상반되는 개념으로 보일지 모르지만, 실상은 원인과 결과일 뿐이다. 디플레이션은 인플레이션이 낳은 필연적 결과물이란 점에 주목할 필요가 있다.

공산품의 대량 생산과 혁신이 이뤄지면 가격이 내려가는 게 정상이다. 지난 수십 년간 컴퓨터 가격이 계속 내려가듯 말이다. 그러나 현실에서 공산품의 가격 하락은 거의 볼 수 없다. 기업이 대량 생산과 혁신으로 발생한 가격 하락 압력을 제품의 라이프사이클을 단축시키는 방법으로 회피하고 있기 때문이다. 가격이 떨어질 것 같으면 제품을 단종하고 신제품을 출시해 오히려 가격을 올리는 게 일반적이다. 기업은 온갖 수단을 동원해 가격을 올리려 시도한다. 가격을 내리는 경우는 극히 드물다. 위 대화처럼 "살다 보니 이런 일도 있네"라고 놀랄 만큼 예외적인 사건이다. 인플레이션은 어느새 당연한 현상으로 사람들의 뇌에 각인됐다. 어쩌면 인플레이션에 길들여져 왔다고도 할 수 있다.

성장이란 개념은 일정 부분 인플레이션 현상을 내포하고 있다. 특히, 성장 경제는 끊임없이 무언가를 더 만드는 체제이다. 이는 결국 유한 자원이 그만큼 줄어든다는 뜻이다. 따라서 그 줄어드는 자원을 이용해 가공되는 성장 경제 부산물의 가격은 오를 수밖에 없다. 실제로 자본주의와 인플레이션 그리고 성장은 동의어라고 해도 좋을 정도로 친구처럼 동행해 왔다. 물론 대공황 등 몇 개의 이벤트를 제외하고 말이다.

우리는 대공황에 주목할 필요가 있다. 성장 경제 시스템 아래서 인플레이션은 당연해야 하는데, 특정 상황에서 세계 경제는 인플레이션을 참혹하게 파괴하며 그것을 당연시하는 사람들을 비웃는다. 그리고 인플레이션과 정반대인 디플레이션 상황을 만들어낸다. 이른바 경기침체나 공황의 시기가 도래하는 것이다. 인플레이션은 의도되지만 디플레이션은 의도되고 계획되는 것이 아니다. 디플레이션은 누구도 예견하지 못한 상황에서 소리 없이 우리에게 다가와 탐욕으로 물든 세상을 파괴한다. 도대체 왜 이런 일이 벌어지는 것일까?

성장의 동반자인 인플레이션이 지속할 수 있으려면 건강한 수요가 전제 조건이다. 건강한 수요란 건실한 노동을 기반으로 한 수요를 말한다. 하지만 20세기 후반 그리고 21세기의 성장은 노동의 결과물이 아니다. 그 성장의 태반은 신용(일종의 빚으로 이해해도 좋다.)을 먹이로 했다. 노동을 기반으로 하지 않은 성장은 결국 파괴될 수밖에 없다. 그 동반자인 인플레이션도 마찬가지다.

기득권은 뜻밖에도 대중의 수요에 기생한다. 일반적으로 소수 기득권 세력이 대중을 먹여 살린다고 생각하지만, 이는 잘못된 것이다. 현실은 반대다. 대중의 수요가 없으면 소수 기득권 세력의 생명도 끝난다. 그래서 기득권은 노동을 기반으로 한 현금 위주의 건강한 수요 대신 신용을 제공해 가공의 수요를 만들어 낸다. 과잉 생산 시대에 넘쳐나는 생산물을 처리할 방법은 과잉 소비 외에는 없기 때문이다. 기득권은 과잉 소비를 위해 대중을 신용의 덫에 몰아넣었다. 그 신용은 무차별적이다. 작게는 개인의 신용을 담보로 하는 신용카드부터 국가의 신용을 담보로 하는 국채, 이에 더해 신용 자체를 사고파는 파생상품에 이르기까지 마침내 20세기와 21세기는 신용의 천국이 됐다. 세상은 기득권이 원하는 구도로 판이 짜인 셈이다.

21세기 세계 경제는 시스템이 견디지 못할 정도로 신용의 무게에 짓눌려 있는 상황이다. 그리고 2008년 마침내 그것이 폭발했다. 우리가 금융위기라 부르지만, 실체는 신용위기 혹은 부채위기이다. 신용의 와해는 당연히 그 신용을 기반으로 한 탐욕스런 수요를 파괴한다. 세계는 급속히 디플레이션으로 진입하지만, 디플레이션에 화들짝 놀란 기득권은 다시 엄청난 신용을 경제 시스템에 주입한다. 그러나 한 번 움츠린 시스템은 좀처럼 회복하지 못한다. 막대한 신규 신용의 주입에도 경제 주체들은 과거의 신용을 갚는 일에 분주할 뿐이기 때문이다. 신용의 과도한 팽창은 이미 경제 주체 대부분을 빚쟁이로 전락시켰다. 2008년의 금융위기는 그동안 자신이 빚쟁이라는 사실을 잊고 소비에 몰두하던 사람들에게 자신이 빚쟁이에 불과하다는 사실을 각인시킨 계기가 됐다.

흔히 사람들은 신용이 무한하다고 생각하지만 절대 그렇지 않다. 신용 역시 교환이 전제되어야 가능하다. 신용을 얻기 위해서는 신용 제공자에게 담보로 무언가를 주어야 하는데, 담보는 유한하다. 담보가 없으면 신용 시스템이 유지될 수 없다.

건강한 시스템이라면 자정 능력을 갖추고 있어야 한다. 그러나 현재 우리의 시스템은 자정 능력이 없는, 팽창 혹은 성장 일변도의 시스템이다. 건실한 노동 위에 세워진 성장 시스템이 아니라 탐욕에 의해 가공으로 부풀려진 성장 시스템이다. 이는 반드시 파괴되기 마련이다. 마찬가지로 인플레이션은 건실한 수요가 견인해야 한다. 만약 가공의 신용이 인플레이션을 견인한다면, 시스템은 언젠가 반드시 파괴되고 경제는 디플레이션의 늪에 빠질 것이다. 대공황 때처럼, 그리고 2013년 오늘의 세계처럼 말이다.

성장과 중앙은행

> **한겨레신문 2013.01.07**
>
> "물가 안정"→"성장세 지원"…
> 한국도 '양적 완화' 나서나
>
> 금융시장이 오는 11일 열리는 올해 첫 금융통화위원회 회의에 촉각을 곤두세우고 있다. 지난해 10월 11일 연 3.00에서 2.75로 낮춰 지금껏 동결해온 기준금리를 내릴 것인지, 아니면 다른 통화확대 정책을 내놓을지에 관심이 쏠려 있다. 특히 이번 금통위에서는 새 정부와의 정책 공조방향도 논의될 것으로 예상된다.

기존 경제학자 대부분은 성장론자다. 대중 역시 성장을 옹호한다. 성장을 위해서라면 어떤 희생도 감수할 준비가 돼 있다. 물론 성장해야 하는 이유는 그럴듯하다. 그중에서도 유독 강조되는 이유가 '일자리'다. 성장을 해야 일자리를 만들 수 있다는 논리다. 그러나 이는 거짓임이 이미 입증됐다. 한국은 나름 지속해서 성장했지만, 성장에 비례해 일자리가 늘고 있다는 증거는 어디에도 없다. 이제 성장의 진정한 이유를 되새겨 봐야 할 때다. 성장은 소수가 아닌 다수를 위한 것이어야 한다. 소수 기득권이 아닌 국민을 위한 성장이어야 한다.

2013년 박근혜 대통령 시대가 열렸다. 경제 정책은 대통령이 수차례 언급했듯 '성장'에 방점을 두고 운용될 것이 뻔하다. 특히 정권 초 무언가를 보여 줘야 한다는 강박이 있을 것이고, 이는 이명박 집권기의 저성장 국면을 어떻게든 벗어나려는 시도로 나타날 것이다. 그 방법 역시 눈에 보인다. 성장 정책이 어떤 모양으로 구체화할지 정확히 알 수는 없지만, 지름길은 결국 '팽창적 통화정책'이다. 재정정책만으로는 한계가 있으니 이명박 시대의 뒤를 이어, 아니 그보다 더 과감하게 '값싼 돈'을 풀어 경기를 부양하려 할 것이고 실제로 그렇게 하고 있다.

여기에 중앙은행도 한 몫을 더하고 있다. 김중수 한국은행 총재가 '명목 국내총생산(GDP)*목표제'를 거론한 것이다. 그는 2013년 신년사에서 "최근 명목 GDP 수준을 정책 목표로 삼아야 한다는 의견이 학계에서 나오고 있고, 심지어 어떤 주요 중앙은행에서는 이 정책을 시행할 가능성마저 열어 놨다"고 말했다.

중앙은행장의 발언은 신중해야 한다. 중앙은행장의 말 속에 한 나라의 통화정책 방향을 담고 있기 때문이다. 그러니 발언의 무게가 엄중할 수밖에 없다. 당연히 한마디를 하더라도 심사숙고의 과정을 거쳐 신소리나 헛소리를 좀처럼 하지 말아야 한다. 자칫 시장의 혼란을 부추길 가능성이 크기 때문이다. 그런데 김중수 총재는 왜 이런 민감한 사안에 대해 발언한 것일까? 비록 학계와 다른 나라 사례를 소개하는 형식을 빌었지만 말이다.

'명목 GDP 목표제'는 명목 성장률의 부침에 맞춰 통화량과 기준금리를 정하는 것이다. 예를 들어 5퍼센트 명목 성장 목표가 정해지면 목표를 달성할 때까지 물가상승률에 상관없이 통화량과 기준금리를 조정하는 것이다. 현재의 '한국은행법'은 물가 안정이 중앙은행의 목표

명목 국내총생산(GDP)은 국내에서 생산된 최종생산물의 수량에 그 때의 가격을 곱하여 산출한 것으로, 경제규모 등의 파악에 이용된다.

임을 명확히 하고 있다. 4조 1항에는 '한국은행의 통화 신용 정책은 물가 안정을 저해하지 아니하는 범위 내에서 정부의 경제 정책과 조화를 이룰 수 있도록 해야 한다', 6조 1항에는 '한국은행은 정부와 협의하여 물가 안정 목표를 정한다'고 하며 물가 안정의 중요성을 강조하고 있다. 그런데 위 발언은 그 기조를 바꾸겠다는 의지를 표명한 것이다. 물가 안정이라는 목표를 포기하고 성장을 목표로 한 통화정책을 펴겠다는 말이다. 이는 단순한 발언이 아니다. 중앙은행이 인플레이션을 무시 혹은 적어도 방관하겠다는 뜻이기 때문이다.

김중수 총재의 발언은 계속 이어졌다. 2013년 1월 3일 금융기관장들과 만난 신년 인사회 자리에서도 "우리 경제의 성장세 회복을 지원하는 데 중점을 두고 통화정책을 운용하겠다"고 했다. 경기 부양을 위한 한국은행의 적극적인 정책 의지를 읽을 수 있다.

그런데 이런 발언은 중앙은행의 위상을 스스로 추락시키는 것이다. 마치 한국은행이 정부의 한 부처가 되어 정부 정책을 적극 지원하는 모양새로 비치기 때문이다. 중앙은행은 독립기관이어야 한다. 정치권력은 유한하지만 국가는 영구적이기 때문이다. 보통 정치권력은 인기를 위해 장기적 관점보다 단기적 관점에서 경제 정책을 운용한다. 유한한 임기 내에 무언가 결과를 보여 줘야 하는 탓에 상식 밖의 정책을 밀어붙이는 경우도 있다. 예를 들면 4대강 사업 같은 소모적 사업에 국가 재정을 탕진하는 경우다. 이를 막기 위해 '돈줄'을 독립기관인 중앙은행이 관리하는 것이다. 즉 정치권력의 무모한 '돈 쓰기' 욕망을 제어하기 위해서 중앙은행을 두는 것이다. 국가 재정 낭비로 국가가 망하는 걸 막기 위해 중앙은행이 존재한다는 말이다. 그런데 김중수 총재의 이런 행위는 중앙은행장이 독립성을 내려놓고 스스로 정치권력과 기득권을 옹호하는 모습을 보이고 있는 것과 같다.

사실 한국도 저성장을 하고 있지만, 그 정도가 미국·유럽·일본처럼 심각하지는 않다. 무엇보다 금융위기의 당사자인 미국과 유럽 같은 심각한 경기 침체를 겪고 있지 않다. 그런데도 '명목 GDP 목표제'를 언급하는 건 명백한 월권이다. 물가 안정을 최우선으로 하는 한국은행법을 정면으로 위반하는 행위다.

경기 부양을 위해서라면 무제한적으로 돈을 풀겠다는 사고방식은 매우 위험하다. 한국의 원화는 기축통화가 아니기 때문이다. 기축통화는 해외 수요가 있다. 이 때문에 '돈 찍기'를 해도 그 돈이 자국 내에서만 머물지 않는다. 당연히 인플레이션 압력에서도 비교적 자유롭다. 그러나 원화는 쓰임새가 한정된 통화다. 유동성을 확대하면 통화 가치가 급속히 절하될 수밖에 없다. 이는 고인플레이션으로 연결된다. 이 때문에 한국은행은 선진 중앙은행의 흐름을 맹목적으로 따라가서는 안 된다. 또 정치권력의 성장 정책을 무조건 좇아서도 안 된다. 오히려 정치권력의 무모한 욕망을 제어할 필요가 있다. 그 구체적 수단이 바로 '물가 안정'이다. 인플레이션 억제야말로 중앙은행의 설립 목적임을 잊으면 안 된다.

국민소득 증가에 가난해지는 가계가 볼모로 잡혀 있다

문화일보 2013.03.26

작년 1인당 국민소득 고작 257달러 늘었다.

2만 2,451 달러 → 2만 2,708 달러 3년래 증가율 최저치 기록

1인당 GNI 중 실제로 우리나라 국민이 가져가는 몫을 의미하는 1인당 개인총처분가능소득(PGDI)은 1만 3,150달러였다. 글로벌 금융위기 여파로 2008년 2만 달러 밑으로 떨어졌던 우리나라 1인당 GNI는 2010년 2만 달러대를 회복했으나 3년 연속 2만 달러 초반 수준에 머물러 있어 보다 강한 성장력 확충이 필요하다는 지적이 나오고 있다.

"1인당 국민소득이 생각보다 높네. 우리 가족이 3명이니 우리 집 소득은 6만 달러가 넘어야 하네."
"그래! 우린 한 달에 200만 원도 못 버는데."
"그러니 우리가 얼마나 가난한 거야. 당신 분발해야 해."

대부분의 한국 가정은 위와 같은 대화를 한번은 나눠 봤을 것이다. 참 이상한 일이 아닐 수 없다. 1인당 국민소득은 몇 년 전에 벌써 2만 달러

가 훨쩍 넘었다고 하는데, 우리 집은 물론 주변을 둘러봐도 신문에서 말하는 그 소득을 올리는 가구는 눈에 띄지 않는다. 대체 어찌된 일일까?

1인당 국민소득의 착시현상

그 이유를 알기 위해서는 1인당 국민소득이란 개념부터 알아야 한다. 먼저 국민총소득(GNI : Gross National Income)이란 한 나라의 국민이 일정기간 생산에 참여한 대가로 벌어들인 소득의 합계를 말한다. 1인당 국민소득이란 이 국민총소득을 인구수로 나눈 것이다.

이렇게 산출한 통계는 착시현상을 일으킨다. 1인당 국민소득이라는 개념은 많이 벌고 적게 버는 사람 모두의 소득을 뭉뚱그린 평균치에 불과하다. 재벌 회장은 배당금으로 천억 원 이상을 벌고 어떤 이는 한 푼도 벌지 못하는 현실을 통계는 무시한다. 무엇보다 1인당 국민소득이라는 개념 뒤에는 또 하나의 함정이 있다. 총소득에서 개인에게 돌아가는 몫은 얼마 되지 않는다는 사실이다. 위 국민총소득에는 기업이 번 것도 포함된다. 따라서 기업이 개별 주주들에게 배당금 등으로 지출한 것을 제외한 기업 저축(순이익에서 배당금을 뺀 잉여금)은 빼야 한다. 그러고도 남는 몫이 전부 개인 소득은 아니다. 또 빼야 할 게 있다. 정부가 징수하는 세금과 국민연금 등 사회보험 부담금을 제외해야 한다. 이 돈은 개인이 벌었지만 쓸 수 없는 돈이다. 결국 1인당 개인총처분가능소득(PGDI)은 1만 3,150달러로 줄어든다. 이렇게 따져 보면 국민소득에서 순수하게 개인 몫으로 돌아가는 비중은 57.9퍼센트에 불과하다. 이 비중은 2006년에 60.6퍼센트로 60퍼센트대를 웃돌았으나, 경제 성장과 가계 소득 간 괴리가 커지면서 2010년부터는 3년 연속 57퍼센트대에 머물고 있다. 참고로 한국은행 자료에 의하면 국민총소득에서 '가계'가 차지하는 비중은 미국 75.3퍼센트, 일본 63퍼센트, 한국 57.9퍼센트, OECD 평균은 62.3퍼센트다. 한국은 여기서도 어김없이 거의 꼴지 수준이다. 이는 무엇을 의미하는 걸까. 답은 바로 다음 기사에 잘 나타난다.

> 뉴시스 2013. 04. 01
>
> **10대 그룹 '현금자산' 124조 원…**
> **삼성 44조 원 1위**
>
> 1일 재벌닷컴이 공기업을 제외한 자산 순위 10대 그룹 소속 83개 12월 결산 상장사의 현금성 자산을 집계(연결 기준)한 결과 지난해 말 현재 총 123조 7,000억 원으로 전년의 112조 4,000억 원보다 10퍼센트포인트인 11조 3,000억 원이 증가했다.

그렇다. 한국 재벌 기업의 부는 점점 커지고 있다. 이는 '비즈니스 프렌들리'를 국정 기조로 삼은 이명박 정권의 작품이다. 더욱 가관인 건 이들 대기업 간에도 양극화가 진행되고 있다는 사실이다. 상위 30개 대기업 집단에서 삼성, 현대자동차, 에스케이(SK), 엘지(LG) 등 4대 그룹이 차지하는 자산 비중이 2009년 49.6퍼센트에서 2013년 4월 5.3퍼센트로 5.7퍼센트포인트 증가했다. 대기업이 더 많은 부를 가져가는 '승자독식' 현상이 점차 심해지고 있는 것이다. 한마디로 부자는 더 부자가 되고 가난한 자는 더 가난해지는 부익부 빈익빈 현상이 가시화하고 있다.

그렇다면 한국의 국민소득 대비 개인총처분가능소득의 비율이 얼마나 낮은 것인가? 한국은행이 OECD 25개 회원국과 비교해 보니, 한국은 2011년 기준 회원국 평균인 62.3퍼센트와 4퍼센트포인트 이상의 격차를 보이며 20위를 기록했다. 그런데 20위 아래 국가들이 의외다. 스웨덴·덴마크·네덜란드·노르웨이 등 모두 복지 선진국이다. 이 나라에서는 무상 복지 서비스가 통계상 개인소득으로 잡히지 않는다. 그러니 사실상 한국이 꼴찌인 셈이다.

정리하면, 우리나라의 국민소득은 상대적으로 기업소득의 비중이 높고 가계소득의 비중이 낮다. 한마디로 기업은 부자, 국민은 가난한 형태를 띠고 있는 것이다. 그러니 1인당 국민소득과 현실 가계소득 간의 불일치가 생기는 게 당연하다. 기업소득이 포함되어 국민소득 전체가 높아지게 되는 일종의 착시현상이 생기는 것이다.

소득 감소의 악순환

개인총처분가능소득이 낮다는 건 단순한 문제가 아니다. 가계가 가난해지면 자연스레 소비가 줄어든다. 소비 감소는 기업 매출 저하로 이어지고, 이는 곧 투자 부진으로 연결된다. 결국 기업은 국내 대신 국외에서 활로를 찾고자 수출에 주력하게 된다. 심한 경우 생산 거점을 국외로 옮기는 오프쇼링(Offshoring)의 원인이 된다. 이는 다시 국내 고용률을 떨어뜨려 가계소득 저하, 내수 부진으로 이어지는 악순환의 고리가 된다.

통계는 이런 사실을 확인해 준다. 2012년 실질 GDP 성장률은 2퍼센트로, 2011년 3.7퍼센트의 절반 수준으로 하락했다. 반면 수출 위주 성장 정책을 펼친 결과, 국내총생산 대비 수출 비중은 2012년 3분기에 57.3퍼센트로 사상 최대를 기록했다. GDP 대비 수출 비중이 높다는 말은 그만큼 국내 기업이 국외에서 활로를 찾았다는 의미다. 즉, 내수 부진을 수출로 타개한 것이다. 사실 GDP 대비 수출 비율은 외환위기 전인 1996년에는 27.7퍼센트에 그쳤다. 그런데 1998년 외환위기 발생 이듬해에 44.3퍼센트로 상승했고, 2008년에는 53퍼센트로 GDP의 절반을 넘어섰다. 그리고 2011년에는 56.2퍼센트로 십 년도 안 돼 두 배 이상 높아졌고, 2012년 마침내 60퍼센트에 근접했다.

위 통계는 의미심장한 결과를 담고 있다. 한국 경제가 위기에 몰린 이듬해에는 어김없이 수출 비중이 높아졌다는 사실이다. 경제위기를 맞아 위기에 몰린 가계가 소비를 줄이고, 이는 내수 부진으로 연결되어 기업이 수출에서 활로를 찾은 결과가 그대로 반영되어 있다. 이는 다시 나선형 악순환 구조로 연결된다. 수출 비중이 높아져 대외 의존형 경제 구조를 갖게 된 한국 경제는 그만큼 대외 요인에 취약할 수밖에 없다. 세계 경기가 후퇴하면 수출이 타격받고, 이에 따라 경기가 쉽게 침체하는 치명적 약점을 갖게 되는 것이다. 그러면 다시 한국 가계의 소득을 떨어뜨려 내수까지 동반 침체하는 이중고를 겪는다. 사실 한국 경제의 최대 약점은 바로 내수 부진에 있다. 새가 양 날개로 날듯 경제도 내수와 수출이 어느 정도 균형을 이루며 성장해야 한다. 그러나 한국 경제는 수출 쪽의 한 날개만 기형적으로 발달해 매우 위태로운 비행을 하고 있다. 한쪽만 유난히 발달한 날개를 가진 새는 결국 추락하듯, 한국 경제도 그런 운명에서 벗어날 수 없다.

저축률 하락은 가계 경제 위기의 신호

가계 소득이 줄면서 저축률도 점차 하락하고 있다. 2012년 가계의 순저축률은 3.4퍼센트로, 전년보다 0.3퍼센트 상승하기는 했다. 하지만 2001~2010년 평균치 4.6퍼센트에는 한참 못 미친다. OECD 회원국 평균치인 4.4퍼센트(2011년 기준)에 견주어 봐도 낮은 수준이다. 유럽의 일부 위기국이나 일본을 빼면 거의 꼴찌다.

가계 저축률이 떨어지는 이유는 앞에서 살펴본 것처럼 2000년대 들어 본격화한 가계소득과 기업소득 간의 격차가 점차 벌어지고 있기 때문이다. 가계소득의 연평균 증가율은 1990년대 12.7퍼센트에서 2000년대 6.1퍼센트로 낮아진 반면, 기업소득 증가율은 같은 기간 4.4퍼센트에서 25.2퍼센트로 대폭 확대됐다. 성장했지만, 그 과실이 가계가 아닌 기업에 집중된 결과다. 저축을 하기 위해서는 소득이 있어야 한다. 가계소득 증가율이 기업소득 증가율보다 떨어지니 가계의 저축률이 하락하는 건 당연한 일이다.

가계 저축률이 떨어지는 또 다른 요인이 있다. 바로 국민연금을 비롯한 준조세 성격의 사회부담금이 증가했기 때문이다. 1989년 건강보험 확대, 1999년 전 국민 국민연금 실시로 저소득층은 그나마 남아있던 저축 여력도 없어졌다. 결과적으로 사회부담금이 증가하면서 가계 저축률은 하락했고 정부 저축률은 상승했다.

가계 저축률 하락은 많은 문제를 일으킨다. 교과서적이지만 가계의 저축률이 하락하면 기업의 투자 재원 조달에 어려움을 겪을 수 있다. 이는 결국 기업 생태계에도 부정적인 영향을 준다. 하지만 더 큰 문제는 가계 저축률이 하락하는 만큼 한국 가계의 내성도 허약해지고 있다는 사실이다. 예를 들어 가장이 실직하면, 저축이 있는 가정과 없는 가정 사이에 큰 격차가 생기게 된다. 저축이 없는 가정은 곧바로 빈곤 상황에 놓이게 되는 것이다. 저축은 위기 때 일종의 자동차 범퍼 역할을 한다. 가계는 저축을 헐어 그나마 소비를 하고, 이는 결국 소비의 변동성을 낮춰 경제 전반의 변동성을 축소한다. 하지만 반대의 경우에는 소비가 급감해 결국 경제를 위축시키는 주요 원인이 된다. 현재 한국 상황이 바로 이런 형국이다. 거듭 말하지만, 한국의 가계 저축률 하락 원인은 가계와 기업 간에 벌어지고 있는 소득 양극화에 더해 사회부담금이 증가하고 있기 때문이다. 그래서 가계의 저축률을 인위적으로 높이는 건 그리 바람직하지 않을 수 있다. 그나마 남은 소비 여력까지 소진시켜 국민 경제를 더욱 위험에 빠지게 할 수 있기 때문이다.

저축률을 높이기 위한 제언

가계 저축률을 높이는 방법이 없는 건 아니다. 바로 가계의 소득을 늘려주면 된다. 즉, 개별 가계를 건강한 소비자로 전환하게 하면 된다.

그래야 경제 생태계가 살아날 수 있다. 구체적으로 기업에 편중된 소득을 일반 가계로 전이시키면 된다. 장기적으로는 기업의 투자를 유도해 고용률을 높여야 하고, 단기적으로는 기업에 대한 세금을 정상화해 조세를 통한 '부의 재분배' 효과를 꾀해야 한다.

또 있다. 국민연금을 비롯한 사회보험금 운용 방식을 재검토할 필요가 있다. 현재 사회보험금은 마치 정부 것인 양 남용되는 경향이 있다. 하지만 이 돈의 주인은 국민이다. 사회보험은 일종의 강제 저축이다. 따라서 적립된 사회보험금의 공정한 운용 방안을 검토할 때가 됐다.

현재 국민연금은 대부분 국내·외 주식과 채권에 투자되고 있다.(2012년 말 기준 국민연금기금의 경우 채권 64.8퍼센트, 주식 26.7퍼센트, 대체 투자 8.4퍼센트.) 이것이 과연 올바른 것인가에 대한 논의는 별개로 하더라도, 주식시장이 폭락할 때 국민연금이 개입해 시장을 떠받치는 행태는 분명 잘못된 것이다. 전 국민이 주식을 하는 게 아니기 때문이다. 국민의 소중한 돈이 일부 주주들의 이익을 위해 사용되는 일은 어떤 논리로도 정당화할 수 없다. 노후 대비를 위해 국가가 개입해 저축을 강제하는 것까지는 이해할 수 있다. 하지만 강제 저축으로 현재의 소비가 과도하게 제약되고, 동시에 이 과정에서 적립된 기금이 주로 금융시장에 투자되는 것은 바람직하지도, 올바르지도 않다. 국민 경제를 고려한 자금 운용 방식을 고민할 필요가 있다. 무엇보다 사회보험금으로 소비가 줄게 되고 이것이 내수 부진을 야기하는 원인이라면 그 대안을 적극 찾아야 할 것이다. 특히 저소득층에게 사회보험금은 이미 과도한 부담이다. 당연히 저소득층의 소비는 줄 수밖에 없다. 이런 상황에 내수가 성장할 수는 없다. 성장을 위해서라도 국민연금 등 사회부담금의 운용 방식이 하루빨리 개선되어야 한다.

서울올림픽이 열렸던 1988년, 약 25퍼센트에 달했던 한국의 가계저축률은 지난해 3.4퍼센트로 추락했다. 이는 OECD 평균치를 크게 밑도는 참혹한 수치다. 그나마도 평균치라는 데 주목해야 한다. 부유한 소수의 가구를 제외하면 거의 모든 가계가 저축은 엄두도 못 내거나 적자 상태란 말이다. 이런 상황에서 국민소득이 몇만 달러라는 말은 의미가 없다. 오히려 이는 한국 경제의 구조적 모순을 가속하는 주요 변수다. 내수보다 수출에 기댄 성장에 집착하게 하기 때문이다. 이대로 가다간 자칫 한국의 내수는 동토의 땅처럼 얼어붙을 수 있다. 개별 가계의 저축률을 높여야 하는 이유다.

경기 호전 뉴스에 절대
체감 경기 좋아진다는 소식은 없다

> 연합뉴스 2013.07.25
>
> **2분기 성장률 전기 1.1퍼센트,
> 9분기 만에 0퍼센트대 탈출**
>
> 한국은행이 25일 집계한 '실질 국내총생산(GDP) 속보치'에 따르면 2분기 실질 GDP 성장률은 직전 분기보다 1.1퍼센트 증가했다. 전기 대비 성장률은 2011년 1분기 1.3퍼센트를 기록하고서 8분기 연속 0퍼센트대에서 움직였다. 올해 2분기 실질 GDP는 작년 동기 대비로는 2.3퍼센트 증가했다.

"야! 드디어 성장률이 0퍼센트대를 탈출했네."
"그러게 말이야. 그런데 왜 우린 좀처럼 경기 회복을 체감하지 못하는 거지."

2013년 2·4분기 실질 GDP가 전 분기 대비 1.1퍼센트 성장했다. 2011년 2분기 이후 2년여 만에 성장률이 0퍼센트대에서 벗어났고, 3분기 연속 확대됐다. 이 정도면 경기 회복에 기대를 하기 충분하다. 그에 따라 2014년 성장률 전망치도 속속 상향 조정되고 있다. '경제전망기관 한국 성장률 예상치 줄줄이 상향(연합뉴스 2013.10.29.)'이 대표적인 기사다. 성장률로만 보면 이미 침체를 벗어난 상황이니 국민의 삶 역시 나아져야 한다. 하지만 현실은 정반대다. 다음과 같은 말을 너무 자주 듣는다.

"지표상으로는 경제가 좋아지고 있는데, 체감경기는 여전히 깜깜하다."

체감경기와 시간선호

여기서 '체감경기'란 대체 무엇을 말하는 걸까? 오감으로 느낀다는 말 같은데 정확한 의미를 알고 있는 사람은 뜻밖에도 드물다. 일반적으로 체감경기는 한국은행의 경제 심리 지수(ESI)를 토대로 한다. 이 지수는 기업과 소비자의 경제 상황에 대한 심리를 종합적으로 조사해 지수화한 것이다. 통상 100을 기준으로 판단하는데, 100을 넘으면 기업과 소비자 모두를 포함한 민간의 경제 심리가 과거 평균보다 나은 수준이라고 해석한다. 여기서 100은 장기 평균값이다. 반대로 100을 밑돌면 민간의 경제 심리가 과거 평균보다 떨어진다는 의미다. 하지만 이 지수는 한계가 있다. 기업경기실사지수와 소비자심리지수를 더해 놓았기 때문이다. 게다가 기업 쪽에 가중치를 주어 가계를 중심으로 한 소비자들의 실제 체감경기를 그대로 대표하지 못한다. 무엇보다 이 지수 역시 평균이란 함정을 피해 갈 수 없다.

실제 체감경기는 이런 지수가 계량화할 수 없는 영역에 있다. 체감경기란 보통 사람이 일상의 경제 활동에서 느끼는 경기를 말한다. 채소·과일 등 식료품을 사고, 전세를 얻고, 점심을 사 먹을 때 느끼는 경기가 바로 체감경기다. 따라서 체감경기는 개인별로 다를 수밖에 없다. 그럼에도 체감경기가 안 좋다는 말이 여기저기서 들린다는 것은 그만큼 대다수 사람이 느끼는 경기가 좋지 않다는 의미다. 어쩌면 '체감경기'란 용어에는 거시경제 지표가 표현할 수 없는 대다수 서민들의 삶이 내재해 있다고 볼 수 있다.

'시간선호(Time Preference)'란 용어가 있다. 국어사전의 정의에 따르면, 소비자가 주어진 소득을 저축해 두고 일정한 때를 정해 지출하려는 생각을 말한다. 시간선호가 높아진다는 말은 사람들이 저축 기간을 늘린다는 의미다. 즉 현재의 소비를 줄인다는 말이다. 반대로, 시간선호가 낮아진다는 말은 저축 기간을 줄이고 현재의 소비를 늘린다는 뜻이다.

"여보. 더워도 너무 더운데, 올 여름엔 에어컨 좀 사지."
"미쳤어. 우리가 이자를 한 달에 얼마나 내는지 알아? 대출금 갚을 때까진 그냥 참아!"

보통 시간선호를 높이는, 즉 현금을 가능한 오래 보유하려는 이유는 미래에 대한 확신이 부족하기 때문이다. 미래가 탄탄대로라 믿는다면, 즉 경제적 목표 달성에 아무런 장애가 없다고 생각한다면 현재의 소비를 줄여 현금 보유량을 늘릴 이유가 없다. 가능하면 최대 만족을 위해 먹고 싶은 것을 먹고, 사고 싶은 것을 사면서 즐겁게 살려 할 것이다.(물론 개중에는 현대의 소비 사회에 진절머리를 치는 사람들도 있다. 여기서는 소비를 즐거워하는 보통 사람을 상정한 것이다.) 그러나 보통은 미래를 대비할 필요가 있다고 생각하기 때문에 화폐에 대한 시간선호를 높인다. 미래가 불안하기에 현재의 즐거움을 포기하고 화폐에 대한 시간선호를 높여 내핍과 절약을 하는 것이다.

그렇다면 체감경기와 시간선호는 어떤 관계가 있을까? 대중의 시간선호가 높아져 현금 보유 욕구가 늘어나면 체감경기는 나쁜 것이고, 시간선호가 낮아져 현금 보유 욕구가 줄어들고 소비가 늘어나면 체감경기가 좋은 것이라 말할 수 있다. 시간선호 행위가 집단화한 것이 바로 체감경기다. 체감경기가 나쁘다는 것은 대중이 미래의 불확실성에 대한 보상책으로 집단적으로 시간선호를 높인다는 말이다. 다시 말해, 현금을 어떻게든 오래 보유하려는 욕망이 집단화하는 증상을 말한다. 그렇게 되면 당연히 재화나 서비스에 대한 소비가 줄어 피부로 느끼는 경기가 점점 나빠지게 된다.

경제적 행위란 결국 '화폐적 현상'으로 귀결된다. 화폐를 통한 교환 행위가 경제이기 때문이다. 곰곰이 생각해 보면 우리 일상의 경제적 행위 모두 내 화폐를 무언가와 교환하거나 내 물건을 타인의 화폐와 맞바꾸는 행위다. 이 때문에 체감경기는 '경제' 그 자체라고 할 수 있다. 앞에서 설명했듯 체감경기란 결국 화폐에 대한 시간선호의 또 다른 표현이고, 경제는 화폐적 현상이기 때문이다. 따라서 '지표상으로는 경제가 좋아지고 있는데 체감경기는 나쁘다'는 말은 어불성설이다. 일부 재벌 대기업의 경제만 좋아져도 거시지표 경제는 살아나는 것처럼 보일 수 있다. 하지만 그것이 경제일 수는 없다. 현실 경제는 다수가 체감하는 실물경제이기 때문이다.

체감경기의 척도는 물가

그렇다면 체감경기는 왜 악화하는 걸까? 그 해답은 오늘을 사는 우리가 무엇을 가장 큰 경제적 부담으로 느끼는지 알면 풀린다. 2012년 7월 시장조사 회사인 '닐슨코리아'가 분석한 자료에 따르면, 한국인이 느끼는 가장 큰 경제적 부담은 물가와 부채였다. 사실 이 자료는 우리가 상상하던 결과에서 크게 벗어나지 않는다. 서민의 체감경기는 배추 한 단을 살 때, 점심 한 끼를 먹을 때 자기 호주머니에서 얼마가 나가느냐와 직결된다. 당연히 물가는 체감경기의 척도일 수밖에 없다. 부채 역시 마찬가지다. 부채가 있으면, 그것도 많으면 씀씀이가 줄어들 수밖에 없다. 부채는 체감경기와 직결된다.

체감경기 악화의 가장 큰 요인은 뭐니 뭐니 해도 물가다. 그중에서도 생필품 물가다. 생필품이란 일상생활을 하는 데 꼭 필요한 물품을 말한다. 식료품이 대표적이다. 그런데 우리는 생필품 가격이 오르는 이유를 날씨 같은 천재지변이나 오일 가격 상승 같은 외생적 요인 탓으로 알고 있다. 언론이 그렇게 분석하기 때문이다. 제주 지역에 가뭄이 와서 당근과 감자 가격이 폭등하고, 폭염으로 가축이 죽어나가 축산물 가격이 오르고, 강원도에 비가 너무 많이 와 배춧값이 금값됐다고 열변을 토한다. 정말 그럴까? 날씨 때문에 물가가 오를 수도 있다. 하지만 날씨 탓만 해서는 곤란하다. 날씨가 정상적인 해도 농·축산물 가격은 만만치 않은 게 현실이기 때문이다. 공산품 가격 상승의 주원인인 오일 가격도 마찬가지다. 오일 가격이 올라 물가가 올랐다는 말은 많지만 가격이 내려 물가가 하락했다는 기사는 좀처럼 찾기 어렵다.

물가는 인간이 통제할 수 없는 영역에 있는 게 아니다. 날씨 등 자연 변수와 외생 변수에 의해 결정되는 것만은 아니라는 말이다. 모든 재화와 서비스의 가격은 화폐 공급량과 수요에 의해 결정된다. 즉, 인위적 변수에 의해서 결정된다. 이는 경제학의 기초다. 이걸 무시한 물가 오름세에 대한 설명은 거짓이 반이다. 시중에 돈이 많아지고 특정 물품이나 서비스를 사려는 사람이 많아지면 가격이 오른다.

사실 한국은 장기적인 불황 탓에 물가가 비교적 안정적이다. 다만, 체감물가가 그렇지 않을 뿐이다. 생필품 수요가 좀처럼 줄지 않기 때문이다. 아무리 비싸도 쌀은 사야 하고 점심은 먹어야 한다. 이처럼 가격이 변해도 수요량에는 큰 변화가 없을 때 수요가 비탄력적이라 한다. 수요는 일정한데 지난 몇 년간 화폐 공급량은 늘었다. 선뜻 이해가 안 가지만 사실이다. 서민의 주머니는 비어가지만 시중의 유동성은 폭발적으로 증가했다. 일부 대기업과 부유층이 가지고 있는 돈의 규모가 이를 방증한다. 이처럼 급증한 유동성은 장기 불황에도 생필품 물가를 올리는 직접적 원인이 됐다. 5,000원이면 해결하던 점심은 이제 20퍼센트 이상 올라 6,000원 이상을 내야 먹을 수 있다. 서민들의 주머니는 비어가는데도 물가는 오르니, 체감경기는 말할 필요가 없는 상황이다.

4장 **경제기사는 성장의 역설을 외면한다**

소비 감소의 원인, 가계부채

한국의 가계부채는 1,000조를 넘어섰다. 이런 상황에서 소비가 줄어드는 건 필연적이다. 만약 부동산 대출을 2억 원 정도 받은 가구라면 매년 1,000만 원 정도를 은행에 줘야 한다. 이자를 연 5퍼센트라 가정해도 말이다. 이는 매우 큰돈이다. 빚이 없었다면 이 돈은 거의 소비에 쓰여 시중에 돌고 돌았을 것이다. 하지만 빚을 갚았기 때문에 그 돈이 향한 곳은 은행의 금고였다. 돌고 돌아야 하는 돈의 기능이 일단 멈춘 것이다. 내가 쓴 돈을 누군가가 소비하고, 그 돈이 다시 다른 누군가의 씀씀이로 연결되어야 현대 경제가 유지되고 성장한다. 소비에 쓰이지 못하고 부채 탕감 혹은 이자 지급에 쓰인 돈은 이미 돈의 기능을 상실해 '성장'의 원천이 되지 못한다. 특히 불황기에는 더욱 그렇다. 통화승수 자체가 발생할 기회를 원천 차단하기 때문이다. 결국 돈이 있으면서도 쓸 돈이 없는 상황은 바로 가계부채의 폭증 탓이다. 과거처럼 아파트 등 자산 가격이 폭등하는 때라면 얼마든지 소비를 늘릴 수 있다. 빚이 늘어나는 속도보다 자산이 더 큰 폭으로 오르기 때문이다. 하지만 그런 시대는 이미 지나갔다. 이제 애써 힘들게 번 돈 대부분을 빚을 갚는 데 써야 하는 상황이다. 게다가 전셋값까지 지난 5년간 2배가 올랐다. 이렇게 오른 가격은 대부분 빚을 내 충당됐다. 서민들의 호주머니가 가벼워질 수밖에 없다. 그러니 소비는 언감생심이다. 체감경기가 좋을 수 없다.

좋은 일자리가 늘어나 실질소득이라도 늘어나면 다행이다. 하지만 한국의 일자리 상황은 굳이 말을 하지 않아도 최악이다. 청년 실업은 우려할 수준이고, 50대 이상의 고용이 늘었다고는 하지만 그 일자리가 어떤 것들인지 우린 매우 잘 알고 있다. 불안한 사회, 불투명한 미래는 화폐 선호 현상을 높이게 된다. 좀 더 정확히는 화폐를 선호하고 싶어도 할 수 없는 사람들이 늘어나고 있다. 이런 사회는 불황으로 치달을 수밖에 없다. 좋은 일자리도 없고 자영업은 이미 포화 상태인 마당에 돈을 벌 수 있는 방법은 마땅치 않다. 게다가 생필품 가격까지 오르면 한숨이 커질 수밖에 없다. 탄식은 전염이 쉽다. 친구와 이웃이 어려운 상황을 본 사람은 자연스레 움츠러들기 마련이다. 형편이 좋은 사람도 소비를 줄이는 건 시간문제다.

경제 그 자체인 체감경기

실물경제가 살아난다는 건 결국 체감경기가 좋아진다는 뜻이다. 체감경기를 살리려면 현금 선호의 원인을 제거하면 된다. 생필품을 비롯한 물가 폭등·부채 증가·일자리 부족 등이 현금 선호의 이유였으니, 그 반대의 상황으로 만들면 된다. 즉 물가를 안정시키고, 좋은 일자리를 공급하고, 최종적으로 부채를 줄여 가계의 가처분소득을 늘려주면 된다. 실질소득이 높아지면 가계는 자연스레 소비에 나선다. 비로소 돈이 돌기 시작하는 것이다.

그런데 이명박 정부가 들어서 모든 걸 거꾸로 했다. 기준금리를 낮춰 돈값을 떨어뜨리는 부채 확대 정책을 썼다. 게다가 4대강 사업을 비롯한 쓸데없는 사업에 엄청난 국고를 낭비하며 시중 유동성을 늘렸다.

이것이 결국 생필품 가격과 전세가 폭등으로 연결됐다. 체감경기를 살리는 게 아니라 죽이는 정책만 계속한 셈이다.

삼성과 현대자동차가 수출을 늘리고, 정부가 막대한 돈을 풀어 토건사업을 늘려 GDP가 늘어난다고 해서 실물경제가 좋아지지는 않는다. 단순히 지표경제가 좋아진 것에 불과하다. 실물경제가 살아나려면 무엇보다 대중 다수가 느끼는 체감경기가 좋아져야만 한다. 즉, 화폐에 대한 시간선호를 줄일 수 있는 정책 수단이야말로 좋은 경제 정책이다. 물가를 안정시키고 부채를 줄일 수 있도록 도와주는 한편, 미래에 희망을 가질 수 있도록 하는 것. 그게 진짜 경제 살리기다. 체감경기는 곧 경제다. 그것이야말로 진짜 경제다.

성장 집착은 되레
고용을 줄이고 임금을 깎는다

> **한국경제TV 2013.09.12**
>
> 기재부 차관
> "내년 경제성장률 4퍼센트 안팎"
>
> 추경호 기획재정부 1차관이 "내년 한국의 경제성장률이 잠재성장률 수준인 연간 4퍼센트 안팎일 것"으로 전망했습니다. 추 차관은 "정부가 올해 하반기 경제 회복을 체감하는 전환점이 될 수 있도록 민간부문 회복에 힘쓰고 대외 불확실요인도 철저히 관리할 것"이라며 "이런 대책이 효과를 나타낸다면 올해 하반기에는 3퍼센트 중반, 내년에는 잠재성장률 수준인 연간 4퍼센트 안팎의 성장을 기대할 수 있다"고 말했습니다.

"대단한데. 역시 박근혜 정부야. 지난 몇 년간 성장률이 2퍼센트대 안 팎이었잖아."

"그러게. 고도성장을 해야 우리 살림살이도 낳아지겠지. 요즘 같아서 야 영……."

현대 경제의 화두는 성장이다. 성장률에 따라 울고 웃는다. 분기마다 발표되는 성장률 지표가 경제 운용의 척도가 된 지는 이미 오래다. 성장률이 높으면 박수를 치고 낮으면 비난을 한다. 그런데 뜻밖에도 대부분의 사람들이 성장률의 참 의미를 모른다. 성장률이 높아지면 내 삶도 풍족해질 것이란 막연한 희망만 가지고 있을 뿐이다. 하지만 곰곰이 생각해 보면 우리 대부분의 삶은 고도성장기나 저성장 시기를 막론하고 거의 바뀐 게 없다. 물론 누군가는 분명 성장의 득을 봤을 것이다. 하지만 사람들 대부분은 그렇지 않다. 그럼에도 성장이 마치 만병통치약이라도 되는 듯 호들갑을 떤다.

성장을 위한 돈 풀기

지난 몇 년, 지구촌은 돈 살포의 현장이었다 해도 과언이 아니다. 대공황에 준하는 글로벌 경기 침체에 대응 수단으로 미국을 비롯한 선진국 중앙은행은 '돈 풀기'를 선택했다. 미국의 중앙은행인 연준은 2008년 말부터 양적 완화*를 시행해 현재까지 지속하고 있다. 머뭇거리던 유럽중앙은행 역시 유로존의 재정위기를 타개할 수단으로 2012년 9월부터 양적 완화를 선택했다. 일본은행은 말할 필요도 없다. 양적 완화에 더해 '아베노믹스'란 전대미문의 국운을 건 경제 실험을 하고 있다. 이뿐 아니다. 이들 선진국이 풀어놓은 엄청난 유동성 때문에 손해를 보고 있다고 판단한 신흥국도 가만히 있지 않았다. 최근까지 대부분의 신흥국이 기준금리를 내려 선진국의 유동성 살포에 대응했다. 한국

---

*양적 완화란 중앙은행이 통화를 시중에 직접 공급해 신용경색을 해소하고, 경기를 부양시키는 통화정책을 말한다. 〈5장 양적 완화의 실제 목표는 '부의 효과'에 지나지 않는다〉 참고.

역시 사상 초유의 저금리 상태를 벌써 몇 년째 유지하고 있다.

물론 그 효과는 의문이다. 글로벌 경제가 침체에서 벗어났다는 징후는 어디에도 없다. 미국이 실질 성장을 하고 있다고 하나, 양적 완화를 축소 혹은 중단해도 그 성장 궤적을 그대로 유지할지는 아무도 모르는 상황이다. 유럽 국가의 재정위기는 말하기도 고리타분하다. 독일만 승승장구하고 있을 뿐, 나머지 국가들의 침체는 점점 더 깊어지고 있다. 일본 역시 아베노믹스의 효과를 장담할 수 없는 형국이다. 성장도 하기 전에 인플레이션 압력이 고조되고 있다. 중국 경제 전망 역시 그리 밝지는 않다. 금융시스템의 후진성에 경기경착륙*이 우려되고 있다. 가장 심각한 것은 아시아 몇 개국의 금융위기가 현실이 되어가고 있다는 점이다. 인도·인도네시아·터키 같은 신흥국의 금융시장이 이상 조짐을 보이고 있다. 직접적인 계기는 연준의 양적 완화 축소였다. 이로 인해 외국인 자금이 신흥국 금융시장에서 썰물처럼 빠져나가 주식·채권·외환시장이 폭락하고 있다. 글로벌 시장 어디를 둘러봐도 호황의 그림자조차 보이지 않는다.

그런데도 사람들은 돈을 더 풀어야 한다고 아우성이다. 양적 완화가 마치 금융위기에 대처하는 유일한 해결책인 양 선전되고 있다. 그 뒤에는 성장론자들이 있다. 오늘날의 경제학을 대표하는 성장론자들은 성장 경제를 최선으로 선전한다. 부채 기반의 성장도 상관하지 않고, 성장 경제 외에도 대안이 있다는 것을 숨긴다. 성장하지 못하면 마치 큰

---

* 경기경착륙은 경기가 갑자기 냉각되면서 주가가 폭락하고, 실업자가 급증하는 현상을 말한다.

4장 **경제기사는 성장의 역설을 외면한다** ●

일이라도 나는 듯 야단법석을 떤다. 이유가 있다. 성장은 기득권을 위한 패러다임이기 때문이다.

대차대조표 불황과 돈 풀기

이제 이들의 주장을 알아보자. 그중 리처드 쿠(Richard Koo)라는 경제학자의 주장이 관심을 끈다. 리처드 쿠는 노무라종합연구소의 수석 연구원으로 '거시경제학의 성배'란 책의 저자다. 이 책은 한국에서 '대침체의 교훈'이란 제목으로 출간됐다. 쿠의 주장을 살펴보는 이유는 그가 일본의 장기 불황을 연구해 나름 논리적인 해결책을 제시했기 때문이다. 무엇보다 현재의 경제 위기 양태가 일본의 과거 장기 불황과 비슷하다는 점 때문이다.

쿠는 대단한 용어 하나를 만들었다. 바로 '대차대조표 침체' 또는 '대차대조표 불황'이라는 단어다. 이 단어는 현대의 글로벌 위기를 이해하는 데 필수적인 개념이다. '대차대조표 불황'은 버블화된 자산(특히 부동산) 가격이 폭락할 때 생기는 깊은 경기 침체를 말한다. 민간 경제 주체들이 자산 가격 하락에 대응해 빚을 줄이는 것이 원인이다. 다시 말해 부채를 줄이고 저축을 늘리는 과정에서 소비가 줄어 불황이 시작된다는 개념이다. 과거의 일본, 현재의 미국을 생각하면 이해가 쉽다.

쿠의 주장은 비교적 간단하다. 민간이 빚을 갚는 탓에 발생하는 대차대조표 불황이 진행되는 중에는 정부가 재정 지출을 줄여서는 안 된다는 것이다. 단기적으로 재정 적자가 심해지더라도 가열차게 재정을 늘려, 중앙은행이 인쇄기를 돌려서라도 경기를 부양해야 한다고 주장한다. 이게 결국 재정 적자를 줄이는 지름길이라고 강조한다. 한마디로 중앙은행과 정부는 돈을 풀어 무너지는 경제를 지탱해야 한다는 것이다.

성장과 무관한 경기부양

여기까지가 일반적인 성장론자들의 주장이다. 일리가 있어 보이기도 한다. 그러나 이런 류의 주장에는 근본적인 한계가 있다.

국가 부채를 최종적으로 담보하는 건 민간의 세금이다. 가계와 기업이 무너지고 있는 마당에 세수가 늘어날 수는 없다. 오히려 줄어든다. 불황기의 국가 부채 건전성은 그 자체로 이미 훼손된 상태다. 그러니 국가 부채를 마냥 늘릴 순 없다. 재정정책에도 한계가 있을 수밖에 없다. 결국 시간이 문제일 뿐 과소소비 공황은 피할 수 없다. 결과적으로 신용 확대에 의존하는 월가 식 자본주의가 지배하는 현재의 성장론은 이미 한계가 뚜렷하다.

문제는 또 있다. 설사 돈을 풀어 성장하더라도 그 과실을 일부가 독식하게 된다는 점이다. 유동성 확대를 통한 성장에서 일부 자산시장의 인플레이션은 필연적이다. 정부가 재정 적자를 감수하고 돈을 풀어 지속적인 경기부양에 나설 때에는 말할 필요가 없다. 인플레이션의 승자는 누가 뭐래도 제일 먼저 손에 돈을 쥔 자들이다. 바로 부자와 기득권이 그 과실을 취하는 것이다. 서민과 빈자들에게는 무엇이 떨어질까? 기껏해야 정부의 일회성 구호 자금, 일자리가 전부다. 그나마 그것도 인플레이션을 고려하면 실제로는 돈을 강탈당하는 셈이다.

우리는 50~60년 전보다는 확실히 잘살고 있다. 그렇다면 10~20년 전과 비교하면 어떤가. 누구도 지금이 그때보다 더 풍요롭다고 주장할 수 없을 것이다. 참 이상한 일이다. 분명히 연 몇 퍼센트씩 성장을 했는데도 우리의 삶은 더 팍팍해지고 있다.

어쩌면 절대 빈곤을 넘어서부터 성장은 의미가 없는 것은 아닐까? 이런 의문은 당연하다. 그런데도 성장이란 프레임은 우리의 의식을 완벽히 지배한다. 성장은 절대복종의 유일신이다. 그러나 한 번만 돌아보면 성장의 그림자가 얼마나 깊은지 알 수 있다. 금융 실패로 상시적 공황·고실업·가진 자와 갖지 못한 자의 우울한 불균형·전방위적 환경파괴. 이것이 성장이 낳은 오늘의 모습이다.

성장론자가 가지는 성장의 환상

그런데도 왜 우리는 유한한 지구에서 무한 성장의 환상을 갖는가? 초등학생들도 이해할 수 있는 이 간단한 논리를 무시하고 성장론이 득세하는 이유는 무엇일까. 성장이 부정할 수 없는 종교가 된 배경에는 성장을 해야만 먹고 살 수 있다는 잘못된 믿음이 있다.

성장론이 득세하는 가장 큰 이유는 성장이 일자리를 창출한다는 믿음 때문이다. 하지만 성장과 일자리가 비례한다는 믿음은 잘못됐다. 오히려 일자리를 파괴하는 경우가 더 많다. 성장은 기술 혁신을 낳아 생산력의 눈부신 발전을 이끈다. 생산력이 발전하면 기존의 노동력은 기계 등으로 자연스럽게 대체되는 게 일반적이다. 이는 벌써 100여 년 전에 마르크스가 예측한 사실이다. 아파트의 CCTV, 공사 현장의 굴착기가 얼마나 많은 사람의 일자리를 앗아갔는지 상상해 보면 쉽게 이해가 갈 것이다. 성장이 없어도 일자리는 얼마든지 만들 수 있다. 아웃소싱과 인간을 기계로 대체하지만 않아도 지금보다 일자리는 얼마든지 늘릴 수 있다.

성장론자들은 성장이 없으면 기업이 생존할 수 없다고 주장한다. 그리고 기업이 죽으면 모두가 죽는다고 협박한다. 그러나 곰곰이 생각해 보면 기업이 생존해야 할 이유가 오로지 자본가에게 초점이 맞춰져 있음을 알 수 있다. 자본주의에서 기업은 수익 극대화를 목표로 한다. 누구를 위한 수익 극대화인가. 생산 수단을 온전히 소유한 자본가를 위해서다. 흔히 성장해야 고용을 늘리고 종업원의 임금을 올려줄 수 있다고 강조하지만, 실제로는 성장의 과실이 거의 전부 자본가의 몫으로 돌아간다. 즉 자본가의 수익 극대화 욕망의 밑거름이 되고 있는 게 성장론이다. 고용을 유지하거나 늘리는데 기업의 성장이 반드시 필요한 것은 아니다. 성장이 없어도 자본가의 몫을 줄이면 얼마든지 가능하다.

성장은 해결책이 아니다

성장은 자본주의의 꽃이 아니라 함정이다. 성장을 통해 수익을 극대화하려는 자본가의 끝없는 욕망은 현대를 항시적 과잉 생산 시대로 만든다. 한편, 자본가는 기술 혁신을 무기로 노동자를 해고한다. 이런 과정에서 노동자의 실질임금은 성장과 반비례해 점차 감소한다. 소득이 줄어드니 과잉 생산물 소비를 위해 빚에 의존할 수밖에 없다. 이때를 노려 기득권은 빚 권하는 세상을 만든다. 신용이 무책임하게 남발되는 것이다. 유동성 완화 정책이 끝도 없이 계속될 수밖에 없는 이유다. 결국 공황은 피할 수 없는 일상적 현실이 된다. 신용 팽창의 유한성과 노동자의 실질임금 감소로 과소 소비를 피할 수 없기 때문이다. 공황은 성장에 기댄 자본주의 사회에서 피할 수 없는 현상이다. 그리고 노동의 땀이 배지 않은 신용에 기반을 둔 성장이 부른 참사다.

무분별하게 돈을 퍼붓는 성장이 해결책이 아님을 이제는 대중도 알고 있다. 이는 지구촌에서 불고 있는 민중 시위 열풍에서 확인할 수 있다. 시위대는 경제가 성장하지 못하는 것을 비난하지 않는다. 오히려 돈을 퍼붓는 것을 비난한다. 성장의 과실이 기득권에 집중되는 것에 분노한다. 잘못된 분배와 불평등이 폭동을 부르는 것이다. 이것이 잘 표현된 게 미국의 '월가를 점령하라'는 시위였다. 월가 시위대는 "우리는 미국의 최고 부자 1퍼센트에 저항하는 99퍼센트 미국인의 입장을 대변한다"는 구호를 외치고 있다. 불평등 문제를 제기하고 있는 것이다.

결국 성장만으로는 현재의 위기를 해결할 수 없다. 돈 폭탄을 터뜨리는 것만이 해결책은 아니다 설사 돈을 풀어 경제가 연 10퍼센트씩 성장을 한다 해도 마찬가지다. 유동성 완화에 기댄 성장보다는 분배의 공평성에 집중하는 게 지금의 위기를 해결할 수 있는 유일한 길이다. 성장의 불편한 진실을 알아 버린 분노한 민중을 달랠 수 있는 단 하나의 방법이다.

거품은 실제가 아닐 수 있다

이투데이 2013.12.31

"2014년 전 세계 자산 버블 온다"

전 세계 자산시장이 2014년 거품에 휩싸일 것이란 예상이 이어지고 있다고 블룸버그통신이 30일(현지시각) 보도했다.
대표적 비관론자 '닥터둠' 누리엘 루비니 뉴욕대 교수는 "2014년에 호주를 비롯해 중국 홍콩 인도 인도네시아 뉴질랜드 싱가포르 터키의 자산 버블이 심화할 것"이라고 내다봤다.
또 다른 비관론자인 마크 파버 글룸붐앤둠리포트 편집은 "채권부터 원자재, 주식까지 모든 자산에 거품이 끼었다"고 말했다. 그는 "미국 연방준비제도(연준, Fed)를 비롯해 다른 중앙은행들의 제로(0)금리 정책이 전 세계를 파산으로 몰고 갈 수 있다"고 지적했다.

"하긴, 미국 주식시장이 너무 많이 올랐지"
"아니야. 미국 경제는 펀더멘털(기초)이 좋아 아직도 더 오를 여지가 많아. 버블이라고 할 수 없어."

보통 연말에 펼쳐지는 주식시장의 상승세를 '산타랠리*'라 한다. 그런데, 2013년 주식시장에 '산타'는 오지 않았다. 오히려 1년 내내 고공 행

산타랠리란 크리스마스를 전후한 연말과 신년 초에 주가가 강세를 보이는 현상을 말한다.

진을 하던 시장이 주춤거리다 못해 뒷걸음질치기 바빴다. 그러니 '버블' 얘기가 나오는 건 당연하다. 현 시장이 버블이라 주장하는 이들은 이 주가 하락이 버블 폭발의 신호탄이 될 것이라 말한다. 반면 다른 쪽은 시장이 그동안의 상승에 단순한 조정을 보이는 것에 불과하다며 얼굴을 붉힌다. 이들의 논쟁은 마침내 학계의 두 세력으로 번졌다.

2013년 노벨 경제학상은 특히 많은 화제를 낳았다. 서로 반대편에 서 있는 사람들이 공동 수상을 했기 때문이다. 시카고대 파마 교수와 예일대의 쉴러 교수는 자산시장의 가격 결정에 관한 업적으로 각각 노벨상을 수상했다. 그런데 재밌는 점은 이들이 거의 상극이라 할 정도로 정반대의 견해를 취하고 있다는 것이다. 논쟁의 핵심은 자산시장의 '버블'이다. 파마는 시장에 버블이 존재하지 않는다고 말한다. 반면 쉴러는 과열 등 투자자들의 비합리적인 행동이 버블을 초래했다고 주장한다. 사실 버블이 무엇인지 명확한 정의는 없다. 버블은 20년 전의 경제학 교과서에는 아예 존재하지도 않던 단어다. '버블'이란 단어는 신조어다. 개념 자체가 현재도 만들어지고 있는 과정이기 때문에 누구나 자신의 의견을 피력할 수 있다. 자신이 옳다고 믿는 바를 그럴듯하게 주장할 수 있다는 말이다. 그러니 학계 거물들 간의 버블 논쟁은 어쩌면 불가피하다.

두 대가의 버블 논쟁

쉴러는 2000년대 버블 현상을 진단한 것으로 유명하다. 2001년의

IT 버블, 2007년의 부동산 버블을 예측하면서 유명해졌다. 그는 자신의 저서 『이상과열』에서 버블을 일종의 정신질환으로 정의했다. 정신질환이니 진단이 얼마든지 가능하다는 게 쉴러의 생각이다. 미국 정신의학회는 정신질환의 체크리스트를 두고 리스트에 일치하면 정신병이라 진단한다. 마찬가지로, 쉴러는 버블 역시 몇 가지 체크리스트로 검증이 가능하다고 말한다. 그가 말하는 버블 증상은 다음과 같다.

- 가격이 급등하는 시기가 있다.
- 버블을 정당화하기 위한 의견이 홍수를 이룬다.
- 누가 얼마를 벌었다는 얘기가 만발한다.
- 버블에 참여하지 못한 것을 후회하거나 참여자를 시기하는 일이 많아진다.
- 시장에 관한 얘기가 언론에 넘쳐난다.

기준이 뜻밖에 간단하다. 기준이 단순할수록 해당하는 사례는 늘기 마련이다. 위 잣대를 적용하면 대부분의 시장 랠리는 버블이 될 수밖에 없다. 버블이 남발할 위험이 높아지는 것이다.

실제로 버블이 남발하는지 특정 주식으로 진단해보자. 일단 워낙 유명해 대표성이 충분한 마이크로소프트 주식으로 검증해 보자. 1990년대 초, 마이크로소프트 주식은 1달러도 채 되지 않았다.

- 가격 급등기는 있었는가?
  → 1985년에서 1990년 사이에 무려 8배나 올랐다.

- 버블에 관한 정당화는?
  → 굳이 말할 필요가 없다. 세계 유명 언론이 '혁명적'이라 극찬했다.
- 누가 얼마를 벌었다는 얘기는?
  → 포천지의 1986년 헤드라인. '빌 게이츠 3억 5,000달러를 벌다'
- 버블에 참여하지 못한 것을 후회하거나 참여자를 시기하는 일이 많아졌는가?
  → 90년대 초 마이크로소프트 직원 대부분은 백만장자가 되었다. 남들은 그걸 얼마나 부러워했겠는가.
- 시장에 관한 얘기가 언론에 넘쳐났는가?
  → 당시 마이크로소프트사는 전 세계 언론의 헤드라인을 거의 장악하다시피 했다.

정확하게 위 체크리스트와 일치한다. 그렇다면 마이크로소프트의 주식이 버블이었던 걸까? 마이크로소프트 주식은 1985년부터 1990년 사이에 무려 8배나 올랐다. 하지만 버블은 아니었다. 이미 많이 오른 상태였던 1990년에 마이크로소프트 주식을 샀더라도 오늘날 약 5,000퍼센트의 수익을 올렸을 것이기 때문이다. 같은 기간, 미국 주식시장이 평균 약 700퍼센트 오른 것에 비하면 가히 폭등이라 할 수 있다. 그럼에도 여전히 그것을 버블이라 생각하는 사람은 거의 없다. 쉴러의 주장이 여지없이 틀린 것이다. 이런 일은 비일비재하다. 1998년의 아마존, 2007년의 애플, 한국의 네이버나 삼성전자 주식도 마찬가지다. 얼핏 버블처럼 보였던 가격 급등 현상도 나중에 돌아보면 버블이라 할 수 없는 사례가 매우 많다. 미래가 보장된 기업이라면 열 배의 가격 급등은 그리 크다 할 수 없기 때문이다. 이것이 쉴러가 비판을 받는 이유다. 즉, 버블 현상을 너무 도식화·단순화해 허점이 많다는 것이다.

반면, 유진 파마(Eugene Fama)는 철저히 버블의 존재를 부정한다. 그는 '합리적 시장 가설'의 창시자로 잘 알려져 있다. 시장은 합리적이라는 것이 파마의 주장이다. 참여자들은 모두 이성적이며, 시장은 모든 정보를 즉각 반영해 가장 합리적인 가격을 내놓는다고 강조한다. 버블이라 부르는 현상은 오를만한 합리적 이유가 있기 때문이지, 비이성적 과열 때문이 아니라는 것이다. 참여자들이 종종 비이성적 행태를 보이며 시장 또한 종종 이상과열에 휩싸이곤 한다는 쉴러의 주장과는 정반대다.

그런데 시장은 과연 합리적으로 작동하는 걸까? 아니다. 그건 교과서 속의 이야기에 불과하다. 현실은 그 반대다. 자본주의 최초의 버블인 17세기 네덜란드의 튤립버블*을 합리적인 시장이라 말할 수는 없다. 대중의 소비 행태가 반드시 이성적이지는 않다. 교과서에서 소비자는 자신의 이익을 극대화하기 위해 면밀한 계산을 한 후 돈을 쓴다고 말하지만 현실은 정반대다. 홈쇼핑 광고에 혹해 전혀 쓸모없는 물건을 사기도 하고, 분에 넘치는 과소비를 하기도 한다. 술값을 호기롭게 혼자

---

* 튤립버블은 17세기 네덜란드에서 발생한 튤립 과열투기현상으로, 경제현상에서 거품이 발생한 상황을 이르는 말이다. 튤립시장은 전문가와 생산자 중심으로 거래가 형성되는 것이 정상이지만, 당시 귀족과 신흥 부자를 비롯해 일반인 사이에서도 튤립 투기 수요가 엄청나게 증가하면서 튤립 가격이 1개월 만에 50배나 뛰는 일이 발생했다. 그러나 이내 가격은 형성되어 있는데 거래는 없다는 인식이 증가하였고, 법원에서 튤립의 재산적 가치를 인정할 수 없다는 판결이 나오면서 버블이 순식간에 꺼졌으며, 튤립가격은 최고치 대비 수천 분의 1 수준으로 폭락했다.

부담하곤 다음날 땅을 치며 후회하기도 한다. 인간은 의외로 객관적 사실보다 주관적 감정에 의지한다.

"어떤 사람도 가격이 내릴 때를 예측할 수 있다는 통계적 증거가 없다. 가격이 내릴 때를 아는 것은 불가능하다." 파마의 이런 주장에 쉴러가 반박한다. "어떤 것을 버블이라 부르는 건 그것이 폭발할 때를 안다는 것을 뜻하지 않는다. 그것은 언젠가는 터질 것이기 때문이다. 상당한 정도의 신뢰성을 갖고 말할 수 있다. 1990년대 말의 주식시장에서도 느꼈다. 2000년대의 부동산 버블 때도 마찬가지였다." 쉴러의 책을 읽은 사람들은 그가 버블 폭발의 '시기'를 말하지 않았다는 것을 안다. 쉴러는 시장의 내일을 예측하는 게 불가능하다는 걸 인정한 최초의 사람이다. 그럼에도 파마는 여전히 회의적이다. 합리적 시장의 결과물을 단순히 가격이 높다고 버블이라 불러서는 안 된다는 것이다.

버블 논쟁의 한계

경제학은 자연과학이 아니다. 물리학이나 화학은 특정 가설을 증명하기 위해 수천 번의 같은 실험을 할 수 있다. 그러나 경제 현상에는 동일한 실험을 반복할 수 없다. 변수를 인위적으로 통제할 수 없기 때문이다. 버블현상도 마찬가지다. 우선 발생빈도가 적은 탓에 가설 입증에 필요한 충분한 데이터를 확보할 수 없다. 게다가 그 현상마저 동일하지 않다. 2000년대의 IT 버블이 2013년의 주식시장 폭등과 같다고 얘기할 수는 없다. 시간이 흐르면 시장참여자가 수시로 바뀌기 마련이다.

만약 그대로라 해도 인간의 심리는 단 한 순간도 고정되어 있지 않다. 이 때문에 시장에서 발생하는 모든 현상은 일 분 일 초도 동일하지 않은 셈이다. 결국 경제 현상의 특정 가설을 자연과학처럼 엄밀히 증명하는 건 불가능하다.

버블 논쟁이 한계를 갖는 이유는 이외에도 두 가지 문제가 더 있다.

첫 번째 문제는 설사 버블이 존재한다는 걸 알았다 해도 대응 방식에 한계가 있다는 것이다. 마치 도둑을 쫓아 막다른 골목으로 몰아붙였으나 어찌해야 할지 모르는 것과 같다. '주먹으로 때려눕힐까? 경찰을 부를까? 아니면 소리를 질러 다른 사람의 도움을 받을까? 대체 어떻게 해야 하지?' 이게 보통 사람의 심리다. 버블에 대처하는 자세 역시 마찬가지다. 분명 버블이지만 사람들 대부분은 그것에 대응하는 방법을 알지 못한다. 보통 최선의 방책이라 여기는 반대매매 역시 현명한 행동은 아니다. 예를 들면 2000년대 초반 아파트 가격이 버블이라 판단해 집을 판 사람들은 나중에 땅을 치며 후회했다. 이런 일이 발생하는 이유는 버블이 확실함에도, 그것이 폭발하는 시기를 정확히 알 수 없기 때문이다.

두 번째 문제는 경제 현상의 주요 정보인 경제 데이터가 자주 바뀐다는 데 있다. 보통 경제지표 혹은 데이터는 전망치라 해서 실제 확정치에 앞서 먼저 공표된다. 하지만 이는 실제와 차이를 보이는 게 일반적이다. 실제 데이터 역시 수정되는 일이 빈번하다. 연말이면 발표되는 다음 연도의 경제성장률 예상치가 들어맞는 경우도 거의 없다. 심지어 이미 확정 발표된 전 분기 성장률도 가끔 수정되곤 한다. 따라서 그런 불투명한 정보로 버블을 판단하는 건 매우 위험하다. 특정 데이터를 기준으로 버블을 판단했더라도, 그 데이터가 바뀌면 버블이 완벽히 다른 모습을 할 수 있기 때문이다.

두 대가가 버블에 대처하는 자세

새삼스레 버블에 관한 두 거인의 이야기를 하는 이유가 있다. 사람들 대부분은 시장에 참여해 성공하기보다는 실패를 더 많이 한다. 이유가 있을 것이다. 혹시 우리는 확증편향*에 시달리고 있는 건 아닌가? 인간은 누구나 확증편향에서 자유로울 수 없다. 사람은 특정한 한쪽을 확신하면 자신만의 성을 쌓는다. 스스로 마음의 문을 닫고 눈마저 감아버린다. 자신의 믿음에 반하는 객관적 사실을 주장하는 사람은 이미 적이다. 즉 인간은 자신이 믿는 것과 일치할 때만 사실을 진실로 인정하는 경향이 있다. 시장에 접근할 때는 개방성과 유연성이 필수 자세지만, 이런 덕목을 가지고 있는 사람은 의외로 적다.

많은 사람이 쉴러와 파머가 노벨상을 공동 수상한 일을 의아해 한다. 둘은 완전히 상반된 의견을 갖고 있기 때문이다. 그럼에도 이 두 경제학자는 의외의 공통분모를 갖고 있다. 두 사람 모두 겸손을 찬양한다는 점이다. 파마는 버블을 예측할 수 없다고 말한다. 쉴러는 예측할

---

* 확증편향이란 자신의 신념과 일치하는 정보는 받아들이고 신념과 일치하지 않는 정보는 무시하는 경향을 말한다.

수 있지만 그 폭발 시점은 알 수 없다고 말한다. 현 시장이 버블인지 아닌지는 개인에 따라 판단이 얼마든지 다를 수 있다. 분명한 사실은 누구도 미래를 단언할 수 없다는 점이다. 시장이 지난 몇 년간의 평균치를 크게 벗어날 정도로 오르고 있다면 경계심을 늦춰서는 안 된다. '버블'은 신기루와 같아서 홀리기 쉽다. 시장은 때때로 천사의 모습으로 참여자들에게 기쁨을 준다. 하지만 어느 순간 돌연 악마로 변해 고통을 안길 수도 있다. 그게 자산시장의 진짜 얼굴이다. 그래도 대처할 길이 있다. 바로 두 거인이 전하는 겸손의 철학이다. 안갯속에서 길을 잃지 않기 위해서는 계속해서 이정표나 나침반을 확인해야 한다. 마찬가지로, 시장에서 성공하려면 마음을 열고 상대편의 의견이나 정보에도 귀를 기울일 줄 알아야 한다. 이것이 버블 논쟁의 교훈일 것이다.

5

경제기사는
거시경제를 축소하고 왜곡한다

경제학자가
말해주지 않는
28가지

양적 완화의 실제 목표는
'부의 효과'에 지나지 않는다

문화일보 2013.01.25

양적 완화 엔저 공습
올 한국 경제 '쇼크' 휘청

지난해 한국 경제의 대내외 불안요인이 올해도 여전히 지속되는 데다 올해는 불안 요인이 더 늘었다는 우려가 담긴 보고서가 나와 주목된다. 특히 일본 아베 신조(安倍晋三) 정부의 양적 완화 정책과 동아시아 지역 패권 확보를 위한 불확실성 등 '일본 불안' 요인이 추가됐다는 것이다.

"여보. 일본까지 양적 완화를 하면 큰일 아닌가요?"
"그럼. 미국에 이어 일본까지 양적 완화를 실시하면 달러는 물론 엔화까지 가치가 크게 떨어져 우리나라의 수출 경쟁력이 낮아지니 큰일이지."

'양적 완화(QE: Quantitative Easing)'란 단어는 더는 낯설지 않다. 경제용어 중에 이처럼 인구에 회자한 단어도 없을 것이다. 그러나 이 용어가 일반에 알려진 건 그리 오래되지 않았다. 정확히는 2008년 금융위기 이후부터다. 아직도 양적 완화가 정확히 무엇인지 모르는 사람이 더 많

5장 경제기사는 거시경제를 축소하고 왜곡한다

다. 그런 만큼 오해도 크다.

통화정책 최후의 보루, 양적 완화

중앙은행이 본원통화, 즉 돈을 푸는 방법은 크게 두 가지가 있다. 첫 번째는 정통적 통화정책, 이른바 금리 조작을 이용해 통화량을 조절하는 방법이다. 구체적으로 금리를 내려 돈을 푸는 것이다. 금리를 인하하면 이자 부담이 적어지기 때문에 돈을 빌려 투자나 소비를 하려는 사람이 많아진다. 그러면 자연스레 시중의 통화량이 증가한다. 이런 정통적 통화 팽창 정책을 '질적 완화(Qualitative Easing)'라 한다.

두 번째 방법이 바로 양적 완화(Quantitative Easing)다. 정상적 정책금리로 더는 시장경제의 흐름을 제어할 수 없을 때가 있다. 정책금리를 제로 퍼센트에 가깝게 내렸는데도 시중에 돈이 돌지 않는 '유동성 함정'이 깊어지는 상황이다. 이때 중앙은행이 쓸 수 있는 특단의 대책이 양적 완화다. 구체적으로 양적 완화는 민간(은행)이 보유한 자산을 중앙은행이 직접 사들여 시중에 돈을 공급하는 방법이다. 다시 말해 더는 금리를 내리지 못하는 상황에서 시장에 유동성을 강제로 주입하는 것이다.

중앙은행이 은행에 돈을 푸는 이유는 분명하다. 돈의 공급을 늘려 줄 테니, 그 돈을 민간에 빌려주라는 뜻이다. 위기가 깊어지면 은행은 대출을 꺼리게 된다. 돈을 떼일 위험이 커지기 때문이다. 은행이 대출을 꺼리면 시중 자금이 경색돼 민간은 돈을 구하기 어려워진다. 그렇게 되면 자연스레 소비와 투자가 얼어붙고, 돈은 안전한 곳만 찾아 숨으려 한다. 양적 완화는 이런 상황을 막기 위한 마지막 수단이다. 즉, 은행의 대출이 늘어나면 시중의 통화량이 늘어 민간의 소비와 투자가 활력을 찾게 된다는 논리다.

양적 완화가 작동하지 않는 까닭

최근 세계 각국의 중앙은행은 실물경제 회복을 위해 공격적인 양적 완화 정책을 시행하고 있다. 그런데 중앙은행이 무제한 돈을 풀어도 실물경제의 회복은 더디기만 하다. 왜 양적 완화 논리가 작동하지 않는 걸까. 그것은 바로 양적 완화와 통화량 간의 관계를 오해하기 때문이다. 사람들 대부분이 양적 완화를 시행하면 통화량이 늘어난다고 생각한다. 하지만 이는 경제 전문가들까지 속고 있는 함정이다. 실제로는 중앙은행이 통화 공급을 늘린다고 해서 반드시 시중의 통화량이 증가하는 건 아니다. 왜 그런 것일까.

이를 이해하려면 시중의 통화량이 어떻게 산출되는지 먼저 알아야 한다. 보통 시중의 통화량은 중앙은행이 발행한 돈의 몇십 배 규모에 달한다. 시중은행이 본원통화를 마중물 삼아 신용을 창출하기 때문이다. 시중의 통화량은 본원통화에 통화 승수*를 곱한 것이다. 통화 승수

---

* 통화 승수는 통화량이 확대되거나 감소하는 비율을 나타내는 수치를 말한다. 통화량을 본원 통화로 나눈 값으로 나타낸다.

란 말을 '신용창출의 정도'라 이해해도 좋을 것이다. 여기서 본원통화는 중앙은행의 의지에 따라 결정되지만, 통화 승수는 변수가 된다. 신용 수요, 다시 말해 빚을 내는 사람이 많으면 통화 승수가 높아지고 빚을 내는 사람이 적으면 통화 승수가 낮아지는 것이다. 일반적으로 '돈이 잘 돈다'는 표현은 통화 승수가 높다는 의미고, '돈이 돌지 않는다'는 표현은 통화 승수가 낮다는 뜻이다.

경제위기 전까지는 신용창출이 활발해서 본원통화가 늘면 시중의 통화량이 같이 증가했다. 그런데 위기 이후에는 이 둘의 상관관계가 옅어지고 있다. 민간이 더는 빚을 내지 않으려 하기 때문이다. 이 말은 신용 수요, 즉 통화승수가 줄고 있다는 뜻이다.

경기가 회복된다는 것은 돈이 돈다는 걸 의미한다. 그런데 아무리 돈을 공급해도 돌지 않는다. 이유가 있다. 첫째, 돌릴 돈이 없기 때문이다. 양적 완화로 풀린 돈은 곧바로 일반 가계나 기업으로 가는 게 아니라 대부분 은행으로 간다. 문제는 실물경제의 주체가 은행이 아닌 가계와 기업이라는 데 있다. 이들은 이미 과도한 부채로 신음하고 있는 상태다. 기존 빚을 갚기에도 벅차다. 현실이 이러니 아무리 초저금리 상황이라 해도 추가로 돈을 빌릴 여력이 없다. 둘째, 설사 여력이 있다 해도 빌릴 이유가 없기 때문이다. 가계나 기업이 돈을 빌리는 이유는 결국 투자 이익을 얻거나 소비를 하기 위해서다. 그러나 경기 침체로 돈을 빌려 섣불리 투자하거나 소비할 엄두를 못 낸다. 셋째, 은행 입장에서도 돈을 빌려줄 곳이 마땅치 않기 때문이다. 은행은 돈이 많다고 해서 아무에게나 돈을 빌려주지 않는다. 철저히 이익과 리스크를 고려해 돈을 빌려줄 상대를 정한다. 민간 경제가 허약한 현실에서는 대출 적격자를 찾기 어렵다.

결국 이 세 가지 이유로 중앙은행이 엄청난 유동성을 공급해도 시중에 현금이 돌지 않는다. 말하자면 금융위기로 경기가 침체했을 때는 양적 완화가 그리 큰 효과를 내지 못한다. 이는 실제로 양적 완화를 세계 최초로 시작해 지금까지 지속하고 있는 일본의 실패에서 실증적으로 입증된다. 일본 불황을 연구해 세계 최고의 전문가로 인정받는 노무라 연구소의 이코노미스트 리처드 쿠(Richard Koo)는 핵심을 집고 있다.

> "일본 장기 불황의 장애물은 은행이 아닌 차입자였다. 대출 수요자가 충분했다면 자금의 최종공급자로서 일본중앙은행은 큰 역할을 할 수 있었을 것이다. 그러나 차입자가 거의 없는 상황에서 은행은 무력할 수밖에 없었고 중앙은행이 공급한 유동성은 아무런 역할도 하지 못했다."

실제로 2001년부터 2006년까지 시행된 일본의 양적 완화 결과를 보면 민간의 대출 총액이 늘지 않는다는 사실은 알 수 있다. 은행은 충분한 현금을 가지고 있지만 대출은 그에 비례해 증가하지 않았다. 초과 지급준비금*의 유의미한 팽창, 본원통화의 증가, 제로 금리에도 이 기간 일본의 대출은 오히려 줄었다.

지급준비금은 은행이 예금자들의 인출 요구에 대비해 예금액의 일정비율 이상을 중앙은행에 의무적으로 예치토록 한 지급준비제도에 따라 예치된 자금을 말한다.

양적 완화는 실패한 수단이다. 하지만 '이번만은 다르다'는 근거 없는 믿음이 여전히 세계를 지배하고 있다. 일본의 양적 완화는 서구 선진국으로 번져 굳건한 통화정책으로 자리 잡았다. 미국·영국·유럽의 중앙은행 모두가 양적 완화에 매달리고 있다. 이들에게 양적 완화는 실패한 정책이 아니다. 단지 충분한 양의 돈을 공급하지 않아 효과가 더디게 나타난다고 믿는다. 중앙은행이 지금보다 두 배, 세 배의 자산을 구매해 은행의 지급준비금을 늘려주면 모든 문제가 해결된다고 생각하는 것이다. 양적 완화로는 절대 대출을 늘릴 수 없고 민간 부문의 경제회복도 촉진하지 못한다는 현실은 철저히 무시된다.

양적 완화의 실제 목표는 부의 효과

사실 선진국의 중앙은행들이 양적 완화의 실패를 모를 리 없다. 그럼에도 양적 완화를 고집하는 건 그 목표가 반드시 실물경제 회복에 있지만은 않다는 것을 방증한다. 연준 의장 버냉키는 인플레이션 기대심리 자극이 양적 완화의 실제 의도임을 더는 숨기지 않는다.

"주택 가격이 오르면 부자가 된 듯한 느낌이 들게 되고 더 소비하려 한다. 또 주택 가격이 계속 오르면 향후 기대수익 때문에 더 사려 한다. 주식도 마찬가지다. 자산 가격이 오르면 소비가 늘어난다. 기업 운영의 가장 큰 장애는 충분한 수요의 부족이다. 금융 포지션이 개선된다고 느끼면 사람들은 더 많이 소비하려 할 것이다."

이제야 양적 완화의 목표가 한층 명료해진다. 연준은 주택과 주식시장 등 자산시장의 부양을 의도하고 있다. 자산시장이 오르면 부자가 된 듯한 느낌에 소비가 늘고 투자가 촉진되는 '부의 효과'가 실제 목적이다. 그러면 경제는 자연스럽게 회복될 거라고 믿는 것이다.

또 있다. 캐리트레이드를 통한 자본이득의 실현도 목표다. 선진국은 양적 완화로 늘어난 돈을 자국 내에서만 순환시키지 않는다. 이 돈 중 상당액은 국외로 빠져나간다. 자국 내에서는 투자 효과를 기대할 수 없으니, 싸게 빌린 돈을 이용해 다른 국가의 자산시장에 투자하는 것이다. 현재 양적 완화로 월가를 비롯해 일본·유로존의 금융기관에 공급된 돈은 공짜나 다름없다. 이들 금융기관이 제로 금리로 빌린 돈을 상품시장과 신흥국의 자산시장에 융단폭격하듯 퍼붓고 있다. 생산적 활동에 쓰여야 할 돈이 어느덧 투기화해 세계를 유린하고 있는 셈이다.

정리하면, 선진국의 양적 완화는 두 가지 목적을 가지고 지속하고 있다. 자산시장 부양을 통한 '부의 효과'와 캐리트레이드를 통한 자본이득의 실현이 그것이다. 하지만 그 목적을 얼마나 달성할 수 있을지는 미지수다. 실제 양적 완화 실시 후 미국의 부동산은 저점을 확인한 후 회복세를 보이고 있으나, 쏟아부은 돈에 비하면 여전히 미약하다. 주식시장의 상승세도 의문이다. 1차 양적 완화 때(2009년 3월~2010년 3월)는 50퍼센트, 2차 때(2010년 11월~2011년 6월)는 30퍼센트 정도 올랐다. 1차 때보다 2차 때의 오름폭이 줄었음을 확인할 수 있다. 그 후에도 연준은 주식시장이 하락할 때마다 오퍼레이션 트위스트*를 포함해 3차 양적 완화를 실시했고, 그도 모자라 계속해서 양적 완화 규모를 늘려왔다. 그 덕에 미국의 다우존스는 2011년 9월부터 2013년 4월까지 약 45퍼센트가 올랐다. 하지만 그 끝이 머지않았다는 징후가 여기저기서 보이고 있다. 예를 들면 폭등하던 상품시장이 내림세로 돌아선 건 의미심장하다. 이는 미국 주식시장 랠리가 곧 끝날 거라는 전조일 수 있다. 또 그동안 상승 일변도였던 다우존스 시장이 2013년 4월에는 다시 주춤했다. '부의 효과'를 누구도 장담할 수 없는 형국이다.

이에 더해 양적 완화로 선진국 유동성의 신흥국 유입은 새로운 갈

---

* 오퍼레이션 트위스트는 장기국채를 사들이고 단기국채를 매도함으로써 장기금리를 끌어내리고 단기금리는 올리는 공개시장 조작 방식이다.

등을 낳고 있다. 신흥국과 선진국 간의 환율전쟁·통화전쟁을 일으키는 것이다. 선진 기축통화국의 무분별한 통화 팽창 정책으로 신흥국의 통화가 급격히 절상되면서 신흥국의 수출 경쟁력이 심각하게 훼손되고 있다. 환율전쟁은 언제든 무역전쟁으로 비화할 수 있다. 이는 글로벌 경제를 위협하는 뇌관이다.

　이처럼 양적 완화의 한계와 부작용은 명확하다. 중앙은행은 은행에 돈을 공급할 수 있지만, 돈이 필요한 주체에게 직접 빌려줄 수는 없다. 은행을 비롯한 금융기관들은 풍족해진 자금을 이용한 각종 투기적 거래로 막대한 수익을 내고 있다. 하지만 다수 대중은 그 돈을 만져보지도 못하는 게 현실이다. 다시 말해, 양적 완화는 피를 공급할 뿐이지 그 피가 실제로 필요한 곳까지 나를 수는 없다. 이 때문에 실물 경제도 살릴 수 없는 것이다. 그게 문제다. 시중의 돈은 이미 넘칠 정도로 풍족하다. 그 돈이 실물로 흐르도록 하는 건 양적 완화만으로는 불가능하다. 오히려 민간 경제의 건전성을 높일 수 있는 직접적 수단이 필요하다. 이를 등한시한 채 막무가내식으로 계속되는 양적 완화는 절대 해결책이 아니다. 계층 간, 국가 간 갈등만 높일 뿐이다.

수출이 늘었다며 축배를 들 때 환율 정책으로부터 오는 고통은 사라진다

> **이투데이 2013.05.01**
>
> **수출 2개월 연속 증가했지만 '엔저 영향' 여전**
>
> 우리나라 수출이 IT제품과 대(對) 신흥국 수출 호조로 2개월 연속 증가세를 이어갔다. 하지만 엔저 영향 등으로 대일 수출 감소가 지속되는 등 전체적인 여건은 여전히 좋지 않다.
> 1일 산업통상자원부가 발표한 '4월 수출입 동향'에 따르면 4월 수출액은 462억 9,800만 달러를 기록, 전년 동기 대비 0.4퍼센트 증가했다. 소폭이긴 하지만 지난 3월에 이어 2개월째 증가세다.
> 수입액은 437억 1,600만 달러로 0.5퍼센트 감소했다. 이에 따라 무역수지는 25억 8,200만 달러 흑자를 기록했다. 15개월 연속 흑자다.

"수출이 늘긴 늘었지만 엔저 영향으로 정체 상태라는데……."
"그럼 큰일 아닌가? 한국은 수출로 먹고사는 나라인데……."

이런 류의 기사는 좀처럼 그치지 않는다. '지난달 수출액 500억 달러 넘었지만…문제는 환율(SBS 2013.11.02)'이란 방송도 마찬가지다. 한국 경제가 환율에 의지한 수출에 얼마나 집착하고 있으면 사상 최대의 월간 수출액에도 여전히 환율 걱정을 할까? 자괴감이 들 정도다.

'엔·달러 100엔 시대', '신 엔저 시대', '저환율 시대' 등등. 매우 자주 보는 헤드라인이다. 제목에 '시대'라는 단어를 아무렇지 않게 사용한다. 심지어 '엔저 공습', '환율 공습'이란 표현까지 등장했다. 엔 절하나 원 절상을 전쟁 행위로 묘사하고 있다. 하긴, 통화전쟁이나 환율전쟁 같은 용어들이 일상화된 현실에서 이 정도는 별 것 아닐 수도 있다. 그래도 절대 쉽게 쓸 수 없는 표현들이 난무하는 걸 보면 엔 절하나 원 절상이 한국 경제에 미치는 영향이 그만큼 크다는 얘기일 것이다.

특히 한국은 엔 절하에 예민하게 반응한다. 왜일까? 한국과 일본이 경쟁 관계에 있기 때문이다. 더 정확히는 한국 제품과 일본 제품이 국제 무대에서 사활을 건 싸움을 하고 있기 때문이다. 엔의 동향에 온 나라가 촉각을 곤두세울 수밖에 없는 형편이다. 모두 환율에 의지한 수출에 목을 매는 경제구조 때문이다.

사실 한국이 수출 위주의 국가가 아니라면 엔 절하가 그리 큰 문제가 되지는 않을 것이다. 내수 위주의 국가라면 오히려 반길 수도 있다. 지금도 엔 절하에 박수를 보내는 이들이 있다. 엔화 대출자(삼성전자, 포스코 등 대기업도 포함된다.)는 물론이고 일본 제품 수입업자들도 환호하고 있다. 예를 들어 2013년 3월 이마트는 엔 절하에 힘입어 일본에서 수입하는 93개 가공식품 가격을 최대 20퍼센트 인하했다. 수많은 사람이 이득을 본 셈이다. 이뿐만 아니다. 전자·자동차·철강·기계 등 국내 주요 업종 대부분이 일본에서 부품을 조달한다. 부품을 수입해서 쓰는

업체들은 그만큼 엔저 효과를 보고 있다. 즉, 엔 절하가 반드시 한국 경제에 악영향만 끼치는 건 아니다. 얼마든지 긍정적일 수 있다.

그럼에도 엔 절하의 긍정적 측면은 다수의 불평에 쉽게 묻힌다. '국토가 좁기 때문에 국외에서 살 길을 찾을 수밖에 없다'는 명제는 무조건 참이라고 믿었다. 박정희 시절부터 수없이 들어온 이 구호는 어느새 우리 유전자의 일부분이 된 듯하다. 세월이 흘러도 수출지상주의는 전혀 변하지 않았다. 이명박 정권은 자유무역협정 체결이 한국 경제의 구조적 문제를 전부 해결할 수 있는 요술지팡이인 양 선전했다. 물론 정부는 수출 효과만 강조했다. 현 정권에서도 이런 현실은 여전하다. 수출기업이 망하면 대한민국이 무너질 것처럼 호들갑을 떤다. 과연 그럴까? 오히려 수출기업 혹은 수출 편향의 성장 정책 때문에 한국이 위험한 건 아닐까? 이제 이런 의문을 가질 때도 됐다.

극단적 수출편향 경제구조

2013년 4월, 미국의 한 경영 컨설팅 회사가 발표한 보고서가 한국 사회에 큰 충격을 주었다. 흔히 맥킨지 보고서라 부르는 이 문서의 제목은 '한국 스타일을 넘어 신성장 공식의 형성'이다. 보고서의 결론은 참담하다.

지금 한국 경제는 끓는 물 속의 개구리와 같다. 새로운 성장 동력을 찾지 않으면 나락으로 떨어진다.

맥킨지는 수출에 편향된 한국의 성장 모델이 수명을 다했다고 봤다. 한국은 정부 주도의 수출기업 육성으로 고도성장을 이뤘으나, 이제 그 모델이 더는 통하지 않는다고 경고했다. 과장된 면이 있지만 핵심을 꿰뚫고 있다.

대체 한국 경제는 수출에 어느 정도나 의존하고 있는 걸까? 국제통화기금과 경제협력개발협력기구 등 주요 국제기구들이 공동으로 작성하는 'G20 주요 경제지표(PGI)' 2009년 자료를 보면, 한국의 수출이 국내총생산에서 차지하는 비중은 43.4퍼센트로 G20 회원국 가운데 1위다. 주요 경쟁국인 일본은 11퍼센트, 중국은 25퍼센트에 불과하다. 2위인 독일이 약 34퍼센트니, 한국이 얼마나 수출의존형 경제구조를 가졌는지 알 수 있다. 게다가 위 통계가 2009년 것이란 점에 주목할 필요가 있다. 현재는 거의 50퍼센트 선을 넘어선 것으로 추정된다.

맥킨지가 지적했듯 극단적 수출 편향 경제구조는 독약과 같다. 수많은 문제 중에서도 가장 치명적인 건 장기적으로 기업과 국가의 경쟁력을 떨어뜨린다는 점이다. 수출 경쟁력 확보의 가장 편한 수단이 환율 조작이라는 건 더는 비밀도 아니다. 국가가 환율 조작을 조장하거나 방치한다. 손쉬운 성장에 대한 유혹 때문이다. 자연스레 기업은 기술 혁신이나 생산성 향상에 노력하기보다는 정부의 환율 정책에 기대 수익을 내는 것에 익숙해진다. 하지만 위기가 도래하거나 경쟁국이 환율 절하에 나서게 되면 기업 경쟁력의 실체가 드러난다. 그동안 국가의 환율 보호막 아래서 온실 속의 화초처럼 자라던 기업이 야생에서 살아남는 건 쉽지 않다. 오늘의 한국 기업, 한국 경제의 민낯이다.

문제는 이에 그치지 않는다. 수출주도형 경제 체제는 자신만 파괴하는 게 아니다. 이는 반복되는 글로벌 경제위기의 주범은 아니더라도 방조범 역할을 한다.

2008년 금융위기의 본질은 부채에 있다. 유럽 위기의 실체 역시 국가부채다. 그렇다면 이들 위기 국가의 공통점은 무엇일까? 바로 무역적자국이라는 점이다. 미국은 물론이고 유로존 대부분 국가가 적자국이다.

현 글로벌 경제시스템의 문제가 바로 여기에 있다. 적자국은 거의 대부분 재정 위기를 겪는다. 과정은 이렇다. 적자 상태라 외환이 있을 리 없으니, 수입을 하려면 외부에서 자금을 빌려 와야 한다. 국가 부채가 늘어날 수밖에 없다. 한편, 순수입이 늘어날수록 국내 생산기반은 점차 파괴된다. 수입품의 범람으로 경쟁력이 떨어지는 국내 제조업체는 고사할 것이기 때문이다. 국내 생산 기반 파괴는 고용시장을 얼어붙게 해 소비는 물론 총수요의 감소를 일으킨다. 결국 정부는 고용률을 높이고 수요를 창출하기 위해 재정 확대를 통한 경기부양에 나설 수밖에 없게 된다. 물론 재정 확대의 재원은 대부분 국채 발행으로 조성된다. 결과적으로 재정 적자는 점차 늘어나게 된다. 이 상황이 심화하면 최종적으로 재정위기, 금융위기가 폭발한다. 이게 현대 경제위기의 실체다. 노벨상 수상자인 스티글리츠는 이를 '중상주의의 실패'라 규정한다. 무역거래도 개인 간 상거래와 다를 바 없다. 누구는 일방적으로 팔기만 하고 누구는 일방적으로 사기만 하는 구조는 지속 불가능하다. 물건을 사는 쪽의 부가 '마르지 않는 샘'이 아니기 때문이다. 언젠가 그 부는 고갈되고, 더는 돈을 빌릴 곳이 여의치 않다면 매수자는 파산할 수밖에 없다.

위기의 발생 빈도가 잦아지고 있다는 것은 현재의 글로벌 경제시스템이 지속 불가능하다는 뜻이다. 거칠게 표현하면 현재 경제시스템의 결말이 다가왔다고도 말할 수 있다. 무역 적자를 영원히 지속할 수 없다는 사실을 깨달은 국가는 무역 흑자국이 될 방안을 찾기 마련이다. 미국이 제조업 부활에 총력을 기울이는 이유가 바로 이 때문이다. 물론 모든 국가가 전부 흑자국이 될 수는 없다. 이 때문에 국가 간 경쟁 강도가 더욱 심화한다. 경쟁의 도구는 자국 통화의 의도적 절하지만, 이도 여의치 않으면 공격적 무역 조치들이 동원된다. 하지만 본질은 모든 국가가 타국에 적자를 강요하는 게임이다.

글로벌 경제는 하나의 시스템이라 할 수 있다. 이 시스템에서 특정 국가의 정책은 필연적으로 다른 나라에 영향을 미친다. 어떤 국가가 흑자를 낸다는 얘기는 다른 국가가 적자를 본다는 소리다. 이 말은 흑자국이 적자국에 비용을 전가시키고 있다는 말과 같다. 무역 흑자국은 장기적으로 글로벌 총수요를 낮춘다. 적자국의 생산기반이 파괴되면서 물건을 살 수 있는 여력이 점차 줄기 때문이다. 이는 장기적으로 시스템을 망가뜨리고, 시스템의 안정성을 파괴해 주기적 위기를 양산한다. 이 때문에 케인즈는 흑자국에 세금·벌금을 부과하자고 주장하기도 했다.

물론 흑자국이 흑자를 지속하려는 데도 이유는 있다. 신흥국이 강국으로 도약하기 위해서는 수출밖에 방법이 없다는 역사적 경험 때문이다. 독일과 일본이 수출로 성장했고, 중국 역시 수출로 두 자릿수의 성장을 이끌어냈다. 이런 상황에서 수출에 목을 매는 건 당연하다. 또, 외환보유고 비축을 위해서도 수출에 집착할 수밖에 없다. 위기 때 달러가 없으면 국가부도의 위기를 맞는다는 건 가정이 아닌 실제다. 결국 대부분 국가는 외화를 벌기 위해서라도 수출에 집중할 수밖에 없다. 게다가 2008년의 금융위기로 외환보유고는 많을수록 유리하다는 인식이 강화되고 있다. 하지만 자신이 살기 위해 타인을 해하는 게 용납될 수 없듯, 자국의 번영을 위해 타국을 희생양으로 삼는 것 역시 당연히 문제가 되어야 한다.

미국의 희생을 담보로 한 통화 시스템

사실 현 시스템은 미국의 희생을 담보로 한다. 물론 미국은 달러 기축통화 시스템이란 통화패권을 쥐고 있어 희생 이상의 이익을 얻는다. 미국은 자동차 대신 달러를 수출해왔다. 달러를 수출한다는 얘기는 무역 적자를 내면서 세계로부터 물품을 수입한다는 뜻이다. 현 시스템은 미국의 역할을 세계 최대의 소비자이자 최종 적자국으로 규정한다. "미국이 경상 적자를 허용하지 않고 국제 유동성 공급을 중단하면 세계 경제는 크게 위축될 것, 그러나 적자 상태가 지속해 미 달러가 과잉 공급되면 달러화 가치가 하락해 준비자산으로서 신뢰도가 저하되고 고정환율제도가 붕괴될 것"이라는 트리핀의 딜레마*는 현 시스템을 상징

---

* 트리핀의 딜레마는 달러화를 기축통화로 하는 현행 국제금융시스템의 근본적 모순을 뜻하는 용어다. 로

한다. 세계는 미국의 적자를 먹이 삼아 성장한다고 할 수 있다. 그래서 미국은 병이 들 수밖에 없는 구조다. 물론 미국 달러는 전 세계적인 수요가 있어 이 병을 어느 정도 치유할 수 있다 해도, 미국의 적자가 영원히 계속될 수는 없다. 결국 미국은 자기들 생존을 위해 달러 대신 상품수출의 길을 선택할 수밖에 없다. 그것이 오늘날 미국의 모습이다. 하지만 미국이 적자를 줄이게 되면 미국의 소비에 의존하던 글로벌 경제, 특히 중국·일본·한국과 같은 수출국은 커다란 타격을 받을 수밖에 없다. 말하자면 전 세계가 일시에 위기에 처할 수 있다.

트리핀의 딜레마는 글로벌 경제의 딜레마라 할 수 있다. 세계는 이러지도 저러지도 못하는 상황에 빠졌다. 그렇다고 치명적 결함이 있는 현 시스템을 영원히 끌고 갈 수는 없다. 이 때문에 하루라도 빨리 경제 구조를 바꾸려 노력해야 개별 국가는 물론, 글로벌 경제가 살아남을 수 있다. 우리는 매우 당연한 것을 잊고 살았다. 수출을 통한 경상수지 흑자는 반드시 타국의 적자를 낳고, 이는 타국에 비용을 떠넘기는 행위란 사실이다. 따라서 수출·입이 균형을 이루는 게 글로벌 경제의 지속성을 유지하는 최선의 방법이다. 물론 현실 세계에서 완벽한 균형은 불가능하다. 하지만 글로벌 규제 시스템을 강화해 케인스가 주장했듯 흑자국에 세금을 부과하는 등 페널티를 주는 건 충분히 가능하다. 물론 그 전에 해결해야 할 것이 있다. 현재의 기축통화 시스템을 바꾸는 것

버트 트리핀(Robert Triffin : 1993년 66세를 일기로 사망) 예일대 교수는 미국의 무역수지 적자가 심각해진 1960년, 기축통화의 구조적 모순을 설명했는데, 이후 트리핀 딜레마라는 용어가 널리 인용되기 시작했다.

이다. 기축통화를 특정국의 통화로 하는 것 자체가 특권이기 때문에 중립적 기축통화를 만들 필요가 있다.

이제 '수출만이 살 길'이라거나 '수출은 무조건 선'이란 명제를 돌아봐야 할 때다. 국가 간의 무역 불균형은 현재 경제위기의 근원이다. 누군가에게 비용을 떠넘기는 건 타국의 손해를 담보로 한다. 그렇다고 타국과의 경쟁에서 항상 이길 수 있는 것도 아니다. 언제든 역전될 수 있다. 게다가 수출 편향의 경제 구조는 한국을 살리는 길이 아니라 죽이는 길이 될 수 있다. 수출은 외생변수에 의해 언제든 쪼그라들 수 있기 때문이다. 특히 환율에 의지한 수출 증가는 더욱 문제다. 수출기업이 환율의 보호막에 갇혀 자생력을 잃기 때문이다. 보호막이 사라지면 기업 경쟁력이 약해지니 수출도 쪼그라든다. 그러면 국가 경제도 위기에 처하게 될 것은 뻔하다. 결국 해결책은 환율과 수출에 의지한 성장구조를 바꾸는 길뿐이다. 좀 더 주체적인 경제를 위해서라도 서둘러 수출 비중을 줄여야 한다.

선진국을 쫓은 신흥국들의
금융 완화책에 담긴 한숨

> 머니투데이 2013.01.17
>
> 글로벌 환율전쟁 너 나 없이
> 환율방어 '강수'
>
> 국제 외환시장이 연초부터 들썩이고 있다. 세계 각국이 자국 화폐 가치를 경쟁적으로 떨어뜨리는 '환율전쟁'이 올해 최고조에 이를 것이라는 전망이 세를 불리면서 주요국들은 환율방어 수위를 높이느라 분주한 모습이다.
> 최근 원화값 급등세에도 뾰족한 대책 없이 고전하고 있는 우리나라에는 시사하는 바가 크다.

"이거 큰일 아닌가! 미국과 일본이 돈을 계속 찍어내니 말일세……."
"그러게 말이야. 우리도 찍어내서 대응해야 하는 거 아닌가? 그래야 수출이 늘지……."

사람들 대부분은 어떤 국가든 돈을 찍어낼 수 있다고 생각한다. 맞다. 돈은 어느 나라든 찍어낼 수 있다. 통화 발행권에 대한 규제는 존재하지 않는다. 다만 그렇게 찍어낸 돈이 잉태하는 치명적 부작용, 즉 인플레이션을 통제할 수 있느냐의 여부는 국가마다 다르다. 선진 기축통화국은 어느 정도 제어할 수 있지만, 나머지 국가들은 인플레이션을 통제할 수 없다. 패권 중에서도 뜻밖에 무서운 것이 통화패권이다. 선진 기축통화국은 이 통화패권을 갖고 있고 나머지 국가들은 여기에 종속된 것이 현실이다. 우리 대부분은 그런 사실을 모르고 산다.

금융위기 이후 선진국의 '돈 찍기'가 계속되고 있다. 미국과 유럽의 무제한 양적 완화에 이어 일본의 아베 신조 정권은 노골적으로 엔화의 가치를 떨어뜨리는 정책을 공언하고 있다. 그중에서도 최후의 수단이라는 국가부채의 통화화(Debt Monetization)*를 미국, 유럽에 이어 시작했다. 정부의 빚이 감당할 수 없는 수준에 이르렀을 때 최후에 쓰는 정책 카드를 꺼낸 것이다. 즉, 중앙은행이 능동적으로 국채를 사들이는 수단을 강행하기 시작했다. 이로써 기축통화국이라 부르는 미국·유럽·일본·영국 모두가 팽창적 통화정책의 극단이라고 할 수 있는 '국가부채의 통화화'를 본격화하고 있다.

통화 가치 절하를 위한 환율전쟁

이로써 신흥국과 선진국 간의 환율전쟁 혹은 통화전쟁이 새롭게 불붙고 있다. 그렇다면 환율전쟁은 도대체 무엇일까? 그리고 그것은 왜 벌어지는 걸까?

---

* 국가부채의 통화화는 중앙은행이 금융시장을 거치지 않고 정부로부터 곧바로 국채를 사들여 보유하는 정책이다. 정부가 찍어낸 국채가 중앙은행을 거쳐 돈(통화)으로 바뀐다.

환율전쟁, 통화전쟁이라고 하면 얼핏 자국 통화의 가치를 보호하기 위해 벌이는 국가 간의 경쟁을 말하는 것으로 생각할 수도 있다. 하지만 실상은 자국 통화의 가치를 떨어뜨리기 위해 국가 간에 벌이는 경쟁을 말한다.

자국 통화의 가치를 일부러 떨어뜨리는 이유는 두 가지다. 첫 번째는 침체에 빠진 경제를 회복시키기 위해서다. 경기 침체란 결국 돈이 돌지 않는다는 걸 의미하니 회복을 위해서는 돈이 돌게 해야 한다. 그러자면 시중에 돈을 많이 공급하는 게 가장 좋은 방법이다. 이를 위해 '돈 찍기' 수단이 동원되는데 돈의 공급이 늘어나면서 자연스레 돈의 가치가 떨어지게 된다. 두 번째는 수출 경쟁력 확보를 위해서다. 돈의 가치가 떨어진다는 말은 보통 달러와 비교한 가치가 하락한다는 의미다. 그러니 자국 통화가치가 하락하면 달러로 표시되는 제품 가격은 자연히 내려갈 수밖에 없다. 결과적으로 가격 경쟁력이 높아지면서 수출 경쟁력에서 다른 국가를 앞서게 된다.

보통 환율전쟁은 두 번째 이유 때문에 발생한다. 한 국가의 일방적 돈 찍기는 의도했든 하지 않았든 자국 제품의 수출 경쟁력을 높이게 된다. 이는 다른 국가가 그만큼 수출 경쟁에서 뒤처진다는 말이 된다. 이를 피하기 위해서 다른 국가도 통화 절하 경쟁에 뛰어들면서 통화전쟁이 불붙는 것이다.

신흥국의 피해

그렇다면 구체적으로 선진 기축통화국의 '돈 찍기'에 신흥국이 어떤 피해를 보기에 '전쟁'이라는 표현을 쓰는 걸까? 보통 한 국가가 일방적으로 돈을 찍어 통화 유동성을 높이면, 그 돈이 자국 내에서만 머물지 않는다. 특히 선진 기축통화국의 경우에는 더욱 그렇다. 자국의 경기침체로 마땅한 투자처를 찾지 못한 돈은 보통 국경을 넘어 핫머니*화 한다. 원유를 비롯한 상품시장과 신흥국의 자산시장으로 그 돈이 몰려든다. 돈이 몰린 신흥국에서는 인플레이션이 발생하게 되고 신흥국 통화는 가파르게 절상된다. 신흥국 통화 수요가 급증하기 때문이다. 동시에 신흥국의 수출 경쟁력이 급격히 추락한다.

그뿐 아니다. 신흥국은 단순히 수출 경쟁력만 잃는 게 아니라 통화정책 혹은 금리정책의 융통성을 잃게 된다. 구체적으로 살펴보자. 외국 자본이 밀려들면 자국 돈의 공급이 늘어 자연스레 인플레이션이 발생하게 된다. 인플레이션을 억제하기 위해서는 금리 인상을 해야 하는데, 인상을 하자니 고금리를 따라 이동하는 핫머니를 부추겨 통화절상을 가속할 여지가 더 커진다. 금리 인상을 할 수도, 하지 않을 수도 없는 상황에 빠지게 되는 것이다.

2009년의 국제 경제 상황이 대표적인 예다. 당시 미국을 필두로 유로존·영국·일본에 이르기까지 많은 선진국이 본격적으로 돈을 찍어내기 시작했다. 이들이 찍어낸 돈이 신흥국으로 몰려들면서 신흥국에 인

---

*핫머니란 국제금융시장으로 이동하는 단기자금을 말한다.

플레이션이 발생했고, 이를 막기 위해 신흥국은 금리를 인상하며 긴축 통화정책을 실시했다. 당시 신흥국 경제도 금융위기로 어려웠기에 금리 인상보다 인하나 동결이 필요했지만, 외국 자본의 급격한 유입에 울며 겨자 먹기로 금리 인상을 할 수밖에 없었다.

환율전쟁의 승자는 선진국

이런 상황에 불만이 커진 신흥국은 나름 대응을 하기 시작했다. 대부분 신흥국은 금리 인상으로 대처했고, 브라질과 같은 일부 급진 국가는 토빈세*를 도입하면서 외국 자본 유입 규제책을 본격화했다. 즉 단기적 국제 자본 거래, 다시 말해 투기성 외국 자본에 세금을 매겨 규제하기 시작한 것이다. 물론 세계 각국의 연준에 대한 비판도 불을 뿜었다. 선진국과 신흥국 간의 통화전쟁이 본격화한 것이다. 심지어 2010년 열린 서울 G20 정상회의 의제가 환율전쟁이었을 정도로 심각했다.

이 전쟁의 승자는 누구였을까? 당연히 선진국이다. 위와 같은 신흥국의 반발에도 선진국의 초과 유동성은 여전히 신흥국으로 밀려들고 있다. 신흥국의 외환보유고는 나날이 늘어나고만 있다. 한국만 해도 연일 사상 최고치를 경신하고 있다. 선진국의 유동성 확대 정책이 성공한 셈이다. 선진국의 바람대로 주식·상품시장 등 자산시장의 가격이 올랐으며, 중국과 한국을 비롯한 신흥국의 통화가치는 빠르게 절상됐다. 그

---

* 토빈세는 단기성 외환 거래에 부과하는 세금을 말한다.

결과 글로벌 위기의 진원지인 미국은 플러스 성장을 기록하며 예상외의 회복세를 보이고 있다. 반대로, 중국을 비롯한 신흥국은 빠르게 성장세가 꺾이고 있다. 불과 몇 년 사이에 처지가 역전된 것이다.

선진국의 돈 찍기는 단순히 자국 실물경제의 자극만을 목표로 하는 게 아니다. 실제로는 자본이득 추구가 더 큰 목표일 수 있다.(5장 양적 완화의 실제 목표는 '부의 효과'에 지나지 않는다 참고) 즉 제로 금리의 공짜 돈을 찍어 해외 자산을 공략해 얻는 이익이 어쩌면 양적 완화의 실제 목적일 수도 있다는 말이다. 현재 선진국은 위 목표를 초과 달성하고 있다고 볼 수 있다.

그런데도 미국은 2012년 9월 3차 양적 완화에 이어 12월에 추가 양적 완화 계획을 내놓았다. 매월 400억 달러의 모기지담보부증권(MBS)에 더해 450억 달러에 달하는 국채를 매입한다는 계획이다. 즉 매월 850억 달러, 년으로 따지면 약 1조 달러에 달하는 엄청난 돈을 무기한 풀겠다는 말이다. 한국의 한 해 GDP에 해당하는 엄청난 액수다. 물론 유럽과 일본의 돈 찍기도 계속되고 있다.

통화 약세 경쟁 시대

선진국의 돈 찍기가 여전한데, 신흥국이 선진국에 퍼붓는 비난의 강도는 예전만 못한 느낌이다. 왜일까? 가장 설득력 있는 설명은 현재 상황이 2010년 말의 2차 양적 완화 때와는 다르다는 것이다. 당시에는 신흥국 경제가 지금보다 훨씬 좋았다. 적어도 현재와 같은 침체 혹은 성장률 둔화 국면은 아니었다. 금융위기를 서서히 극복하고 나름 견고한 성장을 하던 때였다. 하지만 지금은 신흥국 경제도 매우 취약한 상태다. 따라서 신흥국도 경제를 회복하기 위해 금리 인하 등 금융완화 정책을 적극 시행해야 하는 형편이다. 그런데 마침 주요 선진국의 양적완화 시행으로 정책의 융통성이 생긴 것이다.

정리하면 신흥국이 예전과 달리 선진국과 비슷한 정책을 실시하고 있다는 말이다. 세계는 경쟁적인 통화팽창 정책으로 자국 통화의 약세를 꾀하고 있다. 이는 새로운 형태의 통화전쟁이다. 이례적인 현상이다. 금융위기 전까지만 해도 각국은 자국 통화의 안정에 더 집중했다. 간혹 약세 유도 정책을 사용하기도 했으나 큰 흐름으로 보면 자국 통화의 가치 유지를 최우선으로 고려했다. 적어도 지금처럼 통화 가치를 의도적으로 훼손시키지는 않았다.

하지만 2008년의 금융위기는 통화시장의 흐름을 완전히 뒤바꿔놓았다. 〈이코노미스트〉 표현대로 '강함에 대한 열망'이 사라지고 '약함에 대한 선호'가 그 자리를 차지했다. 이는 어쩌면 당연한 현상이다. 2008년 금융위기가 전 세계를 동시에 강타한 사상 초유의 긴급사태였기 때문이다. 일단 '나부터 살고 보자'는 국가이기주의가 발동했다. 미국을 필두로 세계 각국은 무차별 유동성 공급에 나섰다. 동시에 통화가치를 절하시켜 수출 경쟁력 강화를 시도했다.

신흥국은 승자가 될 수 없다

그런데 신흥국도 선진 기축통화국처럼 양적 완화로 대표되는 돈 찍기 정책으로 위기를 극복할 수 있는 것일까? 그렇지 않다. 신흥국의 통화팽창 정책은 한계가 있을 수밖에 없다. 만약 선진 기축통화국처럼 양적 완화를 시행하거나 도를 넘는 팽창 정책을 지속한다면 통화 가치 폭락을 피할 수 없기 때문이다. 결국 신흥국은 금리 인하, 지급준비율 인하 등 정통적 통화정책의 틀을 벗어날 수 없다.

사실 지금도 신흥국의 통화팽창 정책은 아슬아슬한 상황이다. 이미 선진국의 양적 완화로 글로벌 자산시장의 인플레이션 압력이 상당한 수준에 와 있다. 주식시장은 물론 상품시장 역시 금융위기 직전과 비교하면 엄청나게 상승했다. 이런 상황에서 신흥국의 무리한 통화팽창 정책은 자칫하면 고인플레이션을 유발시켜 자국 통화의 급락을 부를 수 있다. 돌발 위기가 발생하면, 지금까지 금리차 이익을 보려고 유입됐던 외부 자금이 급격히 유출될 가능성이 높다. 2010년 말, 2차 양적 완화 때와는 달리 신흥국 경제가 급격히 위축되고 있기 때문이다. 외부 자금은 이미 상당한 자본 이득을 취한 상태다. 신흥국의 무차별 통화팽창 정책은 외부 자본이 철수를 시작하는 빌미가 될 수 있다.

선진국에서 시작된 '유동성 쓰나미'를 온몸으로 견뎌야 하는 게 신흥국이다. 이뿐만 아니다. 선진국 자본이 일시에 빠져나가는 '유동성 역 쓰나미'에도 취약할 수밖에 없다. 이것이 신흥국의 한계다.

이런 불평등을 해소할 수 있는 방법은 없을까? 아니다. 방법은 있다. 특정 국가에 종속된 현 기축통화 시스템을 바꾸면 된다. 물론 만만치 않은 일이다. 선진국이 통화패권을 내놓을 리 없기 때문이다. 하지만 최근에는 변화 움직임도 있다. UN이 공개적으로 달러 대체 통화의 필요성을 언급하는 보고서를 발표했고, IMF도 새로운 기축통화 필요성을 언급했다. IMF는 '외환보유액 축적과 국제 통화안정'이란 보고서에서 '방코(Bancor)'라 명명한 글로벌 기축통화를 제시했다. 이런 움직임이 희망일 것이다. 비록 현 시스템을 바꾸는 데는 오랜 시간이 필요하겠지만 말이다.

상하이 개방에 숨겨둔
위안화 굴기 전략

> 연합뉴스 2013.08.13
>
> 상하이 자유무역지대 가시화
> '리커창 파워'
>
> 중국 상하이(上海) 자유무역지대 설립이 리커창(李克强) 총리의 강력한 의지를 업고 진전을 이뤄가고 있다.
> 14일 중국경제망(中國經濟網)과 봉황망(鳳凰網)에 따르면 양슝(楊雄) 상하이시장은 지난주 열린 개혁·개방 촉진방안 전문가 포럼에서 "상하이 자유무역지대 설립 추진안이 국무원을 통과한데 이어 현재 구체적인 방안 마련을 위한 작업이 진행 중"이라고 밝혔다.

"상하이는 이미 국제도시 아닌가? 새삼 중국이 상하이를 자유무역지대화 하는 이유는 뭐지?"

"그러게. 분명 무슨 의도가 있을 텐데."

지난 몇십 년 중국의 분투는 놀라웠다. '굴기'라 부를만하다. 갑자기 벌떡 일어서듯 빠른 성장을 했다. 덕분에 세상은 'G2 시대'란 표현을 거침없이 쓴다.

> 서울경제 2013.08.25
>
> **브릭스 퇴조·G2 고착화…**
> **거세지는 보호무역에 WTO 힘 잃어**
>
> 중 무차별 통화스와프체결…위안, 달러 지배 질서 위협
>
> 지난 2010년 중국의 국내총생산(GDP)은 일본을 제치고 세계 2위로 부상했다. 본격적인 G2 시대의 개막 선언이었다. 이후 중국은 세계 경제·정치 무대에서 힘자랑에 들어갔다. 무차별적인 통화 스와프 체결 등을 통해 위안화 국제화에 박차를 가하며 달러 지배 질서를 위협하는 한편 미국의 비판에 아랑곳하지 않고 주변국과 영토분쟁을 본격화하기도 했다.

위 기사의 헤드라인만 보면 중국은 이미 미국과 비슷한 힘을 가진 것으로 보인다. 정말 G2의 시대일까. 사실 G2라는 표현은 착시를 일으킨다. 은연중에 중국과 미국의 힘을 대등한 것으로 오해하게 한다. 하지만 현실은 그렇지 않다. 굳이 군사력 통계나 경제 수치를 들이댈 필요도 없다. 미국과 중국 간의 힘의 격차는 우리가 상상하는 것 이상이다.

그런데도 세상은 미국과 중국을 일대일로 놓고 비교한다. 압권은 몇 년 후면 중국이 미국을 추월하리라는 전망이다. 이런 호들갑은 마치 1980년대와 1990년 초 상황과 유사하다. 당시 세상은 일본이 금방이라도 미국을 넘어설 것처럼 호들갑을 떨었다. 물론 성장 궤적이 그대로 유지되어야 한다는 전제가 있었다. 실현 불가능한 전제였으나 사람들은 무시했다. 현재도 비슷하다. '지금의 경제성장률을 그대로 유지한다면'이란 막연한 조건을 전제로 놓고, 중국이 미국을 추월하리라는 무

책임한 전망을 양산한다. 하지만 적어도 가까운 미래에 이런 일이 일어날 가능성은 거의 없다. 위안화가 달러를 제치고 기축통화로 부상하리라는 전망도 마찬가지다. 위안화가 달러를 능가하는 제1의 통화가 되기는 어려울 것이다.

그럼에도 세계는 중국의 변화에 주목할 수밖에 없다. 가까운 시간 내에는 가능성이 전혀 없지만 장기적으로는 중국의 위안화가 중국 경제의 위상에 어울릴 정도로 '국제화' 혹은 '기축화'할 가능성이 충분한 탓이다. 중국이 상하이를 자유무역지대화한 것도 자본 개방 및 위안화의 국제화를 목표로 하고 있음을 알아야 한다.

미국의 무역 적자 반전과 달러의 위상변화

잠시 멈춰 생각해보자. 왜 달러인가? 1971년 브레튼우즈 체제*의 붕괴로 달러가 더는 금과 태환되지 않는다. 미 달러를 세계 통화로 강제하는 구조적 뼈대가 더는 존재하지 않는다. 그러나 달러는 여전히 세계 통화다. 수많은 사람이 달러의 휴지화를 걱정하지만 아직도 세계는 달러에 목말라한다. 대체 달러에는 무슨 힘이 있어 이토록 강한 힘을 발휘하는가? 다음과 같은 이유 때문이다.

브레튼우즈 체제는 1944년 미국 브레튼우즈(Bretton Woods) 지역에서 만들어진 국제통화질서로 고정환율제도를 채택한 체제를 말한다.

- 달러는 세계 최대 경제국의 통화다.
- 달러는 어떤 제한도 없이 자유롭게 이용되거나 교환된다.
- 국제 무역 거래 대부분이 달러로 결제된다.
- 달러는 다량으로 세계 각지에 퍼져 있다.

이 중에서도 가장 중요한 기축통화의 요건은 안정적인 유동성 공급이다. 세계 어디서든 쉽게 구할 수 없다면 그 통화는 절대로 기축통화가 될 수 없다. 미국은 막대한 무역 적자를 감수하면서 이 역할을 지금까지 잘 수행해 왔다. 산유국과 한국·일본·중국 등 다른 국가에서 수많은 물품을 수입하는 대신 달러를 공급했다. 글로벌 경제의 최종 소비자 역할을 한 것이다. 하지만 최근 이런 흐름에 변화가 생기고 있다. 이는 위안화가 부상할 수 있는 중요 변수가 된다. 미국의 달러 공급이 줄면 타 통화가 그 자리를 대체할 수밖에 없는데, 위안화는 그 틈을 비집고 기축화·국제화의 길을 가려고 한다.

미국의 막대한 무역수지 적자가 금융위기 이후 급속히 개선되고 있다. 구체적으로 2007년부터 2013년 9월까지 GDP 대비 경상수지 적자 비율을 58퍼센트 정도나 줄였다. 금융위기 후 글로벌 경제 침체 상황을 고려할 때 실로 엄청난 반전이라 하지 않을 수 없다. 하지만 이는 시작에 불과하다. 미국의 적자 감소 폭은 점차 커질 전망이다. 미국의 적자는 다음 두 가지 이유로 급속히 줄어들 것이다.

1. 미국의 에너지 붐(셰일 오일과 가스)

미국이 20세기에 패권을 잡을 수 있었던 이유는 중동의 오일을 장악했기 때문이었다. 하지만 21세기 들어 그 힘이 현저히 떨어진 상태다. 그런데 반전의 기회가 왔다. 한마디로 운이 좋다고 할 수 있다. 이미 주요 인프라가 완비되어 있어 저렴한 가격으로 채굴이 가능한 미국 내 여러 지역에서 막대한 양의 오일과 가스가 발견됐기 때문이다. 한마디로 미국의 에너지 르네상스가 현실이 되고 있다. 이는 단순히 에너지 부문의 경쟁력 강화만을 의미하지 않는다. 미국의 제조업체 또한 값싼 에너지를 이용해 부가가치 높은 제품을 생산할 수 있게 됐다. 이로써 미국의 제조업체는 가격 경쟁력에서 우위에 설 수 있게 됐다.

2. 미국 제조업 르네상스

미국의 제조업이 다시 부활하고 있다. 자국 내에서 생산되는 값싼 에너지는 에너지와 화학기업의 경쟁력을 높였다. 이뿐만이 아니다. 미국은 첨단기술 분야에서 세계를 선도한다. 특히 로봇 공학과 IT 분야의 성장이 눈부시다. 미국은 노동력을 적게 들이면서도 더 많은 제품을 생산하고 있다. 말하자면 미국의 제조업 경쟁력이 다시 살아나고 있다.

위의 두 추세는 무척 강하다. 이 힘으로 미국은 꾸준히 경상수지 적자를 줄여나가고 있다. 현재 상태라면 무역 적자가 흑자로 반전되는 상황도 충분히 가능하다. 미국의 에너지 자립은 2020년이면 가능하리라 전망된다. 이때가 무역 적자 반전의 적기가 될 것으로 보인다.

그렇다면 미국의 무역 흑자가 의미하는 바는 무엇일까? 현재의 글로벌 무역은 미 달러와 산유국 오일의 교환, 미 달러와 아시아 생산 제품의 교환이라는 두 축으로 구성된다. 그런데 미국이 에너지 자립을 하면 우선 미 달러와 산유국 오일의 교환 등식이 깨지게 된다. 또, 미국 제조업이 부활하게 되면 아무래도 미국은 아시아산 공산품의 수입을 줄이게 될 것이다. 이는 결국 현 글로벌 무역시스템의 붕괴를 의미한다. 또한 달러 기축통화 시스템에 이상이 생기게 된다는 뜻이다. 미국이 오일과 상품을 수입하면서 세계에 공급하던 막대한 달러의 양이 줄어들기 때문이다. 지난 15년 동안 세계는 미국의 무역 적자와 달러 공급에 의해 유지됐다는 사실을 상기할 필요가 있다.

위안화의 자유화

미국이 무역수지 흑자를 추구하기 시작하면 달러 강세가 필연적이다. 달러 유동성 감소 탓이다. 이것은 미국 이외의 국가들에게는 매우 중요한 의미가 있다. 아시아는 달러가 지배해왔다. 아시아는 미국의 공장 역할을 하면서 달러를 벌어 타국과 거래했다. 중국이 인도네시아와, 일본이 대만과 서로 거래를 할 때도 달러를 이용했다. 하지만 이런 흐름은 달러 공급이 감소하면서 변화가 생길 것이다. 그렇다면 대안은 무엇일까? 위안화에 답이 있다는 게 중론이다. 위안화는 달러 공급 감소 추세를 비집고 국제화를 시도하고 있다. 2013년 기준, 최근 2년 동안 중국 수출액의 위안화 결제율은 0퍼센트에서 18퍼센트까지 증가했다.

2년 전만 해도 위안화는 국제 무역이나 금융에서 사용할 수 있는 통화가 아니었다. 위안화를 소유하려 하지도 그것을 이용해 거래하려 하지도 않았다. 그러나 불과 2년이 흐른 현재 위안화는 세계 10대 거래 통화 중 하나가 됐다.

이 같은 변화는 중국이 의외의 비교우위를 점하고 있기에 가능했다. 보통 국제화된 금융센터를 만드는 데는 50년이 걸린다고 한다. 그런데 중국은 이미 신뢰할 수 있는 금융센터를 갖고 있었다. 바로 홍콩이다. 중국은 홍콩을 통해 위안화의 국제화를 추진했으며, 그것은 들불처럼 번지고 있다. 위안화는 비교적 빠른 속도로 국제화하고 있다. 이 과정은 역사적 경험으로 보면 빛의 속도로 발생할 것이다. 전문가들은 그 기간을 5년에서 10년 정도로 전망한다. 위안화는 아직 글로벌 외환거래의 2.2퍼센트 정도밖에 차지하지 않지만, 그 숫자는 위안화가 완전히 자유롭게 거래되기 시작하면 급상승할 것이다. 물론 아직은 기축통화인 미 달러·유로·엔화와는 많은 격차가 있다. 하지만 거듭 말하지만 중국은 신흥국 중에서 거의 유일하게 성숙하면서도 신뢰할 수 있는 금융센터를 가졌다. 그런 면에서 중국은 자국 통화를 기축화할 수 있는 강력한 무기를 가지고 있다고 할 수 있다.

상하이 실험에 숨겨진 중국의 열망

생산의 3요소는 토지·노동·자본이다. 애덤 스미스 이래 변치 않는 몇 가지 경제 원칙 중 하나다. 그런데 지금까지 중국의 성장은 토지와 노동에 기반을 둔 것이었다. 자본은 제한된 범위 내에서 풀었다. 특히, 외국인에 대한 규제가 심했다. 국가 전략 산업 부문 기업의 소유권(주식)에 대한 규제는 물론, 위안화의 보유 및 거래에도 많은 제약을 뒀다. 자본 통제로 외국인이 자국 경제를 쥐락펴락하는 걸 방어하려는 의도였다. 하지만 이런 중국이 변화하고 있다.

시진핑(주석)-리커창(총리)의 중국 신정부는 '금융시장 개방 및 자유화'로 경제 기조를 잡았다. 드디어 중국이 자본을 기초로 경제 활성화를 꾀하기로 한 것이다. 그 시초가 중국 최대의 상업도시인 상하이를 자유무역지대(FTZ)*화 하겠다는 선언이다. 중국은 상하이를 우리가 익히 알고 있는 단순한 자유무역지대로 만들려는 게 아니다. 그저 입주 기업들에게 세금 혜택 정도나 주는 정도가 아니라 '금융시장 개방 및 자유화'에 방점을 두고 있다. 이는 중국이 자본 통제를 풀겠다는 신호다.

중국이 상하이를 통해 금융 개방을 시험하는 이유는 중국의 성장 동력이 예전만 못하기 때문이다. 두 자릿수를 기록했던 성장률은 2010년대 들어 절반으로 떨어졌다. 중국으로 물밀듯 몰려들던 외국인 직접 투자액도 최근 들어 성장세가 줄어들고 있다. 노동력도 더는 싸지 않다. 싼 임금에 매료되어 중국에 진출했던 외국인 투자마저 철수할 조짐을 보이는 게 현실이다. 이제 중국이 생산성을 높이기 위한 마지막 방

---

* 자유무역지대란 특정 국가나 특정 지역 간에 관세 또는 비관세 장벽을 철폐하고 통일된 시장을 형성하는 것을 말한다.

편은 자본밖에 없다. 중국은 이를 간파하고 자본과 금융을 통한 성장을 꿈꾸는 것이다.

또 있다. 중국은 세계 패권국을 향한 열망을 품고 있다. 그러나 현대의 패권국은 단순히 경제력이나 군사력만으로 가능하지 않다. 무엇보다 자국 통화가 세계화되어야 한다. 통화의 세계화는 '통화태환성*'이 보장되어야 한다. 위안화가 세계 어느 곳이든지 아무런 제약 없이 쓰이기 전에는 중국이 세계의 패권국으로 선다는 것은 불가능하다. 중국의 금융 개방이 의도하는 목적은 분명하다. 세계제국의 꿈을 이루기 위한 방편이다. 그 꿈은 위안화를 기축통화화해야 가능하며 그 실질적 수단이 바로 금융 개방 및 자유화다.

물론 위험성도 있다. 자칫 중국의 알토란 같은 기업이 외국인의 손에 넘어갈 수도 있다. 무엇보다 자본 유출이 심각해질 수도 있다. 통화의 자유화는 필연적으로 통화 가치 변동을 낳는데, 이것이 중국 경제에 악영향을 끼칠 수 있다. 게다가 중국의 통화는 아직 안전 통화라 할 수 없다. 안전 통화는 정부의 사유재산 몰수·외환시장 통제·과세·급격한 평가 절하와는 거리가 있어야 한다. 문제는 또 있다. 중국이 인정하든 하지 않든 미국이나 일본보다 돈 찍기에 더욱 집착하고 있다는 것이다. 수년 동안 인민은행은 역내로 들어오는 외환보다 더 많은 돈을 경제 시스템에 주입해왔다. 게다가 최근의 환율 변동과 금리 변동은 중국의 신

---

* 통화태환성이란 자국 통화의 보유자가 그 통화를 일정 교환 비율로 타국 통화와 어떠한 목적에서든지 교환할 수 있는 권리를 말한다.

용 시스템이 매우 허약함을 입증한다. 건강한 경제에서는 금리가 3퍼센트에서 13퍼센트까지 급격하게 변화하지 않는다. 최근 중국은 금리가 급격하게 변화하고 있다. 이 같은 불안정은 우리가 생각하는 것보다 크다.

그럼에도 중국은 위안화의 국제화를 통한 자본시장 개방을 계속해서 추진할 것이다. 중국은 미 달러의 약세가 아닌 강세로 기축통화의 길을 가고 있다. 여러 나라가 달러 이외의 통화로 거래하길 원한다. 신흥국 무역의 20퍼센트가 중국과의 거래라는 점을 고려할 때, 위안화가 상대적으로 귀해진 달러를 대체할 수 있을 것이란 가정이 더는 비합리적이지 않다. 하지만 위에 언급한 문제점 때문에 위안화의 국제화는 생각보다 많은 시간이 걸릴 수 있다. 그렇기에 중국은 위안화의 자유화 흐름을 더는 늦출 수 없는 것이다. 변화는 혁명으로 오는 것이 아니라 서서히 올 것이다. 분명한 것은 중국은 자신의 경제력에 걸맞은 통화를 가지려 할 것이란 사실이다. 그게 상하이 자유무역지대화의 진정한 의미이다.

통화정책의 진짜 복병은 고령화다

> **연합뉴스 2013.09.19**
>
> **아시아 신흥국 증시, 양적 완화 축소 연기에 '폭등'**
>
> 아시아 신흥국 증시는 19일 미국의 양적 완화 축소 연기를 환호하며 일제히 폭등세를 보였다. 그러나 최근 유동성 유입이 많았던 우리나라 증시의 경우 미국 경기에 대한 우려가 높아진 점이 악재가 될 수도 있다고 전문가들은 진단했다. (중략) 임동민 교보증권 연구원은 "연준이 양적 완화를 축소한다고 하더라도 전격적인 긴축 전환이 아니라는 점은 모두 알고 있고, 시장 예상치 한도 내에서의 양적 완화 축소는 금융시장 불확실성 해소 측면에서 오히려 시장에 긍정적"이라며 "중요한 것은 향후 금융시장의 반응"이라고 설명했다.

"야, 연준이 양적 완화 축소를 연기했네. 중앙은행도 일구이언을 하네."
"그렇다면 양적 완화는 실패작 아닌가? 성공했다면 축소를 연기할 이유가 없잖아."

신문은 항상 양적 완화로 인한 자산 가격 상승만을 주로 얘기하지, 그 폐해는 침묵한다. 무엇보다 연준이 양적 완화 축소를 연기한 이유는 침묵한다. 그저 양적 완화가 글로벌 경제를 떠받치는 수호신이라도 되는 듯 떠들어대기 바쁘다. '아시아 신흥국, 미 양적 완화 유지로 경제 회복세(매일경제 2013.11.01.)'가 대표적이다. 양적 완화 축소를 계속 연기한다는 것은 이미 실패를 자인한 것이란 사실을 애써 숨긴다. 이는 양적 완화에만 국한되지 않는다. 중앙은행의 통화정책은 이미 매끄럽게 작동하지 않는다. 현재의 글로벌 경기 침체를 좀처럼 구해내지 못하는 무능력이 이를 증명한다.

더는 작동하지 않는 양적 완화 정책

2008년 리먼브러더스의 파산으로 시작된 미국의 금융위기는 대공황 이후 최악의 경기 침체를 낳았다. 미국은 물론이고 전 세계가 침몰할 것 같은 비장함이 감돌았다. 이때부터 연준은 금리를 거의 제로에 고정한 채 경기 자극을 위한 주요 정책 수단을 무차별적으로 시행했다. 그러나 정통적 통화정책으로는 이미 깊은 수렁에 빠진 경제를 살려낼 수 없었다. 이때 등장한 것이 일본이 먼저 시행했던 양적 완화였다.

양적 완화란 중앙은행이 민간이 보유한 국채와 모기지담보부증권 등의 자산을 사들이는 행위다. 세계 최고의 두뇌 집단이라고 할 수 있는 선진국 중앙은행이 고심해서 만들어낸 최고의 무기이자 극단의 강수다. 목적은 시중의 장기 금리를 내려 민간이 돈을 빌리기 쉬운 환경을 만들기 위함이다. 물론 투자와 소비의 촉진이 최종 목표다. 양적 완화는 비정통적 통화정책인 만큼 수많은 비판이 따른다. 그러나 여기서 새삼 그 비판을 논할 필요는 없을 것이다. 중요한 건 미국을 비롯한 일본 그리고 유럽에 이르기까지 선진 각국이 엄청난 규모의 양적 완화를 시행했음에도 효과가 거의 보이지 않는 현실이다. 실업률은 계속해서 고공 행진 중이고, 인플레이션은 아무리 노력해도 목표치를 밑돌며 되레 디플레이션을 위협하고 있다. 연준은 2013년 5월 미국 경제의 회복세를 장담하며 비정통적 통화 정책인 양적 완화의 규모를 줄이겠다고 공언했다. 하지만 위 기사에서 보듯 그 공언을 허언으로 만들며 철회했다. 그만큼 미국 경제는 중앙은행의 완화적 통화 정책 없이는 스스로 설 수 없을 정도로 허약한 상황임을 인정한 것이다. 이는 결국 지난 몇 년에 걸쳐 야심 차게 시행한 통화 정책의 한계를 자인했다고 볼 수 있다. 금리가 아무리 낮아도, 본원통화가 폭증해도 민간에 대한 대출은 좀처럼 확대되지 않고 있다. 다음은 엘지경제연구원의 리포트에서 간추린 내용이다.

최근 미국·유로존·영국·일본·캐나다 등 이른바 빅5의 본원통화 규모는 2012년 7월 약 7조 달러를 넘는다. 2007년 말보다 2.26배, 금액으로는 약 4조 달러가 늘었다. 당연히 시중 유동성도 많이 증가했다. 광의통화(M2) 기준으로 동년 7월 말 36조 4,400억 달러로 2007년 말 이후 7조 1,700억 달러가 늘어났다. 2007년 말 대비 1.24배 증가한 것이다. 유동성은 빠르게 늘어났지만, 본원통화 증가에 비하면 총통화 증가 폭은 크지 않다. 본원통화 대비 총통화 규모로 나타나는 통화승수(M2·본원통화)는 2008년 초 10배 수준에서 2012년 7월 말 5.2배로 하락했다. 중앙은행이 본원통화를 늘려도 가계와 기업에 대한 은행의 신용 창조 과정이 제대로 작동하지 않고 있는 것이다. 은행이 보유 채권을 중앙은행에 넘기면서 늘어난 통화가 대출에 활용되지 못하고 초과 지급 준비금 형태로 쌓여있는 것이다.

고령화와 통화정책의 관계

대체 왜 양적 완화를 비롯한 통화정책이 효과를 발휘하지 못하는 것일까? 이에 대해서는 이미 수많은 연구가 이루어져 왔다. 대표적인 것이 민간이 빚을 줄여가는 과정에는 돈을 풀어 봐야 그 돈을 빌려 갈 주체가 없기 때문이라는 연구다. 충분히 일리가 있다. 하지만 무언가 부족하다. 그보다 더 근본적이면서 구조적인 문제가 있는 건 아닌지 돌아봐야 할 때다. 그런데 그 해답을 최근의 한 연구가 제시하고 있다. 구체적으로 살펴보자. IMF의 경제학자인 패트릭 이맘(Patrick Imam)은 '노령화의 충격: 인구구조 변화가 통화정책 효율성을 약화시킴'이라는 논문을 발표했다. 제목에서 보듯 그는 선진국 중앙은행의 제반 통화정책이 효과를 발휘하지 못하는 이유를 인구구조의 변화, 그중에서도 노령화로 꼽았다. 신선한 발상이다.

연구는 미국의 노벨상 수상 경제학자인 모딜리아니의 라이프사이클 가설에 기초해 진행됐다. 연구 내용을 좀 더 자세히 살펴보자. 통화정책은 몇 가지 채널로 작동해 효과를 노린다. 하지만 인구 고령화가 통화정책의 작동을 막는다. 구체적으로 각 채널을 살펴보면 다음과 같다.

1. 금리 채널(Interest rate Channel)

보통 금리를 내리면 은행의 신용 창조가 늘어 민간의 소비와 투자가 증가해야 한다. 이자가 싸니 쉽게 빌려 소비와 투자에 쓰기 때문이다. 그런데 인구 고령화는 금리 조절을 통한 통화정책의 효율성을 떨어뜨린다. 라이프사이클 가설에 따르면 사람들은 직업을 갖고 있을 때 자산을 획득한다. 젊었을 때 집을 사고 금융자산도 구매한다는 말이다. 그리고 은퇴하면 자산을 판다. 가계의 소비와 저축 패턴 또한 나이가 들면서 변화한다. 라이프사이클 기간에 부채 수준이 높아졌다가 낮아진다. 구체적으로 청년층은 보통 부채를 늘리고 노령층은 오히려 줄인다. 따라서 빚을 져야 하는 청년 가계는 금리 변화에 민감할 수밖에 없다. 반면, 노령층은 보통 여유가 있는 자산가이기에 채권자인 경우가 많다. 그러니 빚을 질 이유가 별로 없고, 당연히 금리 변화에 덜 민감하게 반응한다. 노령사회에서 통화정책의 효율성이 감소하는 이유다.

2. 신용 채널(Credit Channel)

중앙은행이 통화정책에 변화를 주면 시중은행이 민간에 발행하는 신용의 양이 영향을 받는다. 이 메커니즘을 신용 채널이라 한다. 그런데 신용 채널은 외부 금융 프리미엄(external finance premium)과 밀접한 관련이 있다. 외부 금융 프리미엄이란 자기 금융 비용을 초과하는 차입 수수료를 말한다. 다시 말해, 자기자본 원가 대 외부에서 자금을 조달할 때 드는 비용 사이의 차액을 말한다. 보통 이 차액이 커지면 신용이 줄고 작아지면 신용이 늘어난다. 말하자면 빚을 내고 유지하는 데 비용이 많이 들면 신용이 줄고, 그 비용이 적어지면 신용의 절대량은 늘기 마련이다. 그러나 노령사회에서는 이 메커니즘이 통하지 않는다. 보통 노령 인구가 재산을 더 많이 가지고 있다. 그들은 외부에서 자금을 얻기보다는 자기 재산으로 자금을 조달한다. 노인들은 담보물 역시 풍부해서 자금을 차입할 때 리스크 프리미엄이 더 낮다. 외부에서 자금을 조달하는 원가가 더 낮아질 수밖에 없다. 이 말은 노령사회에서는 통화정책으로 신용 채널에 변화를 준다 해도 효과가 떨어질 수밖에 없음을 암시한다. 최종 소비자가 자금을 빌리지 않으면 통화정책의 효과는 감소할 수밖에 없다. 또한 반대로 가난한 노인들도 많다. 이들은 차입 자체가 애초 불가능한 경우가 다반사다. 은행이 대출금을 떼일 확률이 높으니 대출을 주저하기 때문이다. 따라서 가난한 노령층에도 통화정책의 변화는 별 의미가 없다. 한마디로, 고령사회에서 통화정책의 변화를 통한 신용창출 효과는 그다지 높지 않다.

3. 부의 효과 채널(Wealth Effect Channel)

부의 효과란 완화적 통화정책, 즉 유동성 확대의 영향으로 부동산 등 자산 가격이 상승하면 부자가 된 듯한 느낌에 소비를 늘리는 현상을 말한다. 라이프사이클 가설에 따르면 인구구조의 변화는 자산 가격에 영향을 준다. 보통 청년층은 노령층보다 자산이 적다. 자산이 있는 가계가 금리 변화에 따른 자산 가치 변동에 더 민감할 수밖에 없다. 따라서 노령사회에서 부의 효과는 크게 나타난다. 부가 노령층에 집중되어 있기 때문이다. 게다가 노령가구는 주식보다 금리에 민감한 채권에 투자하는 경우가 많다. 노령화된 인구구조는 부의 효과 채널의 상대적 중요성을 높인다. 이 채널에서만 유일하게 통화정책이 효과를 발휘한다.

4. 위험 수용 채널(risk-taking channel)

통화정책은 경제 주체의 리스크에 대한 인식에도 영향을 준다. 이를 통화정책의 '위험 수용 채널'이라고 한다. 사람들은 금리가 낮을 때 더 많은 리스크를 받아들이는 경향이 있다. 반대로 금리가 상승할 때는 리스크를 피하는 경향이 있다. 그런데 노령사회에서는 손실을 회복할 수 있는 시간이 별로 없다. 인구 구조상 노령층이 다수이기 때문이다. 노령가구는 위험을 싫어한다. 따라서 위험수용 채널은 청년사회보다 노령사회에서 효과가 작다. 즉, 통화정책의 효율성을 떨어뜨린다.

5. 기대인플레이션 채널

최근 연구에 의하면 나이가 들수록 인플레이션 기대심리*가 높아진다고 한다. 이는 노령층이 인플레이션에 대한 우려가 크다는 의미다. 보통 인플레이션이 일어나면 채무자는 빌린 돈의 가치가 낮아지기 때문에 좋아한다. 반면 채권자는 인플레이션으로 자기의 현금자산 가치가 낮아지기 때문에 싫어한다. 자산가나 채권자가 다수인 노령사회에서

---

*인플레이션 기대심리는 시중에 돈이 풀리는 등 물가 인상 요인이 생기면 개인들도 인플레이션을 가정하고 경제 행위를 하는 것을 말한다. 인플레이션 기대심리가 높아지면 돈의 가치가 그만큼 떨어질 것이라 예상되므로, 은행 등 제도권 금융기관의 예금이 대거 빠져나가 실물부문에 몰리는 경우가 많다.

는 중앙은행이 인플레이션을 조장하는 걸 싫어할 수밖에 없다. 이것이 노령사회에서 통화정책에 한계가 있는 이유다.

고령화 사회에 대처하지 못하는 통화정책

종합하면 노령사회로 갈수록 통화정책의 효율성이 낮아질 수밖에 없다. 그런데 지구촌은 전에 없던 인구구조 변화를 겪는 중이다. 빠르게 고령사회로 진입하고 있다. 만약 고령화가 통화정책의 효율성을 떨어뜨리는 게 사실이라면, 세계의 중앙은행은 기존 통화정책을 대폭 수정해야 하는 처지에 몰렸다. 한국도 예외는 아니다.

결론은 간단하다. 인구 고령화에 따른 새로운 통화정책이 도입되어야 한다는 것이다. 통화정책의 변화가 필요하다. 인플레이션과 안정 사이에서 어떤 것을 택할 것이냐 하는 문제에도 지금까지와 다른 시각이 필요하다. 노령사회의 다수를 차지하는 노인가구는 대부분은 평균 이상의 현금 자산가이기 때문에 인플레이션이 발생하면 더 많은 것을 잃게 된다. 은퇴자들의 연금 자산은 인플레이션으로 쪼그라든다. 그래서 노령사회로 갈수록 인플레이션에 대한 혐오 현상이 깊어진다. 당연히 인플레이션 목표치는 그에 맞춰 더욱 낮아져야 한다.

반면, 고령층은 금리가 낮아지는 건 별로 달가워하지 않는다. 인플레이션이 없으면 고금리도 존재하지 않는다. 중앙은행은 이런 이율배반성을 고려해 적절히 정책을 구사해야 한다. 그래서 더욱 공격적인 통화정책이 필요하다. 만약 기존 통화정책이 노령사회에서 효과를 발휘하지 못한다면, 정책금리의 변화폭이 청년사회일 때보다 훨씬 커져야 한다. 25bp* 내외의 전통적인 금리 변화는 노령사회에서 먹혀들지 않는다. 더불어 경제와 금융 시스템을 안정시키기 위해 기타의 정책 수단을 동원해야 한다. 통화정책의 효율성이 점차 줄어들면, 경제 안정의 수단으로서 재정과 거시건전성(Macro prudential) 감독**의 역할이 더욱 중요해질 수도 있다. 그런 의미에서 실제 운용되는 거시건전성 정책 수단인 은행세(세계 금융위기 당시 은행 구제금융에 들어간 국민의 세금을 회수하고, 금융위기 재발을 방지하기 위하여 은행에 부과하는 세금), DTI(Debt To Income, 금융부채 상환능력을 소득으로 따져서 대출한도를 정하는 계산비율), LTV(Loan To Value ratio, 담보가치 대비 대출비율. 주택담보대출 비율이란 은행들이 주택을 담보로 대출해줄 때 적용하는 담보가치 대비 최대 대출 가능 한도) 등 일반적인 규제 감독을 담당하는 금융감독당국의 역할도 그만큼 중요해진다.

이제 중앙은행의 힘인 통화정책만으로 경기를 제어할 수 있는 시대가 아니다. 양적 완화가 제대로 작동하지 않는 이유를 곰곰이 살펴야 한다. 물론 이 연구는 고령화가 이미 진행된 선진국을 대상으로 했다. 하지만 신흥국과 저소득 국가 역시 인구구조가 급변하는 중이라서 어떤 국가라도 노령화를 반영한 통화정책이 필요한 시점이다. 시대 변화에 발맞춰 중앙은행의 정책 수단 역시 변화해야 한다.

* basis point, 금융시장에서 금리나 수익률을 나타내는 데 사용하는 기본단위로 100분의 1퍼센트를 의미한다.
** 거시건전성 감독은 거시금융환경의 변화에 따라서 시스템 리스크를 적절히 관리·감독하여 금융 시스템의 안정성을 확보하기 위한 새로운 감독개념이다.

신흥국들 위기가
더는 위기가 아닌 이유

> 연합뉴스 2013.10.27
>
> '외환위기' 직전까지 갔던 신흥국시장 완전 정상회복
>
> 미국 연방준비제도(연준)가 연내 양적 완화 축소를 시작하기 어려울 것이라는 관측이 대세를 이루자 한동안 세계 투자자금이 썰물처럼 빠져나갔던 신흥국 증시와 외환시장이 다시 살아나고 있다.
>
> 신흥시장에서는 금리가 낮은 나라에서 돈을 빌려 금리가 높은 곳의 통화나 채권에 투자하는 '캐리 트레이드'가 다시 고개를 들었으며 신흥국 주식시장에도 자금 순유입이 이어지고 있다.

"금방이라도 폭발할 듯하던 신흥국 위기가 잠잠한 모양이네."

"그러게. 미국의 힘이 강하긴 강한 모양이군. 양적 완화 축소를 연기하니 신흥국이 살아나는구먼."

위 기사가 나오기 불과 몇 개월 전, 언론은 '신흥국 금융위기 확산, 남아공도 우려(연합뉴스 2013.08.22.)'와 같은 기사를 쏟아냈다. 하지만 걱정과 달리 신흥국은 정상을 찾아가고 있다. 경제기사는 자주 실체를 놓친다. 현상만 보고, 본질을 꿰뚫지 못한다. 사실 몇몇 신흥국이 위기인 것

은 사실이다. 위 기사의 헤드라인처럼 어느 정도 정상화된 것도 맞지만, 그렇다고 위기가 완전히 종식됐다고 말할 수도 없다. 신흥국 위기는 언제든 재발할 수 있다. 그러나 과거 1990년대의 아시아 금융위기처럼 신흥국 전반으로 전염될 가능성은 그리 높지 않다. 부분을 전체로 오도해서는 곤란하다.

신흥국에 돌아온 양적 완화의 부메랑

미국 중앙은행이 지난 몇 년 동안 지속해오던 양적 완화 축소 방침을 밝힌 것이 2013년 5월쯤이었다. 그때부터 전 세계 금융시장이 충격에 휩싸였다. 주가는 내리고 채권 금리는 오르기 시작했다. 특히, 일부 신흥국 시장은 금융위기의 임계점에 와 있다 할 정도로 흔들렸다. 그중에서도 인도·인도네시아·터키·브라질 등의 주식·채권·외환시장은 폭락세를 연출했다. 양적 완화 축소는 결국 시중의 돈을 거둬들이는 것이니 금리 상승을 부르고, 이는 다시 채권과 주식의 동반 약세로 이어지기 마련이다. 이를 예상한 투자자들의 매도세가 거셀 수밖에 없다. 무엇보다 투기성 외국인 자본은 시장을 미련 없이 떠난다. 문제는 해외 자본 이탈이 해당국 통화의 급락으로 연결된다는 데 있다. 자본이 유출될 때 현지 통화를 달러로 환전해 나가기 때문에 달러 가치는 오르고 해당국 통화 가치는 급락한다. 정상적인 국가라면 과도한 통화가치 하락을 용인하지 않는다. 이 때문에 이들 국가는 자기들 소중한 외환보유고를 통화 가치 방어에 쏟아 부을 수밖에 없었다.

얼핏 1990년대와 2000년대 초에 벌어진 아시아와 남미의 금융위기가 떠오른다. 일종의 기시감이다. 1991년 인도는 국가 부도 위기를 피하기 위해 자국의 금을 영국에 담보물로 맡기고 외환을 빌려 와 위기를 넘겼다. 1990년대 말 한국 역시 국가 부도 위기를 간신히 피해 간 경험이 있다. 2001년 아르헨티나는 국내 은행 계좌를 동결하고 해외 부채에 디폴트*를 선언했다. 적어도 현재 신흥국 위기의 겉모습은 과거와 비슷하다. 국가 디폴트 상태까지 가지는 않겠지만, 양적 완화의 되돌림으로 '격동의 신시대'를 피할 수는 없을 것이다.

신흥국은 대가를 치르고 있다. 미국을 비롯한 선진 각국이 양적 완화를 실시하면서부터 시작된 막대한 해외 자본 유입에 좀 더 신중히 대응했어야 했다. 미리 자본 유입을 제한하는 조처를 했다면 최근의 곤경은 상당 부문 희석됐을 것이다.

하지만 신흥국은 오히려 자본 유입을 반겼다. 외국 자본이 유입될 때는 주식과 부동산 등 자산 가격이 상승하기 때문에 사람들은 더 부유해진 느낌을 가졌다. 기업들도 과거보다 훨씬 낮은 비용으로 자금을 조달할 수 있으니 박수를 쳤다. 통화 강세로 수입품의 가격이 하락하면서 인플레이션율도 낮아졌다. 그러니 국민 대부분은 행복감을 느꼈다. 고통을 겪는 주체는 수출업체 등 극소수에 불과했다. 이런 상황에서 정책 당국이 자본 통제를 하기 위해서는 대단히 큰 용기가 필요하다. 설사 그것이 미래의 안정과 장기적 경제 성장을 위해 필수적이라 해도 말

---

* 디폴트는 공·사채나 은행융자 등에 대한 이자 지급이나 원리금 상환이 불가능해진 상태를 말한다.

이다. 정책 당국은 현상을 유지하려 애쓴다. '모든 사람이 행복하다'고 느끼는 분위기를 쉽게 깨지 못한다. 자본에 대한 감독과 감시가 느슨해지기 마련이다.

이게 문제의 근원이다. 마땅히 해야 할 일을 하지 못한 대가는 크다. 어떤 이유든 선진국 핫머니의 자본 유출이 본격화하면 행복은 일순간 불행으로 바뀐다. 자산 가격은 하락하고, 물가는 오르며, 돈 빌리기는 점점 힘들어진다. 결국 대중의 불만은 가열되고 사회 불안이 격화한다. 물론 국가는 이를 막기 위해 소중한 외환보유고를 들이붓는다. 하지만 자본 유출이 격심할 때 통화 가치 하락을 방어하기란 절대 쉽지 않은 일이다. 국가 부도까지 염려해야 하는 상황이 된다.

전염성 없는 신흥국 위기

그럼에도 이번 신흥국 위기는 분명 과거와 다르다. 위기의 주역이 달라진 건 아니다. 인도는 무대에 재등장했다. 막대한 재정, 경상수지 적자, 높은 인플레이션, 그리고 미약한 성장 등 위기의 양태도 과거와 판박이다. 브라질·멕시코·인도네시아·태국 등은 과거처럼 자국 통화 가치 하락으로 고통받고 있다. 하지만 이것으로 과거와의 유사성은 끝이다. 이번 위기는 과거와 다르다. 가장 큰 차이점은 과거에는 위기가 다른 국가로 전염됐는데, 현재는 그럴 가능성이 희박하다는 사실이다. 설사 문제가 되고 있는 국가에서 금융위기가 본격화한다 해도 말이다.

현재 문제가 되고 있는 국가들의 특징은 막대한 경상수지 적자국이라는 점이다. 설상가상 이들 국가는 금융위기와 선진국의 불황으로 그나마 있던 수출마저 줄어들었다. 대안은 하나, 수출 부진에서 오는 성장률 저하를 내수 부양으로 충당하는 방법뿐이었다. 사회 간접 자본 투자, 대출 확대, 최저임금 인상을 통한 소비 여력 확대가 이들의 선택이었다. 하지만 경상수지 적자국이 돈이 있을 리 없다. 결국 이들은 외채에 의존한 성장을 할 수밖에 없었다. 외환보유고가 적은 게 당연하다. 그러니 핫머니가 철수하는 자본 유출 시점엔 외환보유고의 고갈로 위기에 처할 수밖에 없는 구조다. 적자 가구가 생활하기 위해선 외부 차입이 필요하다. 적자 상태니 원리금 상환을 위한 빚을 또 내야 한다. 부채의 악순환이다. 마찬가지다. 적자국은 외채를 얻어 나라 살림을 꾸릴 수밖에 없다. 터키, 남아프리카공화국, 인도 등 경상수지 적자가 GDP의 5퍼센트에 이르는 국가가 이에 속한다.

 하지만 이런 국가는 극소수에 불과하다. 신흥국 대부분이 러시아, 중국과 같은 흑자국이거나 적자가 있더라도 규모가 작다. 브라질과 아시아의 신흥국 대부분이 이에 속한다. 신흥국 중 많은 나라가 경상수지 흑자국이며 과거보다 훨씬 많은 외환을 보유하고 있다. 이번 위기의 핵인 인도조차 2,500억 달러를 갖고 있다. 이는 수출을 전혀 하지 않아도 7개월 정도 해외에서 물품을 수입할 수 있는 금액이다. 중국은 3조를 훌쩍 넘는 외환을 보유하고 있다. 1998년 루블을 절하시키고 디폴트를 선언했던 러시아는 6,000억 달러를 갖고 있다 한국 역시 3,300억 달러를 갖고 있다. 이들의 화력은 자기들 경제를 충분히 방어할 수 있는 규모다. 1991년 위기 때는 겨우 3주를 버틸 수 있는 외환보유고만 있었다. 물론 이들 국가의 경제 구조 또한 1990년대와 다르다. 이것이 이번 위기가 신흥국 전반으로 전염되지 않을 것이란 추론의 근거다.

차이점은 또 있다. 1990년대와 2000년대 초엔 신흥국 대부분이 고정환율제를 채택하고 있었으나 현재는 변동환율제를 택하고 있다. 고정환율제를 고수했던 중국까지 변화 조짐을 보이고 있다. 1990년대 말 아시아 금융위기 당시 엔·달러 환율이 오르면서 그에 고정된 아시아 각국의 통화도 올랐다. 통화 절상은 이들 국가의 급격한 경쟁력 상실로 이어졌다. 하지만 지금은 그때와 정반대다. 신흥국 통화는 가치가 점차 떨어지고 있다. 수출국 입장에서 자국 통화의 절하는 매우 긍정적인 현상이다. 특히 수출 경쟁력이 떨어지는 국가에서는 더욱 그렇다. 수입품의 가격이 높아져 일반 대중은 고통을 받겠지만, 장기적으로 국가 전체의 경상수지 적자 해소에 큰 도움이 될 것은 자명하다.

게다가 국외 자본이 방향을 돌려 다시 신흥국으로 향할 개연성도 높다. 외국 자본은 신흥국의 상황이 1990년대와는 다르다는 걸 알고 있다. 이들은 재투자의 기회를 엿보고 있다. 문제가 되고 있는 신흥국들 역시 가만히 있지는 않을 것이다. 이들 국가는 분명 외국인 투자를 촉진시킬 다양한 정책을 펴기 시작할 것이다. 무엇보다 이들 국가의 금융자산은 충분히 가격이 하락한 상태다. 외국 자본에는 충분히 매력적일 수 있다. 문제는 현 위기국이 난관을 어떻게 수습할 것이냐 여부다. 해당 국가들이 디폴트로 갈 것이냐가 핵심인데, 그럴 가능성은 매우 낮다. 과거엔 외자를 빌리는 데 한계가 있었지만 지금은 그때보다는 다양한 채널이 존재한다. 중국이 자본 공급 역할을 할 수도 있다. 어떤 방식이든 현재의 위기는 분명 봉합이 될 것이다.

현재의 신흥국은 과거와는 분명 다르다. 1990년대 이래 많은 점이 변했다. 대부분은 더 긍정적인 변화였다. 더 많은 신흥 경제가 과거보다 외부 충격에 대비한 준비를 더욱 철저히 하고 있다. 단지 극소수만이 불안한 상황이다. 이 때문에 모든 신흥 경제권이 같다는 생각을 피해야 한다. 특정 국가는 상황이 좋지 않지만, 대부분의 신흥국은 그 반대라는 구분이 필요하다. 거듭 말하지만 신흥시장 대부분은 여전히 건강하다.

위기가 남긴 교훈

그럼에도 거듭되는 신흥국 위기는 우리에게 교훈을 남긴다. 신흥국은 대만을 배워야 한다. 자본 통제의 모범국이기 때문이다. 전통적으로 대만의 중앙은행은 자본유입을 제한해야 할 필요가 있을 때는 신속하게 행동하는 것으로 유명하다. 현 총재인 펑화이난(彭淮南)은 외국 금융기관에 악명이 높다. 자본 유출·입에 대한 감시가 심하기 때문이다. 2012년 6월 필리핀 마닐라에서 열린 제45차 아시아개발은행 연차총회에서 그가 한 발언은 매우 의미가 깊다.

> "작년에도 단기 국제자본이 지속적으로 아시아 금융시장으로 쏟아져 들어와 자본유입 국가들의 경제와 금융 안정을 교란했다. 아시아 경제 주체들은 변덕이 심하고 예측하기 어려운 국제적 자본 흐름에 의해 야기되는 외부적 충격에

능동적으로 대응할 필요가 있다."

그는 핵심을 찌르고 있다. 이같이 외국 자본을 견제하는 태도는 1997년 아시아 외환위기 시에 대만이 건재할 수 있었던 원동력이 됐다. 이것은 신흥국에게 큰 교훈을 준다. 선진국은 그들의 자유의지에 따라 언제든 양적 완화를 실시할 수도 또 철회할 수도 있다. 그것을 막아낼 수 있는 수단은 없다. 문제는 그때마다 신흥시장이 급격한 자본 유입과 유출로 열병을 앓아야 한다는 것이다. 사실 이것은 불공정 게임이다. 선진 기축통화국은 통화 발행의 자유 재량권을 가졌다. 자국 경제가 위기에 처할 때는 언제든 금리 인하 외에도 통화 살포를 할 수 있다. 물론 수요가 많은 기축통화를 가졌기에 가능하다. 반면, 신흥국은 금리 인하 외에는 마땅한 수단이 없다. 무차별적으로 돈을 찍어내다가는 높은 인플레이션과 통화가치 급락으로 연결되기에 십상이다. 신흥국은 외자를 들여와 내수를 부양해야 하지만 선진 기축통화국은 자국 통화를 발행해 부양하면 된다. 문제는 이에 그치지 않는다. 선진국에서 푼 엄청난 돈은 핫머니화해 신흥국을 공략한다. 그러다 일시에 철수한다. 선진국 자본은 돈을 벌지만, 신흥국은 엄청난 손해를 보게 된다. 이 때문에 자구책을 세워야 한다. 혼자서 힘들다면 연합을 해서라도 핫머니에 대한 감시와 감독을 강화해야 한다.

연준은 양적 완화를 언젠간 중단하거나 축소할 것이 틀림없다. 과도한 유동성을 언제까지 방치할 수는 없기 때문이다. 그러면 금리 상승이 불가피하다. 이때는 선진국과 신흥국을 불문하고 모두 그 영향에서 벗어날 수는 없다. 그럼에도 분명 신흥국이 겪는 고통이 더 클 것이다. 정도의 차이는 있겠지만 신흥국 금융시장은 격동의 시대를 견뎌내야 한다. 그러나 일부에서 우려하듯 금융위기의 일반화 혹은 국가 간 전염 현상이 발생할 가능성은 매우 낮다. 그것은 이미 먼 과거의 이야기에 불과하다. 신흥국도 많이 변했기 때문이다. 그럼에도 통화 발행의 불평등 문제는 반드시 세계가 해결해야 할 문제임이 틀림없다. 그렇지 않다면 신흥국의 외환위기 혹은 금융위기는 선진국의 통화정책에 의해 언제든 재발할 수 있는 종양 덩어리로 남아 있을 수밖에 없기 때문이다.